Los dos papas

Los dos papas
Francisco, Benedicto y la decisión que estremeció al mundo

Anthony McCarten

Traducción de Ana Herrera

Rocaeditorial

© 2019, Anthony McCarten

Primera edición en este formato: octubre de 2019

© de esta edición: 2019, Roca Editorial de Libros, S. L.
Av. Marquès de l'Argentera, 17, pral.
08003 Barcelona
actualidad@rocaeditorial.com
www.rocalibros.com

Impreso por Liberdúplex

ISBN: 978-84-17541-88-0
Código IBIC: BG; BGX
Depósito legal: B 6948-2019

RE41880

Para mis padres: para mi madre, cuyo deseo más ferviente ha sido correr por el cielo en motocicleta; para mi padre, que me dio una última orden: «mantén la fe»; y para Eva, que me enseñó la vista de Roma desde Villa Borghese.

Prólogo

*E*l 11 de febrero de 2013, una tradición que tenía setecientos años saltó por los aires: el papa Benedicto XVI, antiguo protector de la doctrina y leal heredero del largamente sufriente Juan Pablo el Grande, hizo un anuncio sorprendente. Tras ocho años en el papado, y debido a su avanzada edad, iba a dimitir, pero manteniendo el título de «papa emérito» todo el tiempo que le quedase de vida.

Al cabo de unas semanas, las enormes puertas de la Capilla Sixtina, en el Vaticano, quedaron selladas, y los cardenales, reunidos en cónclave por segunda vez en menos de una década, tuvieron que elegir a un nuevo líder espiritual para los 1,28 mil millones de seguidores de la Iglesia católica. Cuando se abrieron de nuevo las puertas, unos días después, fue elegido papa el carismático argentino Jorge Bergoglio, que tomaría el nombre de Francisco. El mundo, por primera vez desde el año 1415, tenía dos papas vivos.

Los motivos para el cataclismo de Benedicto se convirtieron en alimento de especulaciones. Un papa debe morir en el ejercicio de su cargo, eso se sobreentiende. ¿Acaso no formaba ese hecho parte de la descripción del puesto? No era solo una tradición, sino prácticamente un dogma. Como explicaba *The Washington Post*, citando a un teólogo experto: «La mayoría de los papas modernos han creído que la dimisión es inaceptable, excepto en casos de enfermedad incurable o debilitante... es decir, en palabras de Pablo VI: no se puede dimitir del papado».

La dimisión del papa Benedicto no carecía por completo de precedentes, ni tampoco el dilema de los dos papas vivos. En la larga historia de la Iglesia han dimitido tres papas, y 263 no. Gregorio XII lo hizo en 1415, en medio de una lucha política entre Italia y Francia por ver quién controlaba la Iglesia católica. Pero tenemos que remontarnos a 1294, a Celestino V, para encontrar un papa que decidiera por su propia voluntad (debido a la «añoranza de la tranquilidad de su vida anterior») apearse del papado.

La reacción en tiempos de la bomba de Celestino fue la indignación. Hay un pasaje del canto tercero del «Infierno», en la *Comedia*, en el que Virgilio guía a Dante a través de las Puertas del Infierno. Antes de llegar al Infierno, pasan por una antecámara donde resuenan los gritos de agonía de las desgraciadas almas que vivieron una vida «sin deshonra y sin alabanza»; gente peor que los pecadores, que no había conseguido actuar, que no había conseguido creer o no había cumplido las promesas hechas. Dante mira las caras condenadas de esos anodinos incorregibles, hasta que en un momento dado ve a un hombre y escribe: «Vi y reconocí la sombra que proyectaba, por cobardía, la gran negativa». Ese hombre, por supuesto, era el papa Celestino V, cuya dimisión horrorizó tanto al gran poeta italiano que la inmortalizó en su *magnum opus*. [1]

De modo que, sabiendo la indignación que causaría una dimisión papal, ¿por qué hace precisamente Benedicto, el papa más tradicional de la era moderna, la cosa menos tradicional que se pueda imaginar? La mala salud solamente no es una explicación válida; de hecho, siempre ha sido una «ventaja» para un papa, porque con ella recrea, para que todo el mundo lo vea, el sufrimiento del propio Cristo en la cruz. Un misterio adicional que hay que desvelar también: cómo es posible que ese protector de la fe ultraconservador, guardián de la doctrina, contemplase siquiera la dimisión cuando, como sabía muy bien, entregaría la silla de san Pedro al radical Jorge Bergoglio, un hombre muy distinto de él en carácter y en opiniones.

Este libro relata la historia de dos papas, ambos poseídos por una autoridad tremenda e inalienable, una extraña pareja cuyos destinos convergieron, y que se influyeron el uno al otro poderosamente.

Consideremos primero a Benedicto, antiguo cardenal Joseph Ratzinger, un intelectual alemán, suspicaz ante el humor, introvertido, degustador de lujos y un poco dandi en el vestir (revivió la tradición papal de calzar zapatillas de terciopelo rojo, encargó a un perfumero que crease una fragancia especial para su uso exclusivo), que sentía que la «negativa» de la Iglesia a doblegarse y a cambiar es precisamente su mayor fuerza, y en realidad el secreto de su duración y su intemporalidad. Aunque sincero en sus deberes sagrados, era un hombre completamente carente de don de gentes. Teólogo introvertido, carecía de experiencia alguna sobre el terreno. Que se sepa no era aficionado a ningún deporte. Tampoco dijo nunca una sola palabra romántica a otro ser humano, que sepamos.

Por otra parte, Francisco (o como le encontraremos al principio, el cardenal Bergoglio) es un argentino carismático, amante de la diversión, aparentemente un hombre humilde, extrovertido, que viste con sencillez (llevó el mismo par de zapatos negros veinte años, y todavía usa un reloj Swatch), y partidario intermitente de la Teología de la Liberación, un movimiento católico que busca ayudar a los pobres y oprimidos mediante la implicación «directa» en actividades políticas y cívicas. Es un hombre que sí tiene don de gentes. Un hombre del pueblo. Incluso tuvo novia una vez y trabajó como gorila en un club de tango. Ardiente hincha del fútbol.

El «pecado» es un tema importante en la vida de ambos

11

hombres, y más específicamente la gracia y la sabiduría extra que se obtiene si un pecador o pecadora reconoce sus fallos y deja atrás sus pecados. Es mucho más sabia, mucho más valiosa como futura maestra, sanadora y guía una persona que tiene una comprensión plena y de primera mano de las debilidades particulares del ser humano, de sus fallos o problemas, pero que ha sabido alzarse después desde ese lugar oscuro para ver las auténticas dimensiones de los mismos. Por el contrario, es mucho menos valioso, e incluso más peligroso, el que no ha conseguido tener esa visión.

Jorge Bergoglio se etiqueta abiertamente a sí mismo como pecador, señala continuamente que esto no es un eufemismo, una simple frase hecha. Él ha pecado. Va más allá incluso, y establece de una manera polémica que para un sacerdote no basta con realizar el ritual de la confesión de los pecados. Hay que emprender unos pasos prácticos para expiarlos en tu vida cotidiana, hacer cambios reales, profundos. Nadie queda limpio simplemente con una rápida visita a un sacerdote y confesándose. Hay que «actuar». Como ha dicho: «El pecado es algo más que una mancha que hay que quitar yendo a la tintorería. Es una herida que hay que tratar y curar».

Esta lógica sugiere una agenda verdaderamente reformista, que, si se le permite, llegaría de forma natural a muchas otras áreas de las creencias y la enseñanza doctrinal. ¿Cómo es posible, por ejemplo, que un sacerdote que es célibe pueda tener la confianza suficiente para dar lecciones en temas sexuales? Seguramente la Iglesia debería, con similar franqueza, admitir que no es la más cualificada para imponer sus puntos de vista en ese aspecto. ¿Cómo van a juzgar hombres solteros, que se niegan el sexo, a parroquianos sexualmente activos, con una experiencia de la vida mucho más completa y variada que la suya? Como dijo una vez Frank Sinatra: «Santidad, si uno no juega, no es quién para poner las reglas». ¿Y cómo es posible que un novicio célibe, por ejemplo, el día de su ordenación, cuando se le pide que renuncie al sexo durante el resto de su vida, tenga la información necesaria para saber a qué está renunciando? No es posible que lo sepa. Si esa persona ingenua nunca ha explorado sus propios impulsos sexuales, ¿qué hará, si un día esos impulsos se hacen sentir? Como otros muchos antes que él, se verá obligado a llevar una doble vida, a veces con desastrosas consecuencias, y a veces con muchas víctimas inocentes. Y ¿qué es lo que hace apta a la Iglesia para decir que sólo los hombres célibes son recipientes adecuados para enseñar desde el púlpito el ministerio de Dios? Del mismo modo, si la historia de Adán y Eva, como ha dicho Francisco, es solamente una parábola y no hay que tomarla como hechos literales (desluciendo considerablemente así todo el mito de la creación en siete días), ¿qué otras partes de las sagradas escrituras hay que considerar también inventadas? ¿Es también una parábola la historia de Cristo surgiendo de entre los muertos y ascendiendo en cuerpo y alma a los cielos? Si la franqueza de Francisco se extiende lógicamente a todas las áreas de la fe y el dogma, ¿dónde acabarán los reajustes?

La historia que sigue se desarrolla en su mayor parte en un Vaticano en crisis, empantanado de escándalos, pero al que se le niegan los remedios más sencillos, consciente de la necesidad de cambio, pero temeroso de las pérdidas que llevará consigo ese cambio, con un papa que, a causa de su pasado, se siente carente de autoridad moral, habilidades y fuerza para lidiar con esos escándalos, y un segundo y nuevo papa que, precisamente a causa de su pasado, predica su liderazgo espiritual sobre dos mil millones de seguidores admitiendo que es un pecador.

Es una encrucijada vital en el viaje de una institución que ha durado dos mil años.

Υ

Se plantea un dilema interesante ante la situación de tener dos papas vivos, que tiene que ver con el concepto de la infalibilidad papal.

Expliquémoslo brevemente.

Durante dos milenios, la Iglesia ha luchado para evitar tener dos papas, y casi lo ha conseguido por completo. Algunos pontífices incluso fueron envenenados para que esa situación no se produjera. ¿Y el motivo? ¿Por qué los papas no pueden ejercer un tiempo, y luego retirarse para ser reemplazados por un hombre más joven? Infalibilidad. La gracia de la infalibilidad. El don de la corrección, un regalo de Dios a aquel que se sienta en la silla de san Pedro, la gracia de tener razón, indiscutiblemente, en el presente y, lo más importante de todo, en el futuro, por tiempos inmemoriales, en todos los asuntos de doctrina. Cuando el papa habla ex cátedra, es decir, desde la silla de Pedro, hablando como papa y no como individuo privado, sus palabras forman parte del *magisterium*, es decir, las enseñanzas oficiales de la Iglesia católica, que tienen el poder y la autoridad de Cristo tras ellas. ¿Cómo podrían Ratzinger y Bergoglio coexistir y ser infalibles ambos, tener razón ambos... cuando parecen estar en desacuerdo en tantas cosas? De hecho, podría considerarse que mientras ambos continúen coexistiendo, deben servir como prueba eterna de que los papas sí son falibles, ya que si están en desacuerdo, uno de los dos papas tiene que estar equivocado. Y un papa que está equivocado, y que se demuestra que lo está por la simple existencia de su gemelo, su voz compensatoria, no es papa, en absoluto. Para cada pronunciamiento papal camina y respira su refutación, el contraargumento vivo, invalidándolo. ¿Cómo pueden estar los dos benditos por Dios y llenos del don de la sabiduría última... y sin embargo, estar en desacuerdo?

Dado, pues, que se hallan disponibles dos puntos de vista papales, en el momento de escribir esto, los católicos, e incluso algunos líderes de la Iglesia, pueden elegir qué papa o qué posición papal les conviene más, el benedictino o el franciscano, haciendo real así el dilema práctico de tener dos hombres de blanco. El cardenal americano ultraconservador Raymond Burke, crítico de Francisco, dijo a un periódico católico en 2016: «Mi papa es Benedicto».[2] Un antiguo embajador papal conservador en Estados Unidos, el arzobispo Carlo Maria Viganò, incluso ha pedido la «dimisión de Francisco», en lo que algunos han visto un acto de venganza porque Francisco lo sustituyó como nuncio papal (un supuesto castigo por haberse reunido en secreto con conservadores de Estados Unidos opuestos al matrimonio gay). Viganò alega que una vez le habló a Francisco de los abusos sexuales del cardenal americano Theodore McCarrick y que Francisco no emprendió ninguna acción consecuente hasta mucho después. Ya sea verdad o no la acusación, en tiempos modernos no tiene precedentes que un papa sea atacado de una manera tan rebelde por su propio clero.

Pero Benedicto, en una curiosa carta hecha pública por el Vaticano en septiembre de 2018, ha reprendido a aquellos que, como Burke, todavía le juran lealtad a él, presentando un frente común con Francisco y criticando duramente a aquellos que alegan una discontinuidad en la teología, tildando a esa ira antifranciscana de «estúpido prejuicio».[3] Para devolverle el cumplido, Francisco ha abrazado públicamente a su predecesor, a quien ha comparado con «tener un padrino sabio en casa».[4] ¿Están satisfechos los Burke y los Viganò dentro de la Iglesia, viéndose reducidos al silencio? En absoluto; más bien lo contrario.

En un mundo donde los desheredados y los desafectos arremeten contra el poder con un efecto a menudo autodestructivo, la Iglesia católica se encuentra en aguas muy inusuales y peligrosas.

15

Υ

Joseph Ratzinger es un hombre de firmes principios. Este libro examinará su pasado para decodificar los orígenes de esa profunda convicción de que el cambio es más señal de debilidad que de fuerza.

Su elección como papa en 2005 seguramente representó una opción segura, dadas las circunstancias de aquel momento. Era, en efecto, una persona segura. Después de la teatralidad de Juan Pablo II, su influencia, sus viajes, viajes y más viajes (¿quedó una sola pista de aterrizaje de aeropuerto en el mundo no besada por sus labios?), la madre Iglesia necesitaba descansar, arreglar un poco la casa. Benedicto, eminente teólogo, volvería a reafirmar, proteger y fortalecer la antigua doctrina. En resumen: se aseguraría de que las reformas pendientes siguieran pendientes. Esa era su fuerza y su valor. Ya desde niño tenía su habitación muy ordenada. Según todas las pruebas, ese hijo de policía creía que solo en la autoridad, las normas y la obediencia a la ley, en lo indisoluble, encontrarían verdadera paz los creyentes. Las dudas, la incertidumbre, la vacilación y la corrección incubaban el desafecto, la desesperación, el cinismo y finalmente el desprecio. El alma de las personas, nos pedía que creyéramos, anhela la certeza. Hablaba repetidamente de lo que veía como la mayor amenaza a esa certeza: el espíritu del relativismo. Se desesperaba al ver tantos vientos doctrinales, tantas corrientes ideológicas, tantas formas nuevas de pensar, en las décadas recientes. En un mundo así, ¿cómo vamos a saber quién dice la verdad? ¿Cuál es la verdad? El mundo tiembla, lleno de voces rivales: marxistas, liberales, conservadores, ateos, agnósticos, místicos… y en todos los pechos late el grito universal: «¡Yo digo la verdad! ¡Solo yo!».

No, dice Ratzinger, solo hay una verdad. Dijo el Señor: «Yo soy la verdad». El núcleo de las enseñanzas de Ratzinger es que tiene que haber un punto de referencia común, un *axis mundi*, si queremos evitar el caos, el cataclismo y el conflicto. Una verdad a partir de la cual podamos navegar todos. Esa es la postura doctrinal que podría compararse a una brújula que señala en todas direcciones, pero que necesita que su punto de partida sea el verdadero norte. Solo entonces puede ayudar a los viajeros a organizar un viaje, y encaminarlos en la dirección correcta. Lo mismo ocurre con la moralidad humana, parece decirnos. ¿Cuál es el verdadero norte? Pues Dios. Sin Dios, la humanidad no tiene punto de referencia acordado, no hay *axis mundi*. Toda opinión es tan válida como cualquier otra. La verdad se vuelve relativa. Matar a Dios es matar en realidad toda esperanza de verdad absoluta. Tu verdad es tuya, la mía es mía, encerrando a cada persona en una prisión según su propia interpretación de lo bueno y lo malo.

Y esa era la gran crisis de la vida occidental, según la percibía Ratzinger: la maldición del relativismo. ¿Qué daño había causado? Él veía claramente que, al menos en el mundo de habla inglesa, cada vez menos personas tomaban su fuego de la llama encendida por la fe cristiana, de dos mil años de antigüedad. Tomemos América, por ejemplo. Si los excatólicos se pudieran considerar un grupo religioso propio, serían la cuarta religión más grande de Estados Unidos. En Gran Bretaña, más de la mitad de la gente de menos de cuarenta años dice que no tiene religión. ¿Por qué tantos y tantos, silenciosa y sistemáticamente, se alejan de las iglesias?

Había otras crisis más apremiantes que le esperaban cuando llegó al papado. Muchísimas. Los hombres del clero habían cometido delitos, sus colegas, su personal, trabajadores de la viña del Señor. Delitos que implicaban botones, a menudo botones de niños, cremalleras, manos, genitales, bocas. Transgresiones, traiciones, secretos, intimidaciones, mentiras, amenazas, traumas, desesperación, vidas arruinadas. Y todas estas maldades en un clima de mojigatería, con aroma a incienso antiguo. Cada escándalo, a su manera, conmocionaba a Benedicto y erosionaba su creencia de que él era el hombre que podría solucionarlo. Finalmente, sorprendió al mundo. Hizo lo impensable. Se retiró. Y al hacerlo, irónicamente, ese gran tradicionalista robó a la Iglesia una certeza tradicional, en la cual los fieles que le quedaban siempre habían confiado: que un papa es papa de por vida.

En el otro extremo del espectro, en muchos aspectos, se encuentra Jorge Bergoglio, el reformador. En cuanto se hubo convertido en el papa 266 y tomado el nombre de Francisco, empezaron los comentarios indiscriminados. Rápidamente estuvo en boca de todos, y el lema universal era: «¿Que el papa ha dicho qué?». Un soplo de aire fresco, el carisma de una estrella del rock, un toque de John Lennon también (ambos hombres han salido en la portada de la revista *Rolling Stone*, después de todo), con propensión a hacer declaraciones chocantes, de tal modo que hasta sus partidarios más ardientes dieran un respingo. Para igualar la observación de Lennon de que los Beatles eran «ahora más populares que Jesús» —que hizo que los fundamentalistas en el corazón de América se lanzaran como posesos a quemar discos—, estaba la asombrosa afirmación de Bergoglio de que incluso los paganos pueden ir al cielo. ¿Los paganos? ¿De verdad? ¿Esos adoradores de ídolos de madera, esos dormilones del domingo, podían ir también al cielo? Entonces, ¿para qué sirven, se preguntaban con razón muchos de los católicos del mundo, esas miles y miles de horas dedicadas a rezar de rodillas, todos esos sermones y regañinas desde el púlpito, todas esas visitas al confesonario con las consiguientes penitencias, todos esos rezos inacabables del rosario, contando entre pulgar e índice cada cuenta del rosario, todos esos ayunos de cuaresma, toda esa sublimación de los deseos naturales, todo ese amor exigido por Dios, y finalmente toda esa culpa, tanta culpa... para qué? ¿Para qué sirven, si no te dan alguna ventaja a la hora de asegurarte la última recompensa celestial? Pero el nuevo papa lo confirmaba: no era culpa de los paganos haber nacido en una cultura pagana. Por tanto, es muy injusto que solo los educados en la fe de Dios, por accidente de nacimiento, puedan conseguir las mejores habitaciones en el hotel celestial. Con tales observaciones, el nuevo papa parecía empeñado él solito en revivir el espíritu de los años sesenta del siglo xx.

Pero no acababa ahí, sorprendiendo a la gente. A los homosexuales les ofrecía las disculpas de la Iglesia, ex cátedra. «No es papel de la Iglesia juzgar a los homosexuales», proclamó. Incluso se dice que le dijo a un hombre gay, Juan Carlos Cruz (víctima de abusos sexuales), que «Dios te hizo así, y te ama así, y a mí no me importa. El papa te ama así». (En contraste con Benedicto, que llamaba a la homosexualidad «un mal intrínseco».) El papa Francisco no ha descartado que haya sacerdotes casados tampoco, diciendo que «es humano querer un pastel, y comérselo... naturalmente, uno quiere las cosas buenas de la vida consagrada, y de la vida laica también». Le hace feliz admitir la hipocresía de la actual postura de la Iglesia, dado que ya hay sacerdotes casados en los rincones más remotos del imperio católico, en las ramas griega y rusa. Y le hace feliz también reconocer que el propio san Pedro tenía hijos. Clemente IV y Adrián II estaban casados antes de acceder a las órdenes sagradas. Pío II tenía al menos dos hijos ilegítimos. Juan XII se dice que murió haciendo el amor. Y digamos que todos aquellos que adoptaron el nombre de Inocencio no hicieron honor precisamente a ese nombre.

¿La verdad literal de la Biblia? Adán y Eva son «una fábula». ¿Qué decir entonces del nacimiento de la virgen, de las inundaciones planetarias, de hombres que vivían literalmente ochocientos años, o de la separación de las aguas y el cruce milagroso por tierra seca, qué hay de todo eso? Francisco al parecer ha concluido que (sobre todo en Occidente) la gente ya no necesita

19

sacerdotes que digan cosas que todo el mundo sabe que no son ciertas, y que no pueden ser ciertas. Y más que eso: ha insinuado que quizá la Iglesia se haya visto debilitada por asegurar que todas esas cosas son verdades literales.

¿La cultura de la Iglesia católica? Hablando con la autoridad del *magisterium*, la ha descrito como «narcisista», mirándose demasiado el ombligo, preocupada solo por su propia supervivencia y por el enriquecimiento, en lugar de las necesidades de los pobres. Ha usado términos como «alzhéimer espiritual» para describir a una Iglesia que ha olvidado el ejemplo de misericordia de Cristo, y ha denunciado «el ansia de poder de clérigos trepas». Ha afirmado: «Como todo cuerpo, todo cuerpo humano, la Iglesia está expuesta a padecimientos, disfunciones y enfermedades. Hay que tratarla. Con una medicina muy fuerte».

¿Abusos sexuales? Dirige una institución que, según Bishopaccountability.org —un grupo sin ánimo de lucro que investiga casos de abusos sexuales de la Iglesia— dice que ha pagado tres mil millones de dólares de indemnizaciones a víctimas de todo el mundo, y ahora habla de «tolerancia cero» tanto al abuso como, algo indispensable, al encubrimiento de la Iglesia, encargando a sus obispos, a riesgo de ser considerados cómplices, que denuncien esos incidentes a la policía. Estas nuevas normas de transparencia, exposición y consecuencias criminales ya han empezado a producir una reducción extraordinaria de los casos de abuso denunciados, indicando así que los actos sexuales criminales de los sacerdotes «sí» se podían reducir, casi a cero, imponiendo de una manera responsable rápidas penas (como la de prisión) y la eliminación del manto protector de la Iglesia sobre los sacerdotes maníacos sexuales. Qué apabullantemente sencilla ha resultado ser la solución, mientras la policía tenga acceso no restringido a los archivos de la Iglesia, y esta iguale o mejore los angustiados esfuerzos de las víctimas para que se haga justicia. Después de todo, el liderazgo católico tiene todos los incentivos del mundo para hacerlo: su supervivencia está en juego.

¿Capitalismo? El papa Francisco ha considerado que es un pecado, un sistema de «economía de goteo» que crea sufrimiento. Se le ha acusado de morder la mano que le alimenta.

¿El medio ambiente? Ha puesto en la diana a los gobiernos mundiales por su pecadora protección de los que están hiriendo a la Madre Tierra, destruyendo nuestro hogar colectivo. En una encíclica larga y cuidadosamente documentada, ha desmantelado las posturas de los negacionistas del cambio climático y las industrias interesadas, solo movidas por el beneficio.

En resumen, se ha mostrado dispuesto a granjearse enemigos muy poderosos. Ya refunfuñan aquellos de la Iglesia que echan de menos las certezas sencillas del papa Benedicto. A veces parece que Francisco solo representa el cambio, y siempre ha sido mucho más difícil conseguir argumentos a favor del cambio que del estancamiento. Aun así, sus razonamientos, cuando se simplifican y se destilan, parecen ser (al menos para mí) que la Iglesia debería «insistir» menos e «incluir» más. Debería producirse una gozosa alineación entre las bellas lecciones que se dan en las iglesias y las bellas lecciones que se dan en los colegios.

La elección de Bergoglio del nombre «Francisco», por san Francisco de Asís, puede ser vista ahora como lo que era: una afirmación de una decisión revolucionaria. ¿Llegará muy lejos? ¿Le «permitirán» llegar muy lejos?

El nombre deriva de Francesco Bernardone. Este joven iba caminando por el bosque y encontró una capilla en ruinas. Una de las paredes había caído. Él entró. El crucifijo todavía estaba en la pared donde antes se encontraba el altar. Después, Francesco siempre dijo que «cautivó sus sentidos». Incluso le habló: «Francesco, reconstruye mi Iglesia». Era un hombre práctico y se tomó esa instrucción literalmente, dijo que de acuerdo, fue a la cantera que había en la cima del monte Subasio, cortó piedras, las transportó hasta la montaña y empezó a reparar el pequeño muro roto. Confundió el sentido de Dios, que quería para él algo un poco más grande... ¿Qué enseñanza sacamos? Que hasta el viaje más glorioso puede empezar... con un error.

Déjenme que concluya este prólogo con una nota personal.

Soy católico. Al menos me educaron como tal y así me lo dijeron, y puedo atestiguar el hecho de que una vez te imprimen eso, quedas impreso para siempre.

Fui educado escuchando la historia de Jesucristo, ese joven judío radical que surgió de Nazaret hace dos mil años, que aseguraba ser el «hijo del hombre», o incluso más audazmente, «el Mesías», y «el Rey de los Judíos», enviado por su padre en una misión divina para librar a la humanidad del pecado original que la afligía desde el Edén. Luego fue capturado y crucificado, pero surgió de entre los muertos dos días más tarde y finalmente ascendió en cuerpo y alma al cielo, y allí sigue hasta un día no especificado en el cual volverá para anunciar el fin de todo el experimento humano. Esa era mi religión. Un cuento, desde luego, pero con la lógica insolente de la verdad. Tácito llamó a la cristiandad «esa superstición maligna», y el escritor Jorge Luis Borges, «una rama de la literatura fantástica». Aun así, esa fue la fe en la cual me crie.

Yo era el penúltimo hijo de una familia extensa, tan católica que dos de mis hermanas se casaron, muy felizmente por cierto, con exsacerdotes. A nuestra mesa se sentaban sacerdotes, algún obispo incluso, y una vez un cardenal. Nuestro hogar, además del ritual de ir a la iglesia, era visitado una vez al mes por una enorme estatua de la Virgen María, que recorría en solemne procesión toda la parroquia, obligando a mis hermanos y hermanas y a mí a observar, dominados por mi madre, las recitaciones (para mí, tediosas) del rosario, los cantos a la Virgen, pidiendo auxilio, siempre auxilio divino. La vida, ciertamente, era bastante dura en nuestra ciudad, de clase trabajadora, y el dinero tan escaso como los buenos trabajos, de modo que supongo que no perdíamos nada intentando estar en buenas relaciones con la Madre de Dios. No se discutía nada, solo te ponías de rodillas y todo tenía que salir bien, si Dios estaba de tu lado. Así funcionaban las cosas. Nosotros obedecíamos diligentemente, enterrando la cara en el sofá mientras murmurábamos los antiguos conjuros una y otra vez: «Ruega por nosotros pecadores, ahora y en la hora de nuestra muerte...».

Amén.

Por si se preguntan por la política de mis padres en cuanto al control de natalidad, éramos ocho hermanos (más *coitus* que *interruptus*). Educado primero por las monjas, progresé hasta los hermanos ordenados y fui bien atendido en dos buenas escuelas católicas. Durante toda mi niñez serví la misa como monaguillo, haciendo mi última aparición con el hábito rojo y la sobrepelliz blanca a la bochornosa y avanzada edad de dieciséis años, ya con barba incipiente en las mejillas, la túnica un par de tallas demasiado pequeña para mí, llevando las vinajeras con el agua y el vino del sacerdote y luego las blancas e inocentes hostias que aquel hombre conectado con el cielo, aquel mago del vecindario, transformaría en el cuerpo real de Cristo. El milagro diario justo ante nuestros ojos. El «cuerpo» de Cristo, abracadabra. Lo crean o no.

Éramos católicos, o más específicamente, «católicos irlandeses» (aunque trasplantados a Nueva Zelanda por barcos de emigrantes, cuatro generaciones antes que la mía). La llama de nuestras raíces irlandesas la mantenía viva en una tierra remota una familia extensa, que solo hacía negocios dentro del círculo cerrado de esa única fe y cultura. Todo eso nos moldeó.

Y mi vida de hoy, la vida de un escritor, tiene sus raíces en la belleza estimulante de la liturgia, que oí por primera vez con unos oídos jóvenes, un arte situado en el lenguaje ampuloso que inclinaba a todos a pensar en múltiples dimensiones a través del tiempo y el espacio, y nunca contemplar la vida sin pensar primero en la muerte. Lo objetivo estaba unido irreparablemente a lo ficcional, y distinguir entre ambas cosas era algo que se desaconsejaba activamente. No importa, nos enseñaban, que no se pueda probar que algo es verdad: ¿qué sentimientos te hace experimentar? Tus emociones te guiaban. La gente lloraba abiertamente en nuestra pequeña iglesia. Juntaban las manos tan apretadamente para rezar que se les veían los nudillos blancos. Para esa gente, las creencias eran tan necesarias como cobrar un sueldo. «Había» que creer para salir adelante cada día. La iglesia de nuestra ciudad, hexagonal y sin aguja, estaba en el centro geográfico y psicológico de nuestras vidas. Si alguna vez dudé de eso, mi madre me enderezó enseguida. Si cuestionaba algún aspecto del credo, alguna afirmación rocambolesca hecha desde un púlpito o un libro, recibía la típica reprimenda: «Anthony, un poco de conocimiento es algo peligroso». Que esa mujer, que abandonó la escuela a los catorce años, citase con tanta facilidad al poeta Alexander Pope (o lo citara ligeramente alterado, porque la palabra correcta es «aprendizaje», no «conocimiento») lo ofrezco como prueba de que, en ausencia de escolarización, la Iglesia nos servía como universidad, el sacerdote sustituyendo al profesor.

Este libro, y la película del mismo nombre que lo acompaña (Netflix, 2019, protagonizada por sir Anthony Hopkins y Jonathan Pryce, dirigida por Fernando Meirelles) surgieron específicamente debido a la súbita muerte de una prima mía. El fallecimiento de Pauline hizo que mi hermana mayor, devota católica, me enviase un texto sugiriendo que encendiera una vela si estaba cerca de alguna iglesia. Y lo estaba. Estaba en Roma. De modo que con Eva, mi pareja, fui a la basílica de San Pedro, en el Vaticano, y encontré el famoso cuadrado lleno de miles de personas, todos esperando para ver al nuevo papa, Francisco, dar una misa al aire libre. La enorme cara del hombre, proyectada en una enorme pantalla, transmitía bien su atractivo de superestrella. Y mientras estaba allí de pie, escuchando las palabras de su dulce italiano, le pregunté a Eva si sabía dónde estaba el «otro» papa, Benedicto, el que había dimitido, que había salido fuera del radar internacional. Eva lo sabía. En Múnich, su padre había trabajado una vez para Benedicto (que entonces era el arzobispo Ratzinger), mientras servía como vicerrector de la Universidad Católica de esa ciudad. Eva me informó de que ese segundo pontífice, que conservaba el título de papa y se podría decir que también muchos de sus poderes, vivía discretamente en un monasterio solo a unos cientos de metros detrás de la propiedad donde el papa Francisco estaba ahora, secuestrado dentro de los muros del Vaticano, silencioso, obediente y viejo. ¡Dos papas, por tanto, a solo un tiro de piedra el uno del otro! Le pregunté a Eva si sabía cuándo era la última vez que el mundo había tenido dos papas vivos. Lo googleamos. La respuesta resultante, cuando apareció en la pantalla del móvil, inspiró el libro y la película.

25

1

Cónclave

—*D*ejadme ir a la Casa del Padre.

Esas palabras fueron susurradas en polaco a las 15.30h el 2 de abril de 2005. Algo más de seis horas después, la Iglesia católica se situó en un rumbo nuevo y sin precedentes.

El papa Juan Pablo II había muerto. Desde 1991, el Vaticano había mantenido su enfermedad en secreto, admitiendo solo en una declaración de 2003, a punto de cumplir ochenta y tres años, lo que ya había quedado claro para los que entonces eran 1,1 mil millones de católicos del mundo. Contemplar el lento y doloroso deterioro del pontífice por la enfermedad de Parkinson había sido muy duro.

Roma hervía de especulaciones y rumores desde el 1 de febrero, cuando llevaron a toda prisa al papa a su ala privada del Hospital Universitario Gemelli para tratarle los síntomas de una «inflamación aguda de la laringe y laringoespasmo», causado por un reciente brote de gripe.[1] La prensa se reunió debidamente para hacer la guardia de la muerte.

A lo largo de los dos meses siguientes, sin embargo, Juan Pablo II mostró la misma capacidad de resistencia que caracterizó sus muchos años de enfermedad. Después de todo, durante su reinado de veintiséis años había sobrevivido no a uno, sino a dos intentos de asesinato: se había recuperado de cuatro heridas de bala en 1981, y de un ataque con bayoneta un año más tarde. Ahora, a pesar de múltiples reingresos en el hospital y una traqueotomía, seguía apareciendo en diversas ventanas y balcones del Vaticano para bendecir a la multitud en la plaza de San Pedro. Su voz apenas resultaba audible. No asistió a la misa del Domingo de Ramos por primera vez durante su ejercicio como papa, pero, entregado hasta el final, estuvo presente, aunque con silla de ruedas, el domingo de Pascua, el 27 de marzo, e intentó pronunciar su tradicional discurso. Se decía que «sufría una angustia enorme, abría y cerraba la boca, hacía muecas con frustración o dolor, y varias veces se llevó una o ambas manos a la cabeza».[2] Fue demasiado para los ochenta mil devotos católicos, más o menos, que contemplaban desde abajo, y las lágrimas fluyeron libremente. El papa consiguió hacer una breve señal de la cruz y luego se lo llevaron detrás de las cortinas de su apartamento.

A lo largo de los seis días siguientes, el Vaticano mantuvo informado frecuentemente al mundo sobre el empeoramiento de su estado, y aquellos que habían esperado que se recuperase del todo empezaron a aceptar que su muerte era solo cuestión de tiempo. La mañana del 1 de abril, una declaración pública afirmaba: «El estado de salud del Santo Padre es muy grave». A las 19.17 de la tarde anterior, había «recibido la Extremaunción».[3] El amigo de más confianza de Juan Pablo y secretario personal suyo, el arzobispo Stanislaw Dziwisz, le administró los sacramentos para prepararlo para su viaje final, dándole la absolución de sus pecados y ungiéndolo con los santos óleos en la frente y en el dorso de las manos, como se hace solamente con los sacerdotes (los no ordenados son ungidos en la palma de la mano). El experto vaticanista y biógrafo del papa Benedicto XVI, John Allen Jr., presenció esta reunión informativa para la prensa y explicó que «la indicación más reveladora de la verdadera gravedad de la situación llegó al final de la sesión, cuan-

28

do [el portavoz del Vaticano Joaquín Navarro-Valls] luchó para contener las lágrimas mientras se alejaba del estrado donde estaba hablando a los periodistas».[4]

Rodeado por aquellos que le habían amado y seguido durante tantos años, Juan Pablo II recuperó la conciencia varias veces durante sus últimas veinticuatro horas, y su médico personal, el doctor Renato Buzzonetti, lo describió como «sereno y lúcido».[5] De acuerdo con la tradición polaca, «una vela pequeña iluminaba la oscura habitación donde expiraba el papa».[6] Cuando este fue consciente de las multitudes que gritaban su nombre en la vigilia que había abajo, pronunció unas palabras que los funcionarios vaticanos descifraron como: «Te he buscado. Ahora has venido a mí, y te doy las gracias».[7]

El doctor Buzzonetti realizó un electrocardiograma durante veinte minutos para verificar la muerte del papa Juan Pablo. En cuanto se hizo esto empezaron los rituales vaticanos, que tienen siglos de antigüedad, con algunos elementos que se remontan a 1059. En esa época, el papa Nicolás II reformó radicalmente el proceso de las elecciones papales, en un esfuerzo por evitar la instalación de más papas-marioneta bajo el control de poderes opuestos imperiales y nobles, a través de un decreto que establecía que solo los cardenales eran responsables de elegir sucesores a la silla de san Pedro.

El cardenal Eduardo Martínez Somalo había sido nombrado camarlengo por el difunto papa para administrar la Iglesia durante el periodo conocido como *interregnum* («entre reinados»), que duraría desde el momento de la muerte hasta que se encontrase nuevo papa, y ahora se adelantaba para llamar a Juan Pablo tres veces por su nombre bautismal polaco, Karol. Como no recibió respuesta, le dio con un pequeño martillo de plata en la frente como indicación segura de su muerte. También se le requería que destruyese con un martillo el Anillo del Pescador, o *Annelo Pescatorio*, el anillo papal hecho para cada papa desde el siglo XIII, para simbolizar así el fin de su reinado.

Y entonces se anunció la muerte de Juan Pablo al mundo. El estallido público de dolor fue impresionante, y muchos se refirieron pronto a él por el prestigioso (aunque extraoficial) apéndice de «el Grande», concedido previamente solo a los papas santos León I (que gobernó entre 440 y 461), Gregorio I (590-604) y Nicolás I (858-867). Su cuerpo fue vestido con ropajes rojo sangre, y llevado al Palacio Apostólico, donde miembros de las oficinas administrativas y agencias de la Iglesia católica, conocidos como la Curia Romana, podían presentarle sus respetos, antes de ser transferido a la basílica de San Pedro al día siguiente para empezar los nueve días oficiales de luto conocidos como los *novemdiales,* una costumbre que se remonta al *novemdiale sacrum,* un antiguo rito romano de purificación llevado a cabo el noveno y último día de un periodo de festividades.[8] Se estima que cuatro millones de peregrinos y tres millones de residentes de Roma acudieron para dar las gracias y rezar por ese hombre, el más amado entre todos, unas cifras asombrosas, comparadas con el récord anterior de 750.000 personas que visitaron el cuerpo del papa Pablo VI en agosto de 1978. Juan Pablo había dejado instrucciones de que, si no estaba vivo para leerlo él mismo, su último discurso debía leerlo solo el sustituto del secretario de Estado, el arzobispo Leonardo Sandri. Durante la misa en la Fiesta de la Divina Misericordia celebrada en la plaza de San Pedro, el domingo 3 de abril, Sandri leyó el mensaje final de Juan Pablo de paz, perdón y amor, que decía a la gente: «Como regalo a la humanidad, que a veces parece desconcertada y abrumada por el poder del mal, el egoísmo y el miedo, el Señor Resucitado ofrece su amor, que perdona, reconcilia y reabre los corazones al amor. Es un amor que convierte los corazones y da paz».[9]

Tarea difícil.

30

Y no había tiempo que perder. La tradición del interregno exigía que el funeral tuviese lugar entre el cuarto y sexto día después de la muerte de un papa. Por tanto se programó para el viernes, 8 de abril. Del mismo modo, el cónclave para elegir a su sucesor debía ocurrir no antes de quince ni más tarde de veinte días después de su muerte, así que se anunció que empezaría el 18 de abril.

El Vaticano empezó a planear el funeral con una precisión militar. La responsabilidad de presidir los acontecimientos recayó en Joseph Ratzinger, decano del colegio cardenalicio, que a pesar de no tener autoridad sobre sus hermanos cardenales, «se considera el primero entre iguales»[10] y, casualmente, también había sido la mano derecha de Juan Pablo durante veinticuatro años. Apodado el papa peregrino por sus viajes por todo el mundo, a 129 países, Juan Pablo II había viajado más kilómetros que todos los papas anteriores de los dos mil años de historia de la Iglesia juntos, de modo que a su funeral asistirían jefes de Estado, realeza y dignatarios de todo el globo junto a multitud de fieles católicos. Pocas veces a lo largo de la historia se había reunido un grupo más diverso de personas en un momento concreto, y muchas naciones enfrentadas se unieron en su mutuo respeto por el difunto pontífice. El príncipe Carlos pospuso su boda con Camilla Parker-Bowles para poder asistir, junto con el primer ministro, Tony Blair, y el arzobispo de Canterbury, Rowan Williams. El presidente de Estados Unidos, George W. Bush, se inclinó a estrechar la mano del acérrimo crítico de la guerra de Irak, el presidente Jacques Chirac, de Francia, mientras el secretario general de las Naciones Unidas, Kofi Annan, contemplaba a los antiguos presidentes Bill Clinton y George H. W. Bush juntos. El presidente israelí, Moshe Katsav, charló con el líder sirio Bashar al-Assad y le estrechó la mano, y también al presidente de Irán, Mohammed Khatami, aunque este después negó enérgicamente la conversación. Se-

31

ría el mayor funeral de un papa en toda la historia de la Iglesia católica, y se estima que dos mil millones de personas en todo el mundo sintonizaron las cadenas para ver la emisión en vivo por televisión, y un millón lo vieron en enormes pantallas al aire libre especialmente erigidas en torno a la ciudad de Roma.

La ceremonia empezó con una misa de réquiem privada en el interior de la basílica de San Pedro, a la que asistieron solamente miembros del Colegio Cardenalicio y los nueve patriarcas de las Iglesias católicas orientales que, aunque celebran distintas liturgias y tienen sus propias estructuras de gobierno, están en plena comunión con el papa. Su cuerpo fue colocado en el interior de un ataúd hecho de madera de ciprés, una tradición que tiene siglos de antigüedad y que simboliza su humanidad entre los hombres, y posteriormente se introduciría en dos ataúdes de plomo y de madera de olmo, que significarían su muerte y su dignidad, respectivamente. En el interior del ataúd, un documento sellado concluía oficialmente el trabajo de toda su vida como papa, colocado junto a «tres bolsas, conteniendo una moneda de oro, plata o cobre para cada año como papa del reinado de Juan Pablo II»[11] antes de colocar un velo de seda blanca encima de su cara y sus manos. Concluida esa ceremonia, el ataúd recién sellado fue conducido por doce caballeros papales, antiguamente conocidos como chambelanes secretos, que eran seglares de familias nobles romanas que habían servido durante siglos a los papas como ayudantes de la casa papal. Acompañados por la lenta procesión, que iba cantando himnos, se dirigieron hacia la plaza de San Pedro para empezar el funeral público.

Muchos llegarían a creer que la conducta del cardenal Ratzinger durante ese espectáculo larguísimo, de tres horas de duración, fue lo que le consiguió el papado. En su homilía, entre continuos brotes de aplausos de la multitud, habló extensamente en «términos humanos, no metafísicos», de la vida de Juan Pablo desde su niñez en Polonia hasta el final de sus días en Roma.[12] En su recuerdo de una de las últimas apariciones públicas del papa, la voz del alemán, normalmente carente de emociones y muy formal, se quebró y se atragantó con las lágrimas. Fue una actuación magnífica y sorprendente para todos los que la presenciaron.

Cuando el funeral llegó a su fin y las caravanas de vehículos y los helicópteros de los dignatarios empezaron a irse, la multitud siguió cantando: «*Santo subito!*» (¡santificado ya!). Cuando el agotamiento por fin se apoderó de la ciudad, la gente estaba demasiado cansada para intentar emprender el viaje a casa, así que durmieron en las calles. Los comentarios en el interior del Vaticano y entre los medios de comunicación mundiales giraban en torno a quién sucedería al papa ahora enterrado en la «tierra desnuda», en la cripta que está debajo de la basílica de San Pedro, según sus propios deseos.[13]

Temas a los que se enfrentaban los cardenales electores

Con diez días por delante, antes de que los 115 cardenales que habían acudido a Roma para el funeral se reunieran en cónclave para elegir al papa siguiente, podían empezar ya en serio las conversaciones discretas para promover a los candidatos preferidos (la campaña abierta está estrictamente prohibida). Fue un acto de equilibrio muy delicado, y el proceso tuvo que llevarse con mucho cuidado, para evitar el temido principio de Pignedoli. Esta respetable teoría, concebida por George Weigel del Centro de Ética y Política Pública de Washington D.C., recibe su nombre por el cardenal Sergio Pignedoli, acaloradamente defendido por la prensa para ganar el cónclave de 1978, donde fue elegido papa Juan Pablo II. El principio establece que «las posibilidades de que un hombre se convierta en papa decrecen en proporción al número de veces que se lo describe como "papable" (término no oficial usado para referirse a cardenales que son contemplados como posibles futuros papas) en la prensa».[14] Técnicamente, todos los cardenales que entran en el cónclave son candidatos elegibles para su consideración; sin embargo, esa simplicidad oculta en el fondo una miríada de enfoques teológicos y políticos que significan que elegir a un sucesor para la silla de san Pedro está muy lejos de resultar sencillo, como no lo ha sido a lo largo de los 729 años desde el primer cónclave, en 1276.

Siguiendo un punto muerto que resultó en un interregno de casi tres años, el papa Gregorio X fue elegido en 1271 y se desarrolló un formato para facilitar el proceso; se requería a los cardenales que permanecieran en cónclave hasta que se llegara a una decisión, e incluso que se redujera su comida a pan, agua y vino, después de cinco días o más sin acuerdo. Desgraciadamente, a pesar de los esfuerzos para imponer estos cambios cuando murió Gregorio, el 10 de enero de 1276, el juego del poder político y las luchas intestinas vieron cuatro papas en otros tantos años después de su muerte, y tres interregnos más, que durarían más de dos años, entre 1292-94, 1314-16 y 1415-17. Pasarían siglos hasta que los cónclaves dejaran de durar más de una semana, con la elección del papa Pío VIII en 1831. Todas esas reuniones excepto una tuvieron lugar en Roma, algo que quizá influyó en la completa dominación de los italianos en el cargo desde 1523 hasta la elección del polaco Juan Pablo II en 1978, y tuvo un resultado estrictamente europeo hasta la sucesión del papa Francisco en 2013.

La calidez y el afecto por Juan Pablo que mostraron millones de dolientes en su funeral podría confundir a alguien y hacer que creyera que la Iglesia católica estaba en mejor forma que nunca. La dura realidad es que se trataba de una Iglesia cada vez más en discordancia con la sociedad moderna, que parecía incapaz de encontrar una vía para mantener la paz, y mucho menos guiar las vidas de sus seguidores en todo el globo. La actuación en el cargo de Juan Pablo había conseguido conmover como ninguna otra a los creyentes, pero el número decreciente de los asistentes a misa en un país tras otro probaba que no era suficiente para sostener la posición de la Iglesia. Michael J. Lacey, coautor de *Crisis de autoridad en la modernidad católica*, decía que la Iglesia católica sufría de «una crisis de autoridad subyacente... la laicidad parece haber aprendido a obtener su propia satisfacción sin esperar mucho de Roma o de sus representantes locales...».[15] ¿Qué pensaba hacer la Iglesia para combatir esos problemas?

Problemas que se habían intensificado más aún por la crisis de los abusos sexuales, que se disparó en 2002 y continúa agitando la Iglesia todavía hoy en día. El Vaticano defendía fervientemente el historial de Juan Pablo a la hora de manejar los casos de abusos de los que se tenía noticia, afirmando en 2014 que no comprendía la gravedad de ese «cáncer» porque debido a la «pureza» de su mente y de sus pensamientos, le resultaba «increíble».[16] Pero la crisis pesaba mucho en la mente de los cardenales reunidos, y un respetado autor y periodista católico, David Gibson, dice: «La ira por el escándalo iba mucho más allá de los simples abusos sexuales... y se centraba principalmente en el abuso de autoridad que permitía que tales delitos siguieran produciéndose libremente durante años, incluso décadas. En ese sentido, los escándalos de abusos sexuales eran sintomáticos de una crisis mucho mayor que afligía a la Iglesia, centrada en cómo se ejercía en la Iglesia de Juan Pablo II la autoridad (y el poder que confería esa autoridad)».[17]

Junto con estos temas clave, los cardenales pusieron sobre la mesa sus propios problemas regionales, entre ellos, «el secularismo en la Europa occidental, el ascenso del islam en el mundo, el desfase creciente entre ricos y pobres en el norte y el sur,

35

y el propio equilibrio en el gobierno de la Iglesia entre el centro y la periferia».[18]

Gracias a la atención positiva de los medios que había rodeado aquel funeral, se podía asumir fácilmente que aquella oleada de sentimiento del público presentaba la oportunidad ideal para que la Iglesia diera una buena sacudida y abordara sus propios fallos institucionales. Internamente, sin embargo, las opiniones se decantaban por lo contrario. Se tenía la sensación de que los problemas a los que se enfrentaba la Iglesia en el futuro eran tan grandes que ni siquiera unos cambios radicales podrían resolver los temas de división a los que se enfrentaban los cardenales de las naciones occidentales y desarrolladas, continuando al mismo tiempo el legado de Juan Pablo como hombre inspirador y seductor del pueblo. Eran unos requisitos excesivos, y la mayoría de los cardenales decidieron que necesitaban unas manos seguras y una transición suave para ocuparse de unos asuntos que podían destrozar a la Iglesia irreparablemente. La única cuestión que seguía sin resolver era: ¿qué manos?

Los candidatos

A medida que empezó a aumentar la presión, el Vaticano emprendió el movimiento sin precedentes de imponer un bloqueo de los medios de comunicación desde el 8 de abril hasta la apertura del cónclave. Dejando a un lado la ironía de un movimiento semejante, dado que el proceso mismo era secreto, muchos vieron aquello como una interferencia frustrante por parte nada menos que del famoso garante de las normas y la doctrina del Vaticano, el prefecto de la Congregación para la Doctrina de la Fe, el cardenal Ratzinger. En realidad era un intento de igualar el terreno de juego para los cardenales de países no italianos o de habla no inglesa, especialmente los de África, Sudamérica y Asia, que creían estar en injusta desventaja con respecto a los cardenales europeos y americanos, los cuales tenían una cantidad desproporcionada de tiempo en antena para delinear sus opiniones sobre los problemas a los que se enfrentaba la Iglesia.

**Desglose de los 115 electores cardenales
en el cónclave de 2005**

Europa occidental	26 (23 %)	Europa del Este	12 (10 %)
Italia	20 (17 %)	África	11 (10 %)
Latinoamérica	20 (17 %)	Oriente Medio y Asia	10 (9 %)
Norteamérica	14 (12 %)	Australia y Nueva Zelanda	2 (2 %)

El bloqueo de los medios, sorprendentemente, no evitó que los cotilleos llegaran a los periódicos, pero muchos de los cardenales siguieron alardeando de diplomacia e insistiendo en que no había un favorito claro al aproximarse el cónclave. En realidad, había considerables especulaciones sobre un cierto número de candidatos que representaban ideologías conservadoras y progresistas. Muchos estaban seguros, después del papado de Juan Pablo, que había durado veintiséis años, de que el nuevo papa probablemente no sería un hombre joven, para así asegurar un ejercicio más breve que su predecesor... aunque poco se imaginaban lo breve que resultaría. Como observa el escritor Paul Collins, «un papa debilitado o incluso senil, que no pueda o no quiera dimitir, podría enfrentar a la Iglesia con un enorme interrogante constitucional. Bajo las normas presentes, nadie podía despedir al papa».[19] La personalización del papado que había hecho Juan Pablo había resultado en un reinado más propio de una autocracia centralizada, donde se permite poca libertad de acción a los obispos individuales o a los jefes de las órdenes religiosas; consecuentemente, existía una correlación directa entre la salud deteriorada del papa y la creciente incapacidad de la Iglesia de actuar en temas acuciantes. Habían quedado en un limbo, incapaces de actuar y tomar decisiones importantes, «obligados a marcar el tiempo con problemas importantes no resueltos, mientras [esperaban] el fallecimiento del papa».[20]

Juan Pablo II nombró más cardenales que ningún otro pontífice, 231, y estableció el récord del número más grande creados de una sola vez, cuando nombró cuarenta y cuatro en febrero de 2001, un movimiento que muchos vieron como un esfuerzo para asegurar su legado, eligiendo cardenales que abrazaban sus opiniones teológicas sobre la dirección que debería seguir la Iglesia después de su muerte. A continuación ungió a treinta más en 2003. El número total de cardenales lo bastante jóvenes para votar en el cónclave (después de la edad de ochenta, los cardinales ya no tienen derecho a voto) que habían sido elegidos por el propio Juan Pablo era de 113. Aunque no todos encajaban en el mismo molde que él como conservadores ortodoxos con pasión por los pobres privados del derecho al voto, esta cifra asombrosa aseguró que su sombra pesara mucho en la mente de muchos cuando empezó la votación.

Las nueve reuniones (conocidas como consistorios) en las cuales Juan Pablo creó sus 231 nuevos cardenales ocurrieron en un periodo de veinticuatro años, y permitieron que se formaran muchas opiniones distintas, o dicho en términos más sencillos, dos campos opuestos dentro de la Iglesia moderna.

Los conservadores

Este grupo de cardenales fueron nombrados precisamente por sus fuertes creencias en las enseñanzas de Juan Pablo y en una Iglesia centrada en el papa, con la esperanza de que continuarían su trabajo después de que él se fuera. Creían que «el catolicismo debe resistir cada vez más contra la cultura posmoderna que prevalece», y que «ahí [se encuentra] un verdadero peligro de que muchos católicos, incluyendo sacerdotes y teólogos, queden totalmente comprometidos con el secularismo y el relativismo».[21] Fundamentalmente, los candidatos conservadores creían fervientemente que la doctrina no se debería alterar para asimilar a la Iglesia en una sociedad cambiante.

CARDENAL JOSEPH RATZINGER DE ALEMANIA (EDAD, 78 AÑOS)

Como mano derecha de Juan Pablo II durante mucho tiempo, y considerado por muchos como su sucesor obvio, el cardenal Joseph Ratzinger fue un candidato favorito desde el principio.

De los 115 cardenales que podían votar en el cónclave, Ratzinger era uno de los dos que el propio Juan Pablo II no había nombrado personalmente. Los dos hombres, sin embargo, establecieron un vínculo muy estrecho cuando eran cardenales. Como diría el propio Ratzinger: «Tan pronto como se convirtió en papa, él decidió llamarme a Roma como prefecto de la Congregación para la Doctrina de la Fe [CDF]. Había depositado una confianza muy grande, muy cordial y profunda en mí. Como garante, por así decirlo, de que viajaríamos por el rumbo adecuado en la fe».[22] Habiendo ocupado este papel desde 1981, Ratzinger era el guardián doctrinal de Juan Pablo. La prensa se refería a él como «el Rottweiler de Dios», y sus amigos clérigos como «Panzer Kardinal». También era uno de los hombres más poderosos del Vaticano. Los dos compartían y ejercían unas creencias conservadoras de línea dura, templadas por una conciencia social hacia los pobres y los desfavorecidos.

El papel oficial de la CDF, fundada en 1542 y quizá más conocida por su nombre original, la Sacra Romana y Universal Inquisición, era «promover y defender la doctrina de la fe y sus tradiciones en todo el mundo católico».[23] El mundo había cambiado un poco desde aquellos tiempos del siglo XVI de herejías e Inquisición. La reunión más reciente del Concilio Vaticano, entre 1962-65 (más conocido comúnmente como Vaticano II), consiguió «sacar [a rastras] a la Iglesia católica, pataleando y chillando, del siglo xix, y hacerla entrar en el siglo xx... [y abrió a] la Iglesia al mundo contemporáneo... para entrar en un diálogo serio, pero crítico con él».[24] Pronto resultó obvio para muchos que las conclusiones del Concilio de hecho habían dejado amplio espacio para interpretaciones opuestas. Consecuentemente, cuando Juan Pablo II se convirtió en papa, muchos de aquellos que habían supuesto que sería un candidato liberal y progresista se quedaron sorprendidos al ver la velocidad con la que reinterpretaba el Vaticano II a una luz mucho más conservadora.

Desde el interior de la CDF, se consideraba que Ratzinger tuvo la última palabra a la hora de hacer cumplir la interpretación teológica de Juan Pablo del Vaticano II, así como de temas disciplinarios dentro de la Iglesia, incluyendo, recientemente, casos de abusos sexuales muy prominentes. Ratzinger aireó sus preocupaciones por el futuro de la Iglesia en un discurso que dio el día antes de la muerte de Juan Pablo, afirmando que Norteamérica y Europa habían «desarrollado una cultura que excluye a Dios de la conciencia pública, o bien negándolo por completo o bien juzgando que su existencia no puede ser demostrada, es incierta y, por tanto, en cierto modo irrelevante».[25]

Igual que su papel capital en la CDF, Ratzinger también ejerció el cargo de decano del Colegio Cardenalicio. Cuando llegó al cónclave, una vez más se encontró presidiendo las reuniones oficiales. Estaba situado en el punto ideal para hacerlo, porque conocía bien a todos los cardenales de nombre y además hablaba diez idiomas, según se decía. Previamente descartado como teólogo silencioso, pero divisivo, y erudito con una débil presencia pública, su manejo afortunado de los acontecimientos anteriores y posteriores a la muerte de Juan Pablo culminó en un enorme cambio de opinión a su favor.

No fue solo su prominente actuación en la homilía del funeral de Juan Pablo lo que cambió las tornas para muchos cardenales. El Viernes Santo, 25 de marzo de 2005, Ratzinger había hablado en lugar del papa enfermo durante la tradicional procesión del Vía Crucis. Cuando llegó a las Estaciones de la Cruz, los colegas le oyeron decir, incrédulos: «Cuánta suciedad hay en la Iglesia, incluso entre aquellos que, en el sacerdocio, deberían pertenecerle enteramente». Y rezando a Dios, dijo: «Señor, tu Iglesia a menudo parece un barco a punto de hundirse, un barco en el que entra agua por todas partes».[26]

Resulta difícil leer esas palabras y no sentir que era un ataque escasamente velado a todos aquellos implicados en la crisis de abusos sexuales que envenenaba la reputación de la Iglesia católica. ¿Qué era semejante actuación sino la de un hombre demostrando que era capaz de enfrentarse a la podredumbre de la Iglesia directa y públicamente? Pero ¿se proponía hacerlo como mano derecha de otro pontífice, o Ratzinger se estaba ofreciendo de hecho a sí mismo para que lo tuvieran en cuenta, con su asombrosa condena de los problemas de la Iglesia?

41

El pasado del cardenal (para aquellos que lo habían estudiado) indicaba otra cosa. Se había resistido a la elevación a altos cargos en numerosas ocasiones, prefiriendo por el contrario dedicarse a una vida tranquila, de escritos teológicos. Pero solo los días que siguieran revelarían si Ratzinger quería o no ser papa. Si era así, su completa falta de experiencia pastoral, su avanzada edad y su mala salud (había sufrido un derrame cerebral en 1991) podían llevar a algunos cardenales a preguntarse si no sería demasiado débil y no estaría demasiado enfermo y mal preparado para la tarea.

Cardenal Francis Arinze de Nigeria (72)

Converso al cristianismo a los nueve años, Arinze nació en la tribu Ibo, de Nigeria, y se convirtió en una estrella ascendente entre los católicos africanos, cuando fue consagrado obispo con solo treinta y tres años. La idea de un papa de un país en desarrollo sería saludada con una respuesta muy calurosa por parte de las regiones vecinas, pero los puntos de vista ultraconservadores y categóricos de Arinze pesaban mucho en contra de cualquier posibilidad real.

CARDENAL CAMILLO RUINI, VICARIO DE ROMA (73)

Se decía de él que tenía «una elevada puntuación en administración, pero muy baja en carisma». Ruini era otro de los aliados cercanos de Juan Pablo, un rostro familiar en los medios de comunicación italianos.[27] Aunque se lo veía como «uno de los cardenales italianos más poderosos», la operación que había sufrido en el año 2000 de bypass cuádruple y su crítica abierta a las políticas del gobierno italiano sobre eutanasia, matrimonio entre personas del mismo sexo e inseminación artificial, entre otras cosas, significaba que las opiniones sobre él estaban muy divididas.[28]

Los reformistas

El grupo opuesto de cardenales venía sobre todo de sociedades plurales en las cuales las enseñanzas de la Iglesia tradicional sobre temas controvertidos como el divorcio, el aborto y la homosexualidad se debatían continuamente entre los fieles y el clero por igual. Esos hombres, aunque habían sido nombrados por Juan Pablo, solamente ahora, como cardenales, eran libres de expresar opiniones disidentes de la doctrina ortodoxa y una Iglesia centralizada, sin miedo de que resultaran perjudicadas sus perspectivas de hacer carrera. Reconocían y respetaban los muchos logros diplomáticos de Juan Pablo en los conflictos de paz mundial y su pasión por una mayor igualdad social, pero muchos de esos cardenales «tenían auténticos problemas con la postura de la Iglesia sobre temas morales, doctrinales, reproductivos e internos». [29]

CARDENAL CARLO MARIA MARTINI DE ITALIA (78)

A diferencia de la mayoría de sus colegas italianos, el cardenal Martini era muy directo, de centro izquierda, y tenía experiencia tanto pastoral como administrativa. Teólogo jesuita muy respetado y atento, fue un nombramiento inesperado de Juan Pablo, que era notablemente conservador, y John Allen Jr. lo describía como «la gran esperanza blanca del ala liberal del catolicismo durante más de dos décadas».[30]

Sin embargo, sus posibilidades de convertirse en papa se habían desvanecido bastante en los últimos años. Ningún jesuita se había sentado nunca en la silla de san Pedro. Y existía también otro escollo: a él, como a Juan Pablo, le habían diagnosticado párkinson, y con setenta y ocho años, era uno de los hombres de mayor edad que competían. En 2002, Juan Pablo le aceptó la dimisión como arzobispo de Milán, y Martini se fue a Jerusalén a vivir su retiro en una paz erudita. No eran los actos de un hombre que quisiera adoptar la mayor responsabilidad de su vida.

CARDENAL CLÁUDIO HUMMES DE SÃO PAULO (71)

Conocido por sus habilidades ejemplares como pastor y por defender a los pueblos marginados, el arzobispo de São Paulo «asumió un estatus mítico en sus combates contra los generales de la dictadura brasileña»[31] como obispo joven a finales de la década de 1970 y principios de la de 1980. Su radicalismo se había suavizado un poco con la edad, y fue invitado a predicar a Juan Pablo y el clero de mayor rango en el Vaticano en 2002, cosa que muchos interpretaron como una aprobación entusiasta del difunto papa. Como voz dirigente a favor de la reforma, creía que la Iglesia estaba demasiado preocupada por occidente y que debía abrirse para colocar las naciones en desarrollo en una base equilibrada. Como el 42 por ciento de los católicos del mundo vivían en Latinoamérica, la elección de Cláudio Hummes sin duda recibiría una respuesta extasiada.

Los moderados

Encontrándose a mitad de camino entre los conservadores y los reformistas, los moderados no estaban ligados por una visión unitaria para el futuro de la Iglesia, como ocurría con los dos campos opuestos, y como consecuencia cada bando los percibía como más maleables, si uno de ellos llegaba a ser elegido papa. Sin embargo, tenían el potencial para desbaratar las oportunidades de cualquier candidato claramente conservador o progresista, si el lado perdedor decidía poner sus votos detrás de un moderado para intentar forzar un desempate.

44

Cardenal Dionigi Tettamanzi de Milán (71)

Descrito acertadamente como «regordete», «afable» y «bajito, recio y de sonrisa rápida», el cardenal Tettamanzi era otro conservador socialmente consciente que había estado muy próximo a Juan Pablo.[32] Con una sólida preparación teológica, trabajó con el difunto papa en su encíclica fundamental, *Evangelium Vitae* (*El Evangelio de la vida*), que reafirmaba la visión de la Iglesia católica de la santidad de la vida con respecto al aborto, la eutanasia, el control de la natalidad y la pena de muerte, pero según el comentarista líder del Vaticano, Sandro Magister, «ahora que estos temas se han vuelto más cruciales que nunca en Estados Unidos, Europa e Italia, tanto dentro como fuera de la Iglesia, una "cuestión de las que hacen época", según el juicio de Ratzinger y Ruini, él ya no habla de ellos».[33] Tettamanzi ahora hace campaña abiertamente por los derechos de las poblaciones menos privilegiadas. Se alzó en apoyo de las protestas antiglobalización en la cumbre del G-8, en Génova, en 2001, y se le atribuye esta frase: «Un solo niño africano enfermo de sida cuenta más que el universo entero».[34]

Todo esto le convirtió en uno de los favoritos en las apuestas de los medios italianos, siempre un poco miopes, pero Tettamanzi no hablaba inglés, y su escaso conocimiento de idiomas podía crear una barrera significativa para cualquier posible papa.

CARDENAL JORGE MARIO BERGOGLIO DE BUENOS AIRES (68)

Otro jesuita, el cardenal Jorge Bergoglio era conocido como el «obispo de los suburbios», por su trabajo compasivo con los pobres de su Argentina natal, pero su política era más conservadora-liberal que liberal-conservadora. Era firme defensor de la doctrina tradicionalista, y se había opuesto a las reformas legales sobre el matrimonio del mismo sexo, las adopciones por parte de gays y el aborto. Con sesenta y ocho años, era el contrincante más joven; también se diferenciaba en el hecho de que le habían nombrado cardenal hacía solo cuatro años, en 2001.

Bergoglio tenía la reputación de ser un hombre compasivo, humilde y espiritual, que rechazaba las trampas lujosas que podía proporcionarle su cargo y, por el contrario, vivía junto a sus parroquianos en un apartamento modesto y viajaba en autobús y metro por Buenos Aires, en lugar de usar una limusina con chófer. Se había hecho más conocido en 1998 cuando llegó a los titulares de los periódicos por lavar y besar los pies de enfermos de sida en un hospital de Buenos Aires. También causó gran impresión dentro de la Iglesia cuando, en octubre de 2001, Juan Pablo II lo eligió como relator del Sínodo de Obispos, responsable de resumir la información de la conferencia, reemplazando al arzobispo de Nueva York, Edward Egan, que se quedó en la ciudad después de los atentados terroristas del 11 de septiembre de 2001.

En el momento del cónclave, los católicos de Latinoamérica alcanzaban el 40 por ciento de los 1,1 mil millones de fieles de la Iglesia; era una posibilidad poco plausible, pero la perspectiva de un papa de uno de los países en desarrollo no se debía descartar con demasiada facilidad. Como se dice de un cardenal de un país en desarrollo en el libro de John Allen Jr., *The Rise of Benedict XVI (El ascenso de Benedicto XVI)*, «si elegimos a un papa de Honduras o Nigeria, sin duda habría una Iglesia local dinámica y emocionada tras él, como ocurrió con Juan Pablo II y Polonia. Si elegimos a alguien de Bélgica u Holanda, ¿nos podemos imaginar a los belgas o los holandeses emocionados? Sencillamente, no habría la misma base de apoyo».[35]

Bergoglio había recogido un apoyo significativo entre las altas jerarquías, entre aquellos que le creían capaz de bajar los muros del Vaticano, como los de una fortaleza, y abrir la Iglesia al mundo en general, manteniendo al mismo tiempo «un compromiso inflexible con unos puntos de vista doctrinales bastante tradicionales».[36] Pero preocupaba un poco si aceptaría o no el pontificado, si ganaba las elecciones, dada su preferencia por un estilo de vida más humilde, y el hecho de que los jesuitas están obligados por un juramento a no buscar el poder.

Cardenal Angelo Sodano, secretario de estado del Vaticano (77)

El cuarto y último de los italianos que competía, el cardenal Sodano, había ocupado muchos cargos de importancia dentro de la Iglesia antes de asentarse en su puesto como secretario de Estado del Vaticano en 1991. Acompañó a Juan Pablo en numerosas misiones diplomáticas en el extranjero, estableció una controvertida amistad con el dictador chileno Augusto Pinochet, e incluso hizo campaña a favor de su liberación a raíz de su detención en el Reino Unido, en 1999. Mantenía fuertes lazos con Latinoamérica y era un teólogo respetado, pero su vejez y la mala salud que se rumoreaba que tenía lo convertían en un sucesor poco probable para Juan Pablo.

Se acerca el cónclave

Durante un *conclave* (con llave), los cardenales quedan literalmente encerrados en el interior de la Capilla Sixtina, con unos Guardias Vaticanos haciendo guardia en el exterior de las puertas, hasta que llegan a un acuerdo satisfactorio sobre quién deberá ser el siguiente papa. Juan Pablo había dejado instrucciones estrictas de que se mantuviera el secreto de la reunión, de modo que se bloqueó el wifi en toda la Ciudad Santa durante la duración de los procedimientos, la Capilla Sixtina quedó cerrada a los turistas, se registró cuidadosamente en busca de aparatos ocultos y se colocaron unos sofisticados dispositivos de interferencia en todo el Palacio Apostólico para evitar que se filtrara información alguna. Dentro de la capilla, se montaron unas pasarelas de madera especiales para preservar el antiguo suelo, y se colocaron largas mesas con caballetes y con flecos de color morado oscuro para que se sentaran los cardenales electores, añadiendo color a una habitación que ya estaba adornada con unos frescos de quinientos años de antigüedad en paredes y techo.

Se nos puede perdonar por suponer que, durante la elección de un papa, los encerrados dentro de la capilla debaten los diversos méritos de los candidatos y la importancia de los temas a los que se enfrenta la Iglesia igual que hacen las democracias del mundo entero. Pero no es así. Un cónclave es un periodo silencioso de plegaria solemne y de reflexión durante el cual los cardenales buscan la guía del Espíritu Santo en su elección del nuevo papa. El cardenal Jorge Bergoglio después describiría «el clima de intenso recogimiento, casi místi-

47

co, que estuvo presente en esas sesiones. Todos éramos conscientes de no ser otra cosa que instrumentos para servir a la divina providencia a la hora de elegir un adecuado sucesor para Juan Pablo II».[37]

Antes de empezar el cónclave, durante la *sede vacante* (el periodo en el cual la silla de san Pedro está vacía) todos los cardenales se reunieron en una congregación general presidida por el cardenal Ratzinger, como decano, y en pequeños grupos de solo cuatro cardenales, conocidos como congregaciones particulares. En esas reuniones se les requería que tomasen decisiones sobre asuntos urgentes del Vaticano que no podían esperar a que hubiese un nuevo papa, y que revisaran también la Constitución Apostólica de Juan Pablo, *Universi Dominici Gregis* (*El pastor del rebaño entero del Señor*), de catorce mil palabras, en la cual explicaba las normas actualizadas de cómo se iba a llevar a cabo el cónclave, revisando el previo conjunto de cambios decretados por el papa Pablo VI en 1975. El cardenal Ratzinger insistió en que se leyera todo en voz alta, línea por línea.

Como había hecho en el funeral, Ratzinger sorprendió a sus colegas con una exhibición deslumbrante de autoridad, imparcialidad y diplomacia. No solo conocía por su nombre a cada uno de los cardenales, una hazaña que Juan Pablo nunca llegó a dominar del todo, sino que gracias a su facilidad para las lenguas, podía ser entendido por los muchos cardenales que no hablaban italiano, y no digamos latín. Pero lo impresionante no era solo su exhibición de memoria y facilidad lingüística; los cardenales sentían que le importaba de verdad lo que le decían. En diversas ocasiones, durante los procedimientos, se dice que «intervino para pedir a aquellos que no habían hablado aún que lo hicieran», y «cuando tenía que resumir la discusión, siempre parecía muy justo con los diversos puntos de vista que se habían expresado». Algunos incluso salieron de esas discusiones teniendo la sensación de que había actuado mucho mejor que el difunto y gran pontífice, diciendo que «Ratzinger les había escuchado de una manera que Juan Pablo II no siempre era capaz de hacer».[38]

Tensiones y tácticas de desprestigio

Se puede decir que en general, la conducta de la congregación fue colegial y que los cardenales fueron capaces de poner a un lado sus discrepancias por el bien de la Iglesia. Pero sí que hubo discusiones algunas veces que resultaron acaloradas, y lo que es peor, empezaron a aparecer artículos en la prensa que desprestigiaban a los hombres considerados «papables», a pesar del bloqueo de prensa existente.

La prensa solía centrarse sobre todo en la mala salud de los candidatos, y así, empezaron a aparecer en los periódicos y las cadenas televisivas enfermedades que iban desde la diabetes a la depresión. La forma más agresiva de sabotaje, sin embargo, surgió tres días antes de la fecha en la que estaba previsto que empezase el cónclave, cuando apareció un expediente muy comprometedor «en el buzón de correo electrónico de los cardenales más importantes, que estaban reunidos en Roma». El mensaje de correo contenía detalles de quejas archivadas por el abogado argentino de derechos humanos Marcelo Parrilli, acusando al cardenal Jorge Bergoglio de «complicidad en el secuestro de dos sacerdotes jesuitas, cuyo trabajo con los pobres en un suburbio de Buenos Aires fue considerado subversivo por los escuadrones de la muerte paramilitares en 1976».

Bergoglio había destituido a los sacerdotes una semana antes de su desaparición, y Parrilli aseguraba que dicha destitución había contribuido a que fueran torturados, encapuchados y esposados durante su detención, que duró cinco meses.[39]

Había poco tiempo para refutar esas acusaciones a gran escala, y mucho menos establecer quién había enviado aquel mensaje de correo —un capítulo de la vida de Bergoglio al que volveremos más tarde—, pero quedó inmediatamente claro que su candidatura era considerada una amenaza significativa por parte de determinadas facciones de la Iglesia, y que había algunos dispuestos a adoptar medidas desesperadas para desacreditarle. Los partidarios de Bergoglio negaron categóricamente las acusaciones en conversaciones entre murmullos por los pasillos de mármol del Vaticano, y en cenas ofrecidas por los «negociadores de poder del cónclave» anti-Ratzinger, uno de los cuales observó secamente: «desde la Última Cena, la Iglesia ha decidido sus asuntos más importantes en la mesa, comiendo».[40] Pero cuando la congregación acabó y empezó el cónclave, no existía ninguna seguridad de que la campaña contra Bergoglio hubiese tenido éxito.

Extra omnes!

Y entonces llegó el momento.

Exactamente a las 4.30 h de la tarde del lunes, 18 de abril, los 115 cardenales, resplandecientes con su tradicional «traje de coro» color púrpura, con las correspondientes mangas anchas de encaje blanco, dieron los pasos finales de la procesión desde la Sala de las Bendiciones (tradicionalmente los cardenales empiezan la procesión en la Cappella Paolina, pero esta se hallaba sometida a extensas renovaciones entre 2002 y 2009), y entran en la Capilla Sixtina, cantando la «Letanía de los Santos» del siglo IX a medida que avanzan. Por primera vez en la historia, este deslumbrante espectáculo fue transmitido en directo por televisión, y los católicos de todo el mundo pudieron atisbar un antiguo ritual, mientras los cardenales ocupaban los asientos que tenían asignados, dispuestos por orden de antigüedad, y luego hicieron un juramento de secreto, primero colectivamente, y luego de manera individual.

Una vez el último cardenal hubo colocado su mano en el Libro de los Evangelios y asegurado: «Prometo y juro, que Dios me ayude, y estos Sagrados Evangelios que ahora toco con la mano», cesaron las transmisiones y a las 17.24 de la tarde el arzobispo Piero Marini, maestro papal de las ceremonias litúrgicas, declaró: «*Extra omnes!*» (¡Que salga todo el mundo!). Cuando todos excepto los cardenales electores hubieron salido, los Guardias Suizos, que estaban presentes a lo largo de todo el proceso, cerraron las puertas de la Capilla Sixtina desde el exterior y empezó la votación.

La primera votación   51

La tradición establece que nadie excepto los cardenales electores tiene permitido entrar mientras está teniendo lugar la votación. Consecuentemente, tuvieron que remangarse esas bonitas mangas y hacer turnos para desempeñar los trabajos principales. Cada mañana se sacaban nueve nombres por sorteo, asignando de una manera equitativa los siguientes papeles:

Escrutadores: estos tres hombres se sientan en el centro, en una mesa frente al altar, bajo el imponente fresco de Miguel Ángel del Juicio Final, y cuentan los votos.

Infirmarii: aunque no se requirió ninguno en el cónclave de 2005, tres hombres están también asignados a recoger los votos de cualquier cardenal elector que estuviese demasiado enfermo para asistir a la Capilla Sixtina.

Revisores: se requieren otros tres cardenales para comprobar dos veces el trabajo de los escrutadores, para asegurarse de que cuadran los nombres y los votos. Si es así, los revisores devuelven los votos a los escrutadores, que leen cada nombre en voz alta y luego perforan la palabra *Eligo* en cada papeleta con una aguja, tras lo cual guardan los papeles para quemarlos en la estufa especial de la capilla, en cuanto se ha completado el recuento.

Durante cada ronda, los cardenales electores reciben una papeleta rectangular con las palabras *Eligo in Summum Pontificem* (Elijo como Supremo Pontífice) y se les requiere, según la directiva de Juan Pablo, que escriban, una petición algo cómica, «en lo posible con una escritura que no pueda ser identificada como suya», el nombre del hombre que quieren que sea papa (naturalmente, excluyéndose a sí mismos). Después de doblar el papel por la mitad, los cardenales se aproximan al altar, se arrodillan y pronuncian una plegaria, y luego juran otra vez, y acaban por colocar su papeleta en una bandeja o patena de oro a la vista de todos, y luego la vuelcan en una urna diseñada especialmente.

Nunca se ha elegido a ningún papa después de la primera ronda de votos, y los recuentos normalmente son muy dispares, después de lo cual los números empiezan a alinearse detrás de los candidatos más importantes, hasta que se elige el candidato final. En su libro *The Rule of Benedict (La regla de Benedicto)*, David Gibson observa que es costumbre para los cardenales durante la primera votación «votar por un amigo para honrarlo, o por alguien que nunca será papa, pero que al menos sabe que ha recibido algún voto en el cónclave». Incluso se bromea que «votan por quienes quieren en la primera votación, y luego dejan que les guíe el Espíritu Santo».[41] En los ocho cónclaves sostenidos durante el siglo XX, el mayor número de votaciones que se precisaron en alguna elección papal fue el de catorce (para el papa Pío XI, 1922), y el menor, tres (Pío XII,

1939). La media está por debajo de ocho votaciones por cónclave, a lo largo de una media de 3,5 días.

El número de cardenales electores ha aumentado significativamente desde sesenta y cuatro en el cónclave de 1903 hasta 111 en 1978, cuando se eligió a Juan Pablo II. Con el récord de 115 cardenales en 2005, el proceso de votación costaba una cantidad de tiempo significativa, pero poco después de las 8 de la tarde del día 18 de abril, la multitud de más de cuarenta mil personas reunidas en la plaza de San Pedro se sintió momentáneamente confusa al ver una débil nubecilla de lo que parecía un humo algo grisáceo que empezó a emerger desde la chimenea que se halla por encima de la Capilla Sixtina. La desafortunada coincidencia de que se quemaran las primeras papeletas al mismo tiempo que daban la hora las campanas de la basílica de San Pedro hizo que muchos prorrumpieran en vítores y aplausos. Sin embargo, la noticia, que habría sido realmente un milagro, de que se eligiera un papa en la primera ronda de votaciones, rápidamente se vio disipada por la visión de una nube de humo mucho más espesa de un color gris casi negro.

El Vaticano lleva usando la señal del humo blanco para indicar la elección de un nuevo pontífice solo desde 1914, pero su fiabilidad poco fiable se ha convertido en una especie de broma recurrente. Recientemente se habían gastado incontables horas y una significativa cantidad de dinero para mejorar el sistema... y todo para que resultase fallando la primera vez que se probaba.

Como muchos habían esperado, ese cónclave no acabó el primer día. Lo que fue inesperado, sin embargo, fue que en septiembre de 2005 un cardenal anónimo rompiese el juramento de secreto que había hecho a Dios en el altar de la Capilla Sixtina y publicase un relato del recuento de la votación a lo largo del cónclave en la revista de asuntos exteriores italiana *Limes*.

Resultados de la primera votación
del cónclave papal, 2005[42]

Cardenal Joseph Ratzinger	Alemania	47 votos
Cardenal Jorge Mario Bergoglio	Argentina	10 votos
Cardenal Carlo Maria Martini	Italia	9 votos
Cardenal Camillo Ruini	Italia	6 votos
Cardenal Angelo Sodano	Italia	4 votos
Oscar Rodríguez Maradiaga	Honduras	3 votos
Dionigi Tettamanzi	Italia	2 votos
Otros candidatos		34 votos

Gracias a la decisión de este anónimo cardenal de romper su juramento, ahora sabemos que en línea con las predicciones iniciales de muchos que iban al cónclave, Ratzinger estaba muy por delante de los demás candidatos, pero todavía no había ganado la carrera. Para asegurar el papado, se requería que un cardenal obtuviese setenta y siete votos (equivalente a dos tercios del total), de modo que él todavía necesitaba que nada menos que treinta personas cambiaran de idea a su favor.

Entre los rivales más encarnizados de Ratzinger, Tettamanzi fue el que peor lo llevó, consiguiendo solo dos votos, y los exiguos nueve de Martini parecían más bien una muestra de respeto, recordando las observaciones de Gibson sobre la primera ronda de votos, por todos sus años de «papable», más que un movimiento serio para elegir a un hombre jubilado que sufría de párkinson.

La auténtica sorpresa de la primera ronda fue el recuento de diez votos para Jorge Bergoglio. El diarista secreto no lo consideraba «un verdadero candidato de la "izquierda"»[43] pero en ausencia de Martini, se convertía en aquel a quien podían ir a parar los votos liberales y anti-Ratzinger. Aun así, necesitaba que un número significativo se decantara por él, si quería alcanzar al cardenal Panzer, que probablemente se beneficiaría de los votos de los aliados de Juan Pablo Ruini y Sodano en la siguiente ronda.

Al final del primer día, los cardenales salieron de la Capilla Sixtina y los metieron en unos minibuses que los estaban esperando, que los llevaron rápidamente a sus lujosos alojamientos (en los cuales el Vaticano había gastado la modesta suma de veinte millones de dólares) para cenar, hacer deliberaciones y debatir, en contravención discreta pero deliberada de las normas, antes del siguiente día de votaciones. Apartadas del mundo exterior, las conversaciones siguieron a lo largo de toda la noche, y corrían numerosas especulaciones sobre Bergoglio como posible sucesor de Juan Pablo.

Nuestro secreto diarista italiano sospechaba que «el objetivo realista del grupo minoritario que quiere apoyar a Bergoglio es crear un empate, que conduzca a la retirada de la nominación de Ratzinger». Tampoco estaba seguro de si el argentino aceptaría el papado, habiéndole visto depositar su voto bajo el imponente fresco de Cristo: «Tenía la mirada fija en la imagen de Jesús, juzgando las almas al final de los tiempos. Su rostro parecía sufriente, como si rogara: "Dios mío, por favor, no me hagas esto"».[44]

Segunda y tercera votaciones

La mañana del martes 19 de abril, los cardenales estaban despiertos a las 6.30 h de la mañana, asistieron a misa a las 7.30 h y empezaron la segunda ronda de votaciones a las 9.30. Cuando salieron los resultados, quedó bien claro que las discusiones de la noche anterior habían sido persuasivas y establecido alianzas firmes.

Resultados de la segunda ronda de votaciones del cónclave papal de 2005[45]

Cardenal Joseph Ratzinger	Alemania	65 votos	+18
Cardenal Jorge Mario Bergoglio	Argentina	35 votos	+25
Cardenal Angelo Sodano	Italia	4 votos	+0
Dionigi Tettamanzi	Italia	2 votos	+0
Otros candidatos		9 votos	-25

El cardenal Ratzinger seguía en cabeza, habiendo añadido dieciocho votos (seis de Ruini y doce de los demás candidatos sin nombre), pero seguían faltándole doce votos para poder ganar. Los cuatro partidarios de Sodano todavía no estaban dispuestos a ceder, ni los dos votantes de Tettamanzi. La ganancia mayor de todas se la llevó Bergoglio, que recibió nada menos que veinticinco votos más, nueve de Martini, tres de Maradiaga y trece de nuevos apoyos, llegando a un total de treinta y cinco.

A pesar de este avance impresionante, la ventaja de Ratzinger era tan grande todavía que resultaba imposible que ganase cualquier otro cardenal, a menos que un gran número de votantes le abandonase. Pero la predicción del cardenal anónimo sobre los oponentes de Ratzinger, que deseaban crear un empate, estaba solo a cuatro votos de llevarlo a buen término, si Bergoglio recibía el necesario tercio más un voto, con un total de treinta y nueve, en la siguiente ronda. Por muy estimulante que fuera esa perspectiva, era altamente improbable que los cardenales llegaran tan lejos, por miedo a dañar la reputación de la Iglesia con un cónclave frustrado.

Así que para no perder el impulso, como de costumbre, se procedió inmediatamente a otra votación antes de anunciar los resultados, de modo que los cardenales votaron una tercera vez a las 11 de la mañana. Un humo ambiguo y gris salió de la chimenea justo antes de mediodía, pero no sonó ninguna campana, de modo que la multitud comprendió que todavía no había papa.

Resultados de la tercera votación
del cónclave papal de 2005[46]

Cardenal Joseph Ratzinger	Alemania	72 votos	+7
Cardenal Jorge Mario Bergoglio	Argentina	40 votos	+5
Otros candidatos		3 votos	-7

Los resultados de la tercera ronda demostraron que la elección era ahora cosa de dos candidatos únicamente. El aumento de siete votos de Ratzinger significaba que necesitaba solo cinco más para asegurarse la silla de san Pedro, pero como solo quedaban tres votantes abiertos más, y con el incremento de cinco de Bergoglio, era imposible hacerlo a menos que algunos de los que apoyaban al argentino cambiasen de idea y le apoyasen a él.

La pausa para comer no pudo llegar en un momento más decisivo. Mientras el mundo esperaba, los cardenales fueron conducidos de nuevo en autobús a su hotel, para discutir tranquilamente los resultados en su pizarra favorita: la mesa del comedor. Ratzinger era, según decían, «la viva imagen de la calma», mientras los que estaban a su alrededor intentaban arañar unos votos sueltos para cerrar el trato.[47] Según el diarista, el cardenal Martini había empezado a especular que si continuaba el punto muerto, sería inevitable un cambio de candidatos al día siguiente, y el proceso tendría que empezar de nuevo.[48] La perspectiva no haría demasiada gracia a nadie excepto a Martini.

La cuarta votación

Una vez concluido el periodo de conversaciones y campañas, los cardenales volvieron a la Capilla Sixtina. Cuando empezó la

57

votación, aquella tarde, los periódicos especulaban que Ratzinger estaba luchando por llegar a una mayoría convincente. Para los electores que votaban en el interior de la capilla, sin embargo, la sensación era que la carrera se había ganado por fin.

A las 17.30, casi veinticuatro horas exactamente después de que empezase el cónclave, convirtiéndolo así en una de las elecciones más rápidas de la historia, se hizo un recuento de votos y se leyó en voz alta. Aunque la mayoría de los cardenales, incluido el propio Ratzinger, habían ido contando ellos mismos, el cardenal Cormac Murphy-O'Connor recordaba que cuando se llegó al costoso voto setenta y siete, «hubo una especie de respingo general, y todo el mundo aplaudió».[49]

Lágrimas de alegría corrieron libremente entre los partidarios de Ratzinger.

¿Y quién era el hombre más feliz de toda la reunión? El cardenal Jorge Mario Bergoglio.

A lo largo de los días siguientes, mientras Benedicto se instalaba en su nuevo papel, los cardenales que residían fuera de la ciudad empezaron a partir de Roma hacia sus respectivas diócesis. Muchos se fueron con una sensación de sorpresa por la rapidez con que había terminado el cónclave, y otros muchos con una enorme sensación de alivio de que hubiera sido así, ninguno más que el cardenal Bergoglio. No podía esperar para volver a casa desde el inesperado caos del cónclave, a las calles familiares de su Buenos Aires.

Con sesenta y ocho años de edad, Bergoglio podría retirarse al cabo de seis años más, e incluso había decidido dónde pasaría sus últimos días: volvería a la humilde casita de sacerdote en la que había vivido cinco años, cuando era vicario general de la parroquia de Flores, en Buenos Aires, entre 1993 y 1998. Lo único que necesitaba era una habitación sencilla, preferiblemente en la planta baja, para no estar «por encima de nadie».[50]

2

Francisco

$\mathcal{D}$espués de la elección del papa Benedicto XVI, en abril de 2005, una biografía del cardenal Bergoglio habría tenido un cierto interés para los observadores mundiales del cónclave. ¿Quién era ese misterioso argentino que casi derrota al favorito para el título de papa? Pero no había nada. Los católicos más diligentes quizá encontrasen un ejemplar solitario de *Meditations for the Religious* (1982), *Reflections of Hope* (1992) o *Putting the Motherland on One's Shoulders* (2003) en una librería muy bien provista, pero esos libros los había escrito ese hombre, no trataban sobre él. Bergoglio nunca había trabajado en Roma, de modo que los canales habituales para el cotilleo en el Vaticano resultaban infructuosos. Tampoco venía de un país con una voz fuerte en el debate católico global. ¿Quién era, pues?

Nacido en el distrito central de Flores, en Buenos Aires, el 17 de diciembre de 1936, Jorge Mario Bergoglio era el mayor de los cinco hijos de Regina María Sívori (1911-1981) y Mario José Bergoglio (1908-1961). Regina era hija de inmigrantes de Génova-Piamonte, y Mario había llegado a Argentina desde el Piamonte con sus padres en 1929. Se conocieron en misa, en 1934, y se casaron al año siguiente. Jorge más tarde recordaba: «Mi recuerdo más fuerte de la niñez es la vida compartida

entre la casa de mis padres y la casa de mis abuelos. La primera parte de mi niñez, desde que tenía un año, la pasé con mi
abuela».[1] Era la madre de su madre, Nonna Rosa. El biógrafo
Austen Ivereigh, que entrevistó a Francisco ampliamente después de su elección como papa, la describía como «la mayor
influencia de su niñez», y «una mujer formidable de profunda
fe y gran habilidad política, con la que pasó gran parte de sus
cinco primeros años».[2]

Rosa y su marido, Giovanni, habían decidido dejar su hogar, en una Italia empobrecida y controlada por el gobierno to-
talitario de Benito Mussolini, y compraron billetes para que
toda la familia viajase a Argentina a bordo del ilustre *Princi-
pessa Mafalda* en 1927. Pero no era la única familia de la re-
gión que temía el auge del fascismo y planeaba su huida. Tan
grande era el número de posibles emigrados, que el mercado in-
mobiliario del Piamonte se hundió y los precios cayeron en picado, de modo que la pareja no pudo vender sus propiedades y
tuvo que quedarse y esperar a que la situación se recuperase.
Poco sabían de la suerte que habían tenido. El 11 de octubre de
1927, el que antaño fuese gran barco salió de Génova con destino a Buenos Aires. Después de nueve años cruzando el océano,
el decrépito barco empezó a hundirse junto a la costa de Brasil.
Fue un caos. Parece ser que la tripulación fue la primera en de-
sembarcar en el único de los botes salvavidas utilizable, dejando a los aterrorizados pasajeros que se las arreglasen como pu-
diesen mientras los buques de rescate miraban, temiendo que
la nave pudiera explotar. Se salvaron un total de 1.252 pasajeros, pero 314 perecieron en unas aguas infestadas de tiburones.

Agradecidos por su milagrosa salvación, Giovanni y Rosa al
final consiguieron vender sus propiedades y llegaron a Argentina catorce meses más tarde. Según la biografía de Paul Vallely, *Pope Francis: Untying the Knots*, «la leyenda de la familia asegura que ella [Rosa] bajó por la pasarela del buque de

vapor *Giulio Cesare* una mañana de calor sofocante llevando un abrigo de piel de zorro hasta los pies, no porque no hubiera sido consciente de que se dirigía al hemisferio sur, donde enero sería pleno verano, sino porque en el forro llevaba cosido todo el importe de la venta del hogar familiar y el café que tenían en el Piamonte».[3] Este astuto movimiento permitió a Rosa y Giovanni mantenerse durante el subsiguiente *crash* económico de 1929 y un golpe militar que puso fin a setenta años de gobierno constitucional civil, en 1930.

Cuando nació Jorge, la vida en Buenos Aires era dura tanto para los padres como para los abuelos, pero la naturaleza estoica de su abuela Rosa les consiguió riquezas entre la pobreza. Ella le enseñó a rezar, le contaba historias de Jesús, la Virgen María y los santos, y le inculcó la tolerancia religiosa. Sus padres habían desarrollado un enfoque más puritano. Bergoglio recordaba más tarde: «Si alguien cercano a la familia se divorciaba o se separaba, no podía entrar en tu casa, y creían que todos los protestantes irían al infierno». Rosa, por otra parte, le enseñó «la sabiduría de la verdadera religión», según la cual Dios también ama a los no católicos que hacen buenas obras. Ella tenía experiencia de primera mano de la toxicidad de la intolerancia en Italia, durante la década de 1920, y había hecho campaña activa por Acción Católica, un movimiento europeo que luchaba contra el anticlericalismo en los siglos xix y xx. Rosa se subía a una caja en la calle y clamaba contra Mussolini, que era conocido como el *mangiaprete* o «comecuras» en su juventud, y contra el acoso y las restricciones a la Iglesia católica por parte del gobierno fascista.[4]

Rosa creía fervientemente en la educación, y había animado a su hijo Mario para que estudiase una licenciatura en contabilidad, en Italia. Sin embargo, sus estudios no estaban reconocidos en Argentina, y solo consiguió un sueldo bajo como contable en una fábrica. Así que mientras Regina atendía a sus hijos

61

más pequeños y Mario estaba en el trabajo, el joven Jorge empezó su propia educación. De día, mientras estaba con su abuela, aprendía italiano (Rosa y Giovanni todavía hablaban sobre todo en dialecto piamontés, mientras que su hijo y su nuera hablaban español en casa) y lo introdujeron a la poesía y la literatura. Bergoglio diría más tarde que sus abuelos «querían a todos mis hermanos, pero yo tuve el privilegio de entender la lengua de sus recuerdos», y eso amplió sus perspectivas, incluyendo un mundo fuera del suyo propio.[5]

Los Bergoglio trabajaron muy duro para proporcionar un hogar estable y cariñoso para sus cinco hijos, y Mario frecuentemente cogía varios trabajos a la vez para mantenerse a flote. A pesar de sus penalidades, los recuerdos que tenían los niños de aquella época eran felices. María Elena, la hermana menor de Jorge, sentía que «eran pobres, pero con dignidad», y describía a su padre como «un hombre siempre feliz… nunca se enfadaba. Y nunca nos pegó… Estaba muy enamorado de mamá, y siempre le traía regalos».[6] La familia también se sentía unida por la fe, y cuando Mario volvía cada noche del trabajo, dirigía la oración en torno a la mesa. Los fines de semana pasaban los sábados por la mañana en casa, jugando a las cartas hasta que, a las dos en punto, se reunían en torno al fonógrafo y escuchaban las amadas óperas italianas de sus padres. Los domingos la familia iba a misa. Después de nacer su quinto y último hijo, Regina quedó parcialmente paralizada varios años, pero Bergoglio recordaba que incluso entonces, «cuando volvíamos a casa desde el trabajo, durante aquella época, ella estaba sentada pelando patatas, y con todos los ingredientes preparados. Nos decía cómo debíamos mezclarlos y cocinarlos, porque no teníamos ni idea de lo que estábamos haciendo. "Ahora pon esto en la olla, esto en la sartén…" Ella nos lo decía todo. Así fue como aprendimos a cocinar».[7]

Fuera de casa, Jorge disfrutaba jugando al fútbol con sus

amigos del barrio y heredó la devoción de su padre por el equipo local, el San Lorenzo, que ha llevado con él hasta el día de hoy. Al verdadero estilo argentino, también era muy aficionado al tango, y se dice que lo bailaba muy bien. La mayoría de los amigos de esa época, sin embargo, le recuerdan como un niño muy estudioso, «siempre con la nariz metida en un libro de texto».[8]

Al joven Bergoglio le fue muy bien en la escuela primaria, y parece que no se vio afectado por la política turbulenta que agitaba Argentina y los desastres de la Segunda Guerra Mundial. Como había ocurrido ya durante la primera guerra, el país permaneció neutral, y resistió la presión de Estados Unidos para que se uniera a las naciones aliadas, pero aun así se percibía que tenía fuertes simpatías por las potencias del Eje, debido en parte a su gran masa de población inmigrante alemana. Cuando empezó a parecer que el gobierno podía doblegarse bajo la presión del aislamiento internacional que ejercían las naciones aliadas, una facción escindida de los militares, incluyendo al coronel Juan Domingo Perón, ardiente nacionalista, dio un paso al frente y quitó al presidente.

En 1945, Perón, junto con la que pronto sería su segunda esposa, la actriz y presentadora de radio de veintiséis años Eva Duarte, *Evita*, actuó como vicepresidente, secretario de guerra y quizá más crucialmente como ministro de Trabajo, y creó el primer sistema de seguridad social nacional, lo que le hizo enormemente popular entre los pobres y marginados. Tan popular, de hecho, que después de acabar la guerra fue arrestado por unos colegas que habían llegado a temer el enorme apoyo que tenía. Hubo protestas masivas en las calles, sin embargo, y se vieron obligados a soltarlo. El pueblo había hablado. Cinco meses más tarde, el 24 de febrero de 1946, fue elegido presidente.

En 1949, con Regina todavía paralizada, y mientras Rosa cuidaba a los dos hijos más pequeños de los Bergoglio, Alberto

63

y María Elena, se decidió que Jorge, de doce años, y sus otros dos hermanos menores, Marta y Óscar, debían ser enviados a un internado un año, para aliviar la presión que sufría su madre. Don Enrico Pozzoli, sacerdote de la familia, encontró sitio a los chicos, Jorge y Óscar, en una escuela de los salesianos llamada Wilfrid Barón de los Santos Ángeles. Los salesianos de don Bosco fueron fundados en 1859 por san Juan Bosco, con la sencilla misión de «ser amigos de los jóvenes pobres, abandonados o en riesgo, y haciéndolo así, ser amigos de Cristo».[9] En una carta fechada el 20 de octubre, el padre Bergoglio detallaba cómo le había cambiado ese año que pasó en el internado:

> Aprendí a estudiar en la escuela. Las horas de estudio, en silencio, crearon un hábito de concentración, un control muy intenso de la dispersión... El deporte era un aspecto fundamental de la vida. Uno jugaba mucho y bien... En el estudio, como en el deporte, la competición tenía una cierta importancia: nos enseñaban a competir bien, y a competir como cristianos... Una dimensión que creció mucho en los años siguientes a aquel que pasé en el colegio fue mi capacidad de sentir bien. Me di cuenta de que la base se estableció allí, en el año de internado... Allí educaron mis sentimientos. Y no me refiero al «sentimentalismo», sino al «sentimiento» como un valor del corazón. No hay que tener miedo, hay que decirse a uno mismo lo que sientes.
>
> Todas esas cosas configuraron una cultura católica. Me prepararon para la escuela secundaria y para la vida. Nunca, por lo que puedo recordar, se negoció una verdad. El caso más típico era el del pecado. El sentido del pecado forma parte de la cultura católica... y lo que llevaba de casa en ese sentido quedó reforzado, tomó forma. Uno puede jugar al rebelde, al atleta... pero impreso en lo más profundo de tu interior está el sentido del pecado: una verdad que no se puede desechar, para hacerlo todo más fácil.[10]

Cuando su año formativo llegó a su fin, Jorge volvió a casa en verano, antes de empezar los estudios secundarios en la Escuela Nacional de Educación Técnica, con vistas a conseguir un diploma como técnico químico. Felizmente reunido de nuevo con sus viejos amigos del barrio, pronto se hizo evidente que una relación en particular había empezado a desarrollarse en un camino nuevo y distinto.

A su manera humilde, Jorge Mario Bergoglio se enamoró de la chica de la puerta de al lado... bueno, de cuatro puertas más allá, y fue un romance infantil e inocente, como el que se podría pedir a un hombre que muchos años después se convertiría en papa. Amalia Damonte y Jorge Bergoglio, ambos hijos de inmigrantes piamonteses, se habían criado juntos, y aquel verano, recordaba ella más tarde, sobre todo «jugábamos en las aceras o en los parques de la zona», y antes de que pasara mucho tiempo «empezamos a pasar todas las tardes juntos».[11] Jorge, recordaba ella, «siempre quería hacer bromas», aunque desde luego era todo un «caballero».[12] Pero había una complicación. Que su impactante primer año escolar con los salesianos hubiese coincidido con sus primeros atisbos de la idea de unirse quizá al sacerdocio se le reveló de una manera muy poco convencional. Escribió una carta a Amalia en la cual dibujaba una casa blanca con el tejado rojo, y explicaba que esa era la casa que le compraría cuando se casaran. Sin embargo, para no parecer demasiado confiado, y para hacerle saber a ella que tenía otras opciones, aclaraba que «si no te casas conmigo, me haré cura».[13]

Desgraciadamente, cuando los horrorizados padres de Amalia descubrieron la carta, el padre le pegó porque «se había atrevido a escribir una nota a un chico».[14] Los Damonte eran católicos tradicionales, con lo que su hija describía como «buenos principios» que sostenían que los niños eran «todavía demasiado jóvenes para el amor».[15] Amalia diría más tarde que ella «no vol-

65

vió a verle nunca más, después de aquello... mis padres me impidieron que le viera e hicieron todo lo posible por separarnos».[16]

Y con eso se acabó el romance. Y por supuesto, Jorge Bergoglio se hizo cura.

Cuando el verano tocaba a su fin, Jorge empezó a prepararse para la vida en su nueva escuela secundaria, aunque con el corazón un poco roto. Después de su roce con el amor, decidió emprender firmemente el camino de una vida llena de responsabilidades más grandes. Mario informó a su hijo de que, como la escuela diurna duraba desde las 2 de la tarde hasta las 8 de la noche, había llegado ya la hora de que empezara a trabajar. Había conseguido a Jorge un puesto de limpiador en la fábrica de medias donde trabajaba, desde las 7 de la mañana hasta la 1 de la tarde. Jorge accedió obedientemente, y dejó de momento sus ambiciones sacerdotales. Los dos años siguientes limpió la fábrica cada día antes de ir a clase. Después, pasó un año haciendo tareas administrativas, y luego cogió un trabajo en un laboratorio de química para la industria alimentaria.

En una biografía de 2010 titulada *El Jesuita*, Bergoglio dijo a los entrevistadores: «Estoy muy agradecido a mi padre por hacerme trabajar. El trabajo que tuve fue una de las mejores cosas que he hecho en mi vida. En particular, en el laboratorio, llegué a ver todo el bien y el mal de la conducta humana».[17] Fue en ese momento cuando encontró a otro personaje femenino fuerte que tuvo considerable impacto en su vida y sus puntos de vista. La trágica muerte de ella, varios años más tarde, también le dejó una profunda marca.

Descrita como «una jefa extraordinaria», Esther Ballestrino de Careaga, de treinta y dos años, era una joven excepcionalmente brillante.[18] Había nacido en Uruguay y pasado su juventud en Paraguay. Después de conseguir un doctorado en bioquímica, se convirtió en fundadora del primer movimiento feminista de Paraguay, pero sus abiertas simpatías comunistas

66

se volvieron demasiado peligrosas bajo el gobierno de la junta militar, y se vio obligada a dejar el país a cambio de la seguridad de Argentina, en 1947.

En el laboratorio, educó a Jorge en la diligencia, paciencia y meticulosidad requeridas en la experimentación científica, y le enseñó «la seriedad del trabajo duro», tal y como él mismo decía, pero con buen humor, y solo le reprendía un poco, con suavidad.[19]

La pena de Bergoglio ante la muerte de Ballestrino estaba conectada con muchos aspectos de su vida. Ella no solo le había enseñado los fundamentos de las buenas prácticas y de la ciencia, sino que también le educó en la política, fuera de la religión. Siguiendo el ejemplo establecido por otra mujer fuerte en su vida, Nonna Rosa, él aceptó sus puntos de vista sin juzgarlos.

Durante el año que pasaron trabajando juntos en el laboratorio, Esther le leyó fragmentos del *Manifiesto Comunista* y le dio libros para que los leyera él solo. Más tarde recordaba que aprender algo del comunismo «a través de una persona valerosa y honrada, fue muy útil. Comprendí unas cuantas cosas, un aspecto de lo social que luego encontré en la doctrina social de la Iglesia».[20] La pasión que ponía Esther en su forma de hablarle galvanizó en él un interés por ampliar su comprensión a través de más lecturas, y decía que «hubo un periodo en el que yo esperaba ansiosamente el periódico *La Vanguardia*, que no estaba permitido vender con los demás periódicos, y que nos traían los militantes socialistas».[21]

Los cariñosos y felices recuerdos de Bergoglio de aquella época están marcados, sin embargo, por una época posterior brutal. Habiendo huido de una dictadura militar en Paraguay, Careaga vivió bajo tres juntas más en los treinta y dos años que pasó en Argentina, pero fue el cuarto golpe, en 1976, el que resultaría el más bárbaro de la historia del país. La gente que hablaba con más franqueza empezó a desaparecer, y pronto se les llamó con el inquietante nombre de «desaparecidos». Después del secuestro y tortura de su hija embarazada, de dieciséis años, y su yerno, Esther unió sus fuerzas a las de otras mujeres y fundó un grupo de protesta llamado Madres de la Plaza de Mayo. Aunque estaba prohibido reunirse públicamente más de tres personas, aquellas mujeres se reunían todos los jueves a las puertas del palacio presidencial, en la plaza de Mayo, en Buenos Aires, para exigir información sobre sus seres queridos desaparecidos. Sus ruegos caían en saco roto.

Incluso después de que su hija fuese liberada, cuatro meses más tarde, en septiembre de 1977, Esther siguió haciendo campaña para las Madres. Sin que ellas lo supieran, sin embargo, se había infiltrado en el grupo un joven de veinticinco años, Alfredo Astiz, que era capitán de la inteligencia naval, apodado «el Ángel Rubio» y «el Ángel de la Muerte», por su pelo rubio y su naturaleza asesina, que fingía ser hermano de un joven desaparecido. El 8 de diciembre de 1977, las Madres de la Plaza de Mayo publicaron un anuncio en el periódico con una lista de nombres de sus hijos «desaparecidos», en un intento de presionar al gobierno para que les diera respuestas. Su valentía fue extraordinaria, pero tal franqueza no se podía tolerar. Aquella noche, Astiz dispuso que Ballestrino, junto con otras fundadoras de las Madres y dos monjas franciscanas que las habían apoyado, fueran raptadas y llevadas a la Escuela de Mecánica de la Armada, que la junta usaba como centro de detención. No se sabe cuántos días fueron salvajemente torturadas esas mujeres, pero el 20 de diciembre de 1977 apareció el cuerpo de Esther Ballestrino, junto con el de sus dos amigas, en la costa, junto al lugar vacacional de Santa Teresita, al sur de Buenos Aires. Las habían llevado en uno de los llamados «vuelos de la muerte», atadas de pies y manos para que no pudieran luchar ni nadar, drogadas y luego arrojadas desde la puerta posterior de carga de un avión, muy por encima del mar. Esther tenía cincuenta y nueve años.

Pasaron casi tres décadas hasta que los antropólogos forenses empezaron a exhumar los cadáveres de los asesinados y enterrados en fosas comunes durante la sangrienta dictadura militar argentina, época conocida como la Guerra Sucia (1976-83). Cuando las pruebas de ADN confirmaron la identidad de las mujeres, en 2005, la familia de Esther pidió permiso al entonces cardenal Bergoglio para enterrar sus restos en los jardines de la iglesia de la Santa Cruz, porque, como le explicó su hija, «fue el último lugar en el que estuvieron como personas libres».[22] Habían pasado casi treinta años, pero él todavía tembló de emoción al conocer el destino de su amiga y mentora.

Bergoglio había visto por última vez a Esther una tarde, poco antes de que ella desapareciera. En una entrevista con el periodista argentino Uki Goñi, su hija Ana María contaba que su madre había llamado por teléfono a su viejo amigo para pedirle que acudiera a su casa y administrase la extremaunción a un pariente moribundo.[23] Era una petición algo extraña, dado que la familia no era religiosa. Al llegar, Bergoglio se enteró de que no se estaba muriendo nadie, sino que la familia temía que sus teléfonos estuvieran pinchados y la casa fuese asaltada pronto. Sus estantes estaban llenos de obras de filosofía y marxismo que equivalían a una sentencia de muerte si los descubrían, de modo que le pidieron al padre Bergoglio que los sacara a escondidas y los guardara a buen recaudo. El riesgo de que le descubrieran era grande, pero él aceptó.

«Me estaban esperando»

Debido a los largos días de trabajo matutino y clases por la tarde, los días de colegio pasaron rápido para Jorge Bergoglio. El estudioso muchacho se había convertido en un hombre joven enormemente inteligente, que asombraba a sus compañeros de clase con su impresionante capacidad de aprendizaje y su ha-

69

bilidad para absorber información instantáneamente. Su amigo y compañero de clase Hugo Morelli recordaba que su «inteligencia, realmente envidiable, estaba muy por encima de la nuestra. Siempre iba muchos pasos por delante de nosotros».[24] Pero nunca fue arrogante, decía Óscar Crespo, otro de sus contemporáneos. «Nos ayudaba siempre; si alguien tenía problemas con alguno de los temas, él siempre se ofrecía a ayudar.»[25]

Quizá viéndolo retrospectivamente, lo que más sobresale de Bergoglio es su fe profunda e inamovible, que creció en intensidad durante ese tiempo. Un antiguo amigo le describía como «militantemente religioso».[26] De hecho, su primer momento de despertar a Dios vino bastante inesperadamente, mientras iba de camino a celebrar el Día del Estudiante de su colegio.

Era el 21 de septiembre de 1953, el primer día de la primavera. La mañana era límpida y oscura, y a las 9 de la mañana, Jorge, que casi tenía diecisiete años, iba caminando por la calle y pasó junto a la iglesia de la familia, San José de Flores, cuando se vio abrumado por la súbita necesidad de confesarse. Cuando más tarde intentaba describir ese momento en la biografía suya que hizo Austen Ivereigh, Bergoglio todavía intentaba cuantificar sus sentimientos, pero explicaba:

> Entré, sentí que tenía que entrar... esas cosas las notas dentro, y no sabes qué son... Vi a un sacerdote que se acercaba. No lo conocía, no era uno de los sacerdotes de la parroquia. Y se sentó en uno de los confesionarios... No sé muy bien qué ocurrió después, noté como si alguien me agarrase por dentro y me llevase allí. Obviamente, le conté mis cosas, me confesé... pero no sé qué fue lo que ocurrió.
>
> Cuando acabé la confesión, le pregunté al sacerdote de dónde era, porque no le conocía, y me dijo: «Soy de Corrientes, y vivo aquí cerca, en la casa del cura. Vengo a celebrar misa aquí de vez en cuando». Tenía cáncer, leucemia, y murió al año siguiente.

Justo entonces supe que yo tenía que ser sacerdote; estaba totalmente seguro. En lugar de ir con los demás, volví a casa porque estaba abrumado. Después seguí con el colegio y con todo, pero sabiendo que era ahí adonde me dirigía.[27]

Bergoglio sintió después que en aquel momento, aquello le había cogido por sorpresa, completamente. Sí, había pensado en ello, como muchos jóvenes católicos devotos hacen en algún momento, pero en otra entrevista, con los biógrafos Sergio Rubin y Francesca Ambrogetti, explicaba: «Fue la sorpresa, el asombro de un encuentro azaroso. Me di cuenta de que me estaban esperando. Esa es la experiencia religiosa: el asombro de encontrarte con alguien que lleva esperándote mucho tiempo. Desde aquel momento, para mí, Dios es Aquel que *te primerea...* que te coge por sorpresa. Tú le buscas a Él, pero él te busca a ti primero. Quieres encontrarle, pero Él te encuentra primero».[28]

Aunque había encontrado lo que ni siquiera sabía que andaba buscando, la magnitud de esa llamada le llevó a un largo periodo de lo que él llamaba «soledad pasiva».[29] No confió aquello a nadie hasta un año más tarde. Habiendo completado casi del todo su educación secundaria, mientras sus compañeros de clase planeaban muy emocionados sus carreras como médicos y científicos, él finalmente reveló a Óscar Crespo, que trabajaba a su lado en el laboratorio, lo que pensaba hacer: «Voy a terminar la educación secundaria con vosotros, chicos, pero no voy a ser químico, sino sacerdote. Pero no seré un sacerdote de los que están en una basílica. Voy a ser jesuita, porque lo que quiero es salir a los barrios, a las *villas*, estar con la gente».[30]

La Compañía de Jesús, o jesuitas, como se les conoce más habitualmente, fue fundada por Ignacio de Loyola en 1534, y actualmente es la orden religiosa masculina más grande de todas dentro de la Iglesia católica. Sus miembros, que a menudo

71

se consideran soldados de Dios, o marineros de Dios, hacen solemnes votos de pobreza perpetua, obediencia y castidad, y se dedican a la propagación de la fe a través de la predicación y de velar por la palabra de Dios, y de obras de caridad, especialmente enseñando a los jóvenes y a los no instruidos, y a través de la dirección espiritual de las almas. Aunque son muy renombrados por su evangelismo y obediencia, recientemente se ha visto que el compromiso con la justicia social de los jesuitas les ha colocado firmemente en el ala liberal de la Iglesia, y a veces han expresado unos puntos de vista más rebeldes de lo que se podría esperar, dada su historia.

Ese deseo de dedicarse a la justicia social, entremezclado con su fuerte conciencia política, le dejó muchas cosas en las que pensar. Tenía diecisiete años, y sus pensamientos, como explicó después, «no estaban centrados solo en los asuntos religiosos. También tenía preocupaciones políticas... Tenía una inquietud política».[31] En los últimos años del segundo mandato de Perón (1951-55), Argentina había sufrido un empeoramiento económico progresivo que, según afirma Austen Ivereigh, hizo que Perón se volviera «defensivo y paranoico», y al final «cayó en la locura autoritaria que aflige habitualmente los gobiernos populistas-nacionalistas de Latinoamérica, ya sean de derechas o de izquierdas».[32] Las relaciones entre la Iglesia y el Estado se deterioraron, y el Vaticano se volcó más en su oposición a Perón, instigando una implicación política mayor que antes.

El 10 de noviembre de 1954, después de la creación del Partido Demócrata Cristiano en julio de ese año, Perón lanzó un ataque furibundo contra la interferencia de la Iglesia en los sindicatos y la política, y las tensiones se desbordaron. A continuación fueron arrestados un cierto número de sacerdotes considerados subversivos, y el gobierno empezó a implementar unas leyes «destinadas a restringir a la Iglesia y desobedecer sus preocupaciones morales, legalizar el divorcio y la prostitución, prohibir la educación religiosa en las escuelas y derogar las exenciones de tasas para las instituciones religiosas».[33]

Los católicos se sintieron muy indignados, y Jorge Bergoglio, como Nonna Rosa antes que él, decidió unirse a Acción Católica y defender la posición de la Iglesia en la sociedad argentina. Tras la ejecución de la prohibición de instrucción e iconografía religiosa en las escuelas públicas por parte de Perón, en 1955, y la expulsión de dos sacerdotes críticos con el gobierno a Roma, las tensiones estaban a punto de estallar, y la gente tomó las calles. El 11 de junio, la tradicional procesión del Corpus Christi se convirtió en una marcha de protesta desafiante, en la cual más de un cuarto de millón de personas, incluyendo Bergoglio, caminaron en silencio detrás de las banderas papal y argentina.

El Vaticano excomulgó a Perón el 16 de junio, y el gobierno lealista celebró unas protestas en la plaza de Mayo para denunciar la supuesta quema de la bandera nacional durante la procesión del Corpus Christi, cinco días antes. Mientras Iglesia y Estado se peleaban públicamente en las calles y en actos oficiales, los militares lanzaron un intento de golpe de Estado que acabó abortado. Los bombardeos en la plaza acabaron por matar a 364 civiles, y quedaron heridos más de ochocientos. Perón sobrevivió, y sus partidarios se vengaron quemando dieciséis iglesias en toda la ciudad. Los militares se retiraron a lamerse las heridas antes de reagruparse bajo el liderazgo del general Eduardo Lonardi, católico devoto que depuso a Perón con éxito tres meses después en la Revolución Libertadora. En los dos meses que siguieron, Perón y sus partidarios se vieron obligados a ir al exilio, y se restableció el orden.

Barridas por el torbellino político del periodo, las ambiciones de Bergoglio por el sacerdocio quedaron en suspenso, y expresó su interés por proseguir una carrera en la medicina, para gran deleite de sus padres. Regina en particular estaba muy emocionada ante la perspectiva de tener un doctor en la familia y, tras la graduación de su hijo, en 1955, limpió el desván para que él tuviera un sitio tranquilo donde trabajar. Habiendo supuesto que las horas que pasaba allí Jorge las consumía todas con asuntos médicos, se quedó asombrada al descubrir libros de texto sobre todo en latín, y todos ellos sobre teología.

Enfrentado a la confusión de su madre («Decías que estabas estudiando medicina...») Bergoglio replicó, sencillamente: «No te he mentido. Estoy estudiando medicina... pero medicina del alma».[34] Pero su respuesta no alivió en absoluto sus temores, y ella insistió en que permaneciese en la universidad y completase su licenciatura antes de decidir su futuro camino. Bergoglio recordaba más tarde: «En cuanto vi el conflicto que se avecinaba, fui a ver al padre Pozzoli y se lo conté todo. Él examinó mi vocación. Me dijo que rezase, que lo dejara todo en manos de Dios, y me dio la bendición de Nuestra Señora del Perpetuo Socorro».[35] Él pensó en el consejo de su sacerdote y decidió plantearle el asunto a su padre. «Definitivamente, sabía que mi padre me entendería mejor. Su madre era un modelo religioso muy fuerte para él, y había heredado su religiosidad, su fortaleza, así como el gran dolor que procede de verse desarraigado», recordaba.[36] El sentimiento de Bergoglio era sincero, pero también era un movimiento táctico. Consciente de que sus padres pedirían a su sacerdote que les guiara en aquel asunto, porque era él quien había bautizado a su hijo, diecinueve años antes, esperó a declarar sus intenciones hasta el día de su vigésimo aniversario de boda, cuando la familia había preparado un almuerzo festivo, después de una misa conmemorativa que celebraría para ellos don Enrico Pozzoli. Mario sugirió: «¿Por qué no vamos a preguntarle al padre Pozzoli?». Y Bergoglio recuerda: «Y yo, con cara muy seria, dije que sí. Recuerdo todavía la escena. Era el 12 de diciembre de 1955».[37]

Cuando al final salió en aquel almuerzo la cuestión de su deseo de entrar en el seminario, don Enrico lo manejó todo con mucho tacto.

> El padre Pozzoli dijo que sí, que la universidad estaba bien, pero que las cosas hay que aceptarlas como Dios quiere que se acepten... y empezó a hablar de distintas vocaciones, sin tomar partido por una en concreto, y finalmente habló de la suya propia. Dijo que un sacerdote le había sugerido que se hiciera sacerdote, y que al cabo de unos pocos años se hizo subdiácono, luego diácono, y sacerdote... Bueno, al llegar a ese punto, mis padres ya se habían ablandado un poco. Por supuesto, el padre Pozzoli no acabó diciéndoles que me dejaran ir al seminario, ni les exigió que tomaran una decisión. Simplemente les hizo ver que debían amoldarse, y eso fue lo que hicieron... lo demás vino rodado. Era típico de él.[38]

Regina, sin embargo, accedió de mala gana. Sentía que todo estaba ocurriendo demasiado deprisa, y que una decisión de tal magnitud requería mucho más tiempo y consideración. Bergoglio admitió más tarde que su madre estaba «extraordinariamente preocupada» al ver que su hijo mayor iba a dejar a la familia, y lo consideraba «un robo».[39] Estaba tan agobiada que incluso «se negó» a acompañar a su hijo cuando entró en el seminario de San Miguel, en marzo del año siguiente.

Es interesante observar que en todas las entrevistas con Jorge Bergoglio, a lo largo de su vida, regala feliz a sus biógrafos y periodistas historias de su familia y de su adorada abuela, Rosa, que, al oír aquella noticia, exclamó, llena de alegría: «Bueno, si Dios te llama, bendito seas».[40] Y siempre habla con profundo respeto y gratitud de su mentora, la valerosa y apasionada Esther: «La quise mucho».[41] Pero no hay relatos equivalentes de su madre. Al negarle su apoyo en el momento más significativo de su vida, arrojó una sombra sobre lo que tenía que haber sido una noticia alegre, y más dado que el resentimiento persistió incluso cuando empezó su vida en el seminario.

Pasaron cuatro largos años antes de que Regina visitara a su hijo, por aquel entonces un novicio jesuita en Córdoba, Argentina, la ciudad colonial española a más de seiscientos kilómetros de Buenos Aires. Él no sintió que lo hubiera aceptado de verdad hasta que se arrodilló ante él y le pidió su bendición tras su ordenación como sacerdote el 13 de diciembre de 1969. Habían pasado catorce años y un día desde aquel almuerzo de aniversario y la conversación con el padre Pozzoli.

Ingreso en la Compañía de Jesús

La vida en el seminario diocesano de Villa Devoto, en San Miguel, le sentaba muy bien a Bergoglio. Sus amigos le apodaban con afecto «El Gringo», porque no parecía latino, y se describía a sí mismo como «un tío normal, feliz en la vida».[42] Una vez más sobresalía en clase, e impresionó a sus compañeros de estudios con su inteligencia y su capacidad de aprendizaje. Sus días estaban llenos de actividades diversas, que iban desde el estudio a la misa y la plegaria comunal, y el ocio principalmente giraba en torno al fútbol.

Es fácil pintar el retrato de un joven que finalmente había seguido su vocación y era feliz mientras iba de camino a convertirse en sacerdote, pero Bergoglio admitió en una entrevista de 2010 con el rabino Abraham Skorka para el libro *Sobre el cielo y la tierra: las opiniones del papa Francisco* que no siempre había sido una elección fácil para él. Era un hombre joven que pensaba en adoptar una forma de vida que requiere disciplina para renunciar a toda forma de interacción física, justo en el momento de su vida en que naturalmente empezaba a explorarla: «Somos tan débiles que siempre existe la tentación de ser contradictorio. Uno quiere tener el pastel y comérselo, quiere

tener lo bueno de la vida consagrada y lo bueno de la vida se-
glar. Antes de entrar en el seminario, yo iba por ese camino».[43]

Bergoglio había empezado muy tarde además, ya que ingresó en el seminario a los veintiún años, y admitía que a veces su
resolución se veía duramente puesta a prueba:

> Cuando era seminarista, quedé seducido por una joven en la
> boda de mi tío. Me sorprendió su belleza, la claridad de su intelec-
> to… y bueno, estuve dándole vueltas a la idea durante un tiempo.
> Cuando volví al seminario, después de la boda, no pude rezar du-
> rante una semana entera porque cuando me disponía a rezar, apare-
> cía en mi mente aquella mujer. Tuve que volver a pensar todo lo que
> estaba haciendo. Todavía era libre, porque solo era seminarista, así
> que podría haberme ido a casa y haber dicho: hasta luego. Tuve que
> pensar de nuevo mi decisión. Y volví a elegir el camino religioso, o
> me permití a mí mismo ser elegido para él. Sería muy poco normal
> que no ocurriesen ese tipo de cosas.
> Cuando ocurren, uno tiene que redescubrir cuál es su lugar.[44]

Al empezar su segundo año, sin embargo, Bergoglio había tomado su decisión, explicando que «cuando uno cultiva la
elección de la vida religiosa, encuentra su fuerza en esa dirección».[45] Fortalecido por la convicción de que había elegido el camino correcto, también cumplió la promesa que le había hecho
a Óscar Crespo en el laboratorio cuatro años antes, y decidió
ingresar en la Compañía de Jesús. Más tarde, cuando le preguntaron por qué se hizo jesuita, Bergoglio explicó: «A decir
verdad, no sabía qué camino tomar. Lo que estaba claro para
mí era mi vocación religiosa… Y al final entré en la Compañía
de Jesús porque me sentí atraído por su posición, por decirlo en
términos militares, a la vanguardia de la Iglesia, cimentada en la
obediencia y la disciplina. También se debía a que se centraba
en los trabajos misioneros».[46]

En agosto de 1957, antes de haber solicitado el ingreso en los jesuitas, sufrió una infección. Delirando por la fiebre y luchando para respirar, lo llevaron al hospital a toda prisa. Los médicos le diagnosticaron una neumonía severa, e inmediatamente le operaron para eliminar tres quistes pulmonares y extirpar la parte superior del pulmón derecho. Dos de los seminaristas que le habían acompañado al hospital donaron sangre en transfusiones de persona a persona. El superior del seminario, el padre Humberto Bellone, estuvo con él todo el tiempo, y después recordaba: «Cuando se puso enfermo, estaba tan mal que yo pensé que se moría».[47]

Afortunadamente la operación fue un éxito. Después de pasar varios días en una tienda de oxígeno, a Bergoglio le insertaron un tubo en el pecho (tengamos en cuenta que todo esto era en 1957) y «todos los días le introducían solución salina en el cuerpo para limpiar la pleura y el tejido cicatricial».[48] Era una agonía. La familia y los amigos le visitaban todos los días, ofreciéndole los habituales consuelos de cabecera, diciéndole que se recuperaría enseguida y que sería maravilloso cuando pudiera volver a casa, pero nada mitigaba el dolor hasta que la hermana Dolores, la monja que le había preparado para su primera comunión, «dijo algo que me afectó mucho, y que me hizo sentir en paz: estás imitando a Cristo».[49]

Esas palabras le dieron una perspectiva enteramente nueva del dolor, de la vida y de la fe. Años después explicaba que «el dolor no es ninguna virtud en sí mismo, pero se puede ser virtuoso en la forma de soportarlo. La vocación de nuestra vida es la plenitud y la felicidad, y el dolor es una limitación de esa búsqueda… Cualquier intento de soportar el dolor puede tener resultados parciales, si no se basa en la trascendencia. Es un don para comprender y vivir plenamente a través del dolor. Más aún: vivir una vida de plenitud es un regalo».[50]

Bendito por tales «dones» y su recién desarrollada fortaleza y resolución, Jorge Mario Bergoglio ingresó en la Compañía de Jesús el 11 de marzo de 1958.

Tradicionalmente lleva quince años convertirse en jesuita. Bergoglio completó el proceso en trece: «Dos años de noviciado, un año de juniorado (humanidades a nivel universitario), tres años de filosofía, tres años de magisterio en un colegio, tres años de teología y un año de tercera probación».[51] Como miembro de una orden famosa por su celo misionero y su presencia global, y que requiere que sus candidatos se muevan mucho durante el curso de sus estudios, Bergoglio era algo excepcional, en el sentido de que nunca disfrutó demasiado de los viajes. Se describía a sí mismo como «hogareño», y confesaba: «Me encanta mi hogar. Adoro Buenos Aires... Después de un tiempo [en el extranjero] siempre estoy deseando volver».[52] Aparte de su juniorado, durante el cual estudió en Chile, y su tercera probación, que completó en España, pasó el resto de su entrenamiento o «formación» en las ciudades argentinas de Córdoba, Santa Fe y Buenos Aires.

Se consideró que Bergoglio estaba listo para hacer los votos jesuitas de pobreza, castidad y obediencia el 12 de marzo de 1960. Entonces fue trasladado a Casa Loyola, el instituto de enseñanza jesuita justo a las afueras de la capital de Chile, Santiago, donde pasó un año completando su juniorado. La estructura era mucho menos rígida que durante sus dos años de noviciado, y la finca Casa Loyola era opulenta, rodeada por antiguos y enormes terrenos con árboles frutales, granjas, viñedos y huertos. Pero la vida de los jóvenes candidatos seguía siendo simple y monástica en su estilo, según sus votos. Los dormitorios eran sencillos, estaban prohibidos los periódicos y la radio, y las duchas con agua caliente solo estaban permitidas dos veces a la semana. Sin embargo, se les animaba a que escucharan música clásica, y el hermoso paisaje proporcionaba inacabables oportunidades de relajarse y disfrutar del fresco aire de la montaña. Bergoglio, que todavía no se había recuperado del todo de

79

su operación del pulmón, no podía participar en los deportes ni salir a hacer caminatas o a acampar, pero era muy aficionado a nadar en los ríos y lagos de los alrededores, durante los breves periodos de ocio que se le permitían.

Los días estaban muy bien estructurados. Tras levantarse a las 6 de la mañana, los candidatos pasaban una hora en oración meditativa, seguida por una misa a las siete y media, desayuno a las ocho, y luego labores domésticas hasta que empezaran las lecciones, a las nueve. Predominantemente centradas en torno a un estudio intenso de las humanidades, las clases duraban hasta la 1 del mediodía, y entonces paraban para comer. Las comidas por lo general eran en silencio, y los candidatos se servían su propia comida y se lavaban ellos mismos los platos. Se reemprendían las clases a las 14.30, y duraban hasta las 20. Bergoglio seguía teniendo la reputación de ser un joven tranquilo, intelectual y reflexivo, pero para él, el logro más grande venía los fines de semana, cuando él y sus amigos candidatos viajaban a los pueblos cercanos a enseñar y ayudar a los pobres. Habiendo mencionado que deseaba «salir fuera del barrio, a las *villas*, estar con la gente»[53], cuando discutió por primera vez su vocación con Óscar Crespo, Bergoglio se sintió profundamente conmovido por la pobreza del pueblo chileno. En una carta a su hermana de once años, María Elena, el 5 de mayo de 1960, escribía:

> Los niños y las niñas son muy pobres, algunos van al colegio sin zapatos, y muy a menudo no tienen nada que comer, y en el invierno sienten la dureza del frío. Tú no sabes lo que es eso porque nunca has necesitado comida, y cuando tienes frío, simplemente te acercas a la estufa. Pero mientras tú eres feliz, hay muchos niños que lloran. Cuando te sientas a la mesa, piensa que hay muchos que no tienen más que un trozo de pan para comer, y cuando llueve y hace frío, muchos de ellos viven en chozas de hojalata, y no tienen nada con que cubrirse.[54]

Semejante pobreza era algo espantoso para Bergoglio, que a sus veintitrés años nunca había viajado más allá de las calles de Buenos Aires, y no hizo otra cosa que aumentar su deseo de dedicar su vida a la justicia social.

Después de completar el año de juniorado, volvió a Argentina en marzo de 1961, y empezó sus estudios de filosofía en el prestigioso colegio jesuita Máximo de San José, en San Miguel, una ciudad en el noroeste de la provincia de Buenos Aires. En su ausencia, el gobierno democráticamente elegido de Arturo Frondizi, que había durado tres años, dio señales de ruptura. La continua supresión del peronismo, unida al secuestro en Argentina del fugitivo nazi Adolf Eichmann, en mayo de 1960, había llevado a la emergencia de grupos de guerrilla de extrema derecha con vínculos con otros exilados nazis, que empezaron una campaña de violencia antisemita y atentados con bombas por todo el país.

Para Bergoglio, sin embargo, el torbellino político no fue nada comparado con el trastorno personal que estaba a punto de encontrarse. El 24 de septiembre de 1961 su padre, Mario Bergoglio, estaba viendo un partido de fútbol de su amado San Lorenzo en el estadio de Flores con su hijo menor, Alberto, cuando sufrió un ataque al corazón y murió. Tenía solo cincuenta y un años. A pesar de toda su educación, Jorge Bergoglio se encontró con que no sabía cómo sobrellevar la pena y la muerte. En una carta que escribió al padre Cayetano Bruno, veintinueve años después, describía un momento de gran vergüenza que le persiguió toda su vida: «El padre Pozzoli vino a la funeraria y quiso tomar una foto de mi padre con sus cinco hijos... Yo sentí vergüenza y con todo el orgullo y la superioridad de mi juventud procuré que tal cosa no ocurriera. Creo que el padre Pozzoli se dio cuenta de mi postura, pero no dijo nada».[55]

La incomodidad de esa situación se vio agravada por otra tragedia, menos de un mes después, cuando murió el propio pa-

81

dre Pozzoli. Bergoglio había perdido a su padre espiritual también. Aquel hombre fue el que le bautizó, el que escuchó sus confesiones y el que apoyó y facilitó su deseo de convertirse en sacerdote. De nuevo, Bergoglio sintió que no estuvo a la altura del momento. Cuando oyó que Pozzoli estaba gravemente enfermo en el hospital, lo visitó pero lo encontró durmiendo.

> No quise despertarle (me sentía mal por dentro y no sabía qué decirle). Salí de la habitación y me detuve a hablar con un sacerdote que estaba allí. Al cabo de un momento, otro sacerdote salió de la habitación y me dijo que el padre Pozzoli estaba despierto, que le habían dicho que le había visitado, y que preguntó si todavía estaba allí y podía ir a verle. Les dije que le dijeran que me había ido. No sé por qué hice eso, quizá por timidez... Tenía solo 25 años, y ya estaba en primero de filosofía... pero le aseguro... que si pudiera volver a aquel momento, lo haría sin dudar. A menudo he sentido gran pesar y dolor por esa «mentira» mía al padre Pozzoli en el momento de su muerte. Hay momentos en la vida (quizás unos pocos) que a uno le gustaría revivir y actuar de una manera distinta».[56]

Cambiar la Iglesia

La fuerza que había descubierto Bergoglio durante su propia enfermedad fue una gran ayuda cuando le invadieron la culpa y la vergüenza. Esas pérdidas fueron terribles, pero consiguió continuar y completar sus estudios de filosofía hacia finales de 1963. Mientras el mundo estaba experimentando un marcado cambio en actitudes sociales, también lo experimentaba la Iglesia católica. El año anterior, el papa Juan XXIII (1958-1963) había convocado el Segundo Concilio Ecuménico del Vaticano (Vaticano II) para discutir el futuro de la Iglesia en el mundo moderno. Descrito por el historiador John W. O'Malley S.J. como «el acontecimiento religioso más importante del siglo xx», significó un aumento en la división entre los que deseaban la reforma y los que se oponían incondicionalmente a cualquier forma de ella.[57] Para los jóvenes seminaristas que esperaban marcar diferencias en el mundo, como Bergoglio, fue una época enormemente emocionante.

Para las cuatro sesiones del concilio a lo largo de tres años, más de dos mil ochocientos obispos de todo el mundo acudieron a Roma. El contingente argentino constituía el décimo grupo de mayor tamaño. La Iglesia católica de Argentina había permanecido leal a las enseñanzas del Vaticano, y había luchado muy duro contra cualquier intento de separar Iglesia y Estado que hubiese podido diluir su posición en la sociedad. Bergoglio y sus compañeros de clase estaban, según su amigo Fernando Montes, firmemente «del lado de los que querían una Iglesia más abierta, no una Iglesia de resistencia ante el mundo».[58] Esa visión, combinada con sus exploraciones filosóficas, dominó sus discusiones durante los tres años de deliberaciones del concilio.

En 1964, Bergoglio, que tenía entonces veintiocho años, pidió al padre Pedro Arrupe, el primer provincial jesuita de Japón, que había vivido en Hiroshima cuando tiraron allí la bomba atómica en agosto de 1945, completar la fase regente de su formación en una misión japonesa. Lo rechazaron por sus problemas en el pulmón, y fue enviado a cambio al colegio de la Inmaculada Concepción en Santa Fe a enseñar literatura, arte y psicología. Era un destino incongruente, después de su trabajo social en Chile: aquel era un internado muy apreciado y caro para los niños de las familias ricas que deseaban que sus hijos siguieran los pasos de sus muchos alumnos ilustres.

Pero la preparación científica de Bergoglio no resultaba ningún impedimento para que enseñase arte, y las rigurosas rutinas de las instituciones jesuitas se adaptaban muy bien a su naturaleza metódica. En su primer año en el colegio enseñó a los niños literatura española, y al año siguiente volvió su atención hacia las obras argentinas. Se centró especialmente en la literatura «gauchesca», y presentó a la clase uno de sus poemas favoritos, *Martín Fierro*, obra épica de 1872 escrita por José Hernández, una saga comparada por muchos con *Don Quijote* y la *Comedia*, e incluso consiguió que el legendario autor Jorge Luis Borges les visitase y diese una charla sobre la importancia de ese movimiento en la literatura. Los alumnos se sintieron fascinados por la educación variada y atractiva que les ofrecía, y como recuerda Germán de Carolis, antiguo alumno, «[Bergoglio] era muy serio en cuanto a personalidad se refiere, pero juvenil, y con un gran sentido del humor. Tenía autoridad, se ganaba el respeto, y era popular entre los alumnos. Su conocimiento de los temas que enseñaba era inmenso, y sus lecciones de literatura nos cautivaban. Se veía perfectamente que le gustaba mucho enseñar, y que estaba convencido de su vocación sacerdotal. Era imposible dudarlo».[59]

El 8 de diciembre de 1965, las campanas de la basílica de San Pedro señalaron el final del Segundo Concilio Vaticano, y el amanecer de una nueva era de cambios dentro de la Iglesia católica. Durante aquellos tres años de intensos debates, el mundo también había cambiado: diecisiete golpes de Estado habían derrocado gobiernos en las naciones en desarrollo en todo el mundo; las tensiones de la Guerra Fría habían ido remitiendo un poco después de la crisis de los misiles cubana de 1962; la feroz batalla por los derechos civiles y el progreso social en Estados Unidos dio origen al legendario discurso «*I have a Dream*» de Martin Luther King en 1963, y al asesinato del presidente John F. Kennedy (1963) y de Malcolm X (1965), y al acabar el año 1965, la guerra de Vietnam rápidamente se había intensificado tras el despliegue de más de doscientas mil tropas de tierra de Estados Unidos.

La sociedad en su conjunto anhelaba desesperadamente un cambio, y en una serie de dieciséis documentos publicados, el

Vaticano respondía a esas peticiones bajando el puente levadizo y abriendo la Iglesia no solo a sus seguidores, sino al mundo entero y a otras religiones. Fue un momento que marcó un hito, un intento de humanizar la Iglesia.

La misa se convertiría en algo más inclusivo, eliminando la arcaica liturgia latina en favor de permitir a la gente que rindiese culto en sus lenguas nativas. Las referencias antisemitas se eliminaron de todas las escrituras católicas, la antigua condena feroz del ateísmo se suavizó, y se condenó cualquier tipo de discriminación «contra los hombres, u hostigamiento de ellos a causa de su raza, color, condición de vida o religión».[60] Aunque no se abolía en absoluto la infalibilidad papal, se insistía mucho en la colegialidad, cosa que significaba que los obispos, incluyendo aquellos de los países en desarrollo, a partir de entonces tendrían un papel mucho mayor en la toma de decisiones, y por tanto se diluían los antiguos y formidables poderes de la Curia Romana. Lo más significativo para Bergoglio y otros católicos de Latinoamérica, sin embargo, se centraba en la justicia social y la paz. Estas se encontraban a la vanguardia de un deseo, como expresó el papa Juan XXIII en la inauguración del concilio, de que la institución en su conjunto volviera a ser una «Iglesia de los pobres».[61]

Era un claro mensaje de reforma, pero los problemas surgieron cuando progresistas y conservadores, que habían estado peleando durante tres años, decidieron interpretar las conclusiones del concilio de maneras totalmente distintas. La interpretación más radical y notable del Vaticano II ocurrió en Latinoamérica, donde los obispos, al volver, empezaron a analizar de nuevo de qué forma podían ayudar a los pueblos pobres y marginados del continente. En Argentina, los sacerdotes que decidieron irse a las llamadas «villas miserias», para luchar contra la pobreza y proteger los derechos de los pobres en barriadas de chabolas, se unieron y formaron el Movimiento de Sacerdotes para el Tercer Mundo (MSTM).

85

A través de su ayuda a los pobres y los derechos de los trabajadores, el movimiento desarrolló una asociación mayor con
los sindicatos, predominantemente peronistas y socialistas en
sus inclinaciones políticas pero todavía desorganizados, y su
mensaje siguió siendo poco claro hasta una publicación fundamental de 1968 por parte de Rubén Alves, teólogo brasileño, titulada «Hacia una Teología de la Liberación», uniendo las
luchas de los MSTM con las de otros movimientos de todo el
continente bajo una única bandera: la Teología de la Liberación.

Aunque no apoyaba explícitamente al MSTM, el Consejo
Episcopal Latinoamericano o CELAM apoyó muchas de las teorías que planteaba el movimiento cuando se reunieron en Medellín, Colombia, en 1968, para discutir la interpretación del
Vaticano II que haría el continente. Pero en un momento en
que la revolución y los disturbios estaban estallando en todo
el mundo, y ante la amenaza del comunismo, que todavía era
enorme en la mente de las democracias occidentales, la Iglesia
en su conjunto consideraba peligroso el trasfondo marxista de
la Teología de la Liberación. Consecuentemente, en Medellín se
llegó a la conclusión de prevenir firmemente contra los sistemas marxistas y liberacionistas que se alzaban en oposición a la
dignidad de la persona humana, y, citando las palabras del papa
Pablo VI, se denunciaban las revoluciones violentas que «en-
gendran nuevas injusticias, introducen nuevas desigualdades y
traen nuevos desastres. No podemos enfrentarnos a la mala situación que existe, y que desde luego es malvada, de tal manera que resulte una situación mucho peor aún».[62]

A pesar de la intención unificadora, las reformas del Concilio Vaticano II no habían podido salvar la división entre los
sacerdotes de base y los escalones más elevados de la Iglesia.
Según Paul Vallely, antes de la reunión del CELAM, «1.500
sacerdotes del Movimiento de Sacerdotes por el Tercer Mundo firmaron una carta a Pablo VI condenando "la violencia

de la clase superior" y "la violencia del Estado" como primeras violencias. Frente a esto, argumentaban, la violencia de los
pobres es una respuesta comprensible».[63] Los obispos argentinos, habiendo experimentado otro golpe militar en 1966, y
reconociendo que muchos en la Iglesia estaban «seducidos por
el marxismo», hicieron pública su propia interpretación del
CELAM en la Declaración de San Miguel de 1969, que coincidía en su condena del marxismo, la protesta social y los desafíos a la autoridad, pero también promovía la idea de que el
pueblo debía ser agente activo de su propia historia, afirmando que «la actividad de la Iglesia no solo debería estar orien-
tada hacia el pueblo, sino también, y principalmente, derivar
del pueblo».[64]

Esta declaración tuvo una influencia tan profunda en el futuro sacerdote que a lo largo de toda su vida espiritual Bergoglio continuaría refiriéndose una y otra vez a aquello, igual que
en este testimonio de 2010, y al final lo usaría para dar forma a
la base de todo su enfoque papal:

> La opción por los pobres viene de los primeros siglos de la cris-
> tiandad. Es el Evangelio mismo. Si se leen los sermones de los pri-
> meros padres de la Iglesia, desde el siglo II o III, sobre cómo se debe-
> ría tratar a los pobres, se diría que es maoísta o trotskista. La Iglesia
> siempre ha tenido el honor de su opción preferente por los pobres.
> Siempre ha considerado que los pobres eran el tesoro de la Igle-
> sia... En el Concilio Vaticano Segundo, la Iglesia se redefinió como
> el Pueblo de Dios, y esa idea realmente empezó a despegar en la Se-
> gunda Conferencia de Obispos Latinoamericanos en Medellín.[65]

Una vocación realizada

El 13 de diciembre de 1969, cinco días antes de su trigésimo
tercer cumpleaños, y contemplado por su madre, su abuela

Rosa y sus hermanos, Bergoglio avanzó hacia la capilla del Colegio Máximo y fue ordenado por el arzobispo Ramón José Castellano.

Aquel año marcó el inicio de un sangriento periodo de violencia en Argentina, que iría en aumento hasta el conflicto civil opresivo y asesino conocido como la Guerra Sucia (1976-83). La inestabilidad que siguió a la revolución de 1966 tuvo como resultado un descontento civil y protestas masivas, conocidas como levantamientos del Rosariazo y el Cordobazo, entre mayo y septiembre de 1969. Catorce estudiantes y manifestantes fueron asesinados por la policía, propugnando el aumento de grupos de guerrilla de izquierdas que al final consiguieron devolver al poder a Juan Perón, que llevaba veinte años en el exilio.

A medida que las líneas entre religión, política y violencia se iban emborronando progresivamente (y mientras el 10 por ciento del clero de Argentina apoyaba oficialmente el peronismo y la Teología de la Liberación, y muchos más simpatizaban con ella), Bergoglio encontró el país muy cambiado, cuando volvió después de completar su tercera probación en la Universidad de Alcalá de Henares, en España. El 11 de marzo de 1973 el país se dirigió a las urnas por primera vez desde hacía diez años y eligió democráticamente como presidente al antiguo dentista y representante en Argentina del exiliado Juan Perón, el doctor Héctor José Cámpora, para gran pesar de la junta militar.

Aunque los rumores del regreso de Perón emocionaban mucho al electorado, Jorge Mario Bergoglio pronunciaba mientras tanto unas palabras muy distintas: sus votos definitivos. El 22 de abril de 1973 se le invitó a prometer obediencia públicamente al soberano pontífice, antes de hacer sus votos sencillos en privado, en una capilla lateral de la iglesia, en el Colegio Máximo de San José en San Miguel, Argentina. Los cinco votos que pronunció Bergoglio a continuación fueron los siguientes: no cambiar nunca las Constituciones Jesuitas concernientes a la pobreza, excepto para hacerlas «más estrictas»; segundo, «no luchar nunca ni tener ambición» por ningún cargo importante de la Iglesia; tercero, «no luchar nunca ni tener ambición» por ningún alto cargo entre los jesuitas; cuarto, «comunicar el nombre» de cualquier persona que viese luchando por algún cargo en la Compañía de Jesús; y quinto y último, prometía escuchar al superior general de la Compañía de Jesús, si alguna vez le hacían obispo.

Aunque no eran conscientes de la grandeza que le esperaba en el futuro, los superiores de Jorge Bergoglio quedaron muy impresionados a lo largo de toda su formación. Antes incluso de hacer sus votos finales, empezaron a empujarle hacia el liderazgo dentro de la orden y lo nombraron maestro de novicios, cuando volvió de estudiar en España, después de una breve estancia como rector del Colegio Máximo. Aun así, fue una gran sorpresa para muchos cuando, el 31 de julio de 1973, le hicieron provincial, jefe de todos los jesuitas de Argentina. A los treinta y seis años, era la persona más joven que había alcanzado jamás aquel cargo, una promoción que él mismo describiría más tarde como «una locura», dada su edad.[66]

Habiendo sucedido al hombre que le nombró maestro de novicios, el padre Ricardo O'Farrell, Bergoglio asumió el papel de provincial en una época de gran crisis entre los jesuitas. Con O'Farrell, el número de hombres que se unían a la orden y que permanecían en ella había caído en picado, y aquellos que se habían quedado reflejaban las habituales divisiones de la Iglesia entre reformistas y conservadores. El sucesor natural de O'Farrell, el padre Luis Escribano, había muerto en un accidente de coche, de modo que Bergoglio, para su nuevo jefe, la cabeza visible de la Compañía de Jesús, el Provincial General, el padre Pedro Arrupe, era el único hombre que podía sa-

89

tisfacer a las facciones en guerra. Se enfrentaba al desafío, casi imposible, de combinar los papeles de pacificador, reclutador y político.

Vuelve el hijo pródigo

No solo eran los jesuitas y la Iglesia en su conjunto los que luchaban por una paz y un acuerdo unificados. Argentina estaba de nuevo en crisis.

A pesar de la euforia que siguió a las elecciones democráticas de marzo de 1973, las tensiones subyacentes no habían cesado. En los dieciocho años transcurridos desde que Perón huyó a la España de Franco, sus seguidores se habían escindido entre grupos opuestos de izquierda y de derecha, ambos reclamando su mensaje. Cuando se anunció que Juan Perón y su tercera esposa, María Estela (conocida como Isabel) volverían al fin, había grandes esperanzas de que él pudiera unir una vez más al país y poner fin al derramamiento de sangre. El 20 de junio, unos 3,5 millones de personas según cifras estimadas se reunieron en el aeropuerto de Buenos Aires para dar la bienvenida al expresidente de setenta y siete años, pero miembros armados del batallón de la muerte de extrema derecha, la Alianza Anticomunista Argentina (conocida como Triple A) abrieron fuego entre la multitud, asesinando a trece personas e hiriendo a 365.

La Masacre de Ezeiza marcó el inicio de uno de los periodos más violentos de la historia argentina. Las calles de Buenos Aires se convirtieron rápidamente en campo de batalla del conflicto entre los militares y las facciones guerrilleras de izquierda y de derecha, combatiendo todas por el poder. Después de la dimisión de Cámpora en julio de 1973, Perón fue reelegido presidente y ocupó su cargo el 12 de octubre, con Isabel como vicepresidenta. Pero no consiguió unir al país. Los grupos de derecha campaban a sus anchas por la ciudad, mientras los militares se empeñaban en eliminar a la oposición de izquierdas, haciendo que los grupos de guerrilla quedasen aún más en la clandestinidad.

Casi nada más volver al país, Perón murió de un ataque al corazón, el 1 de julio de 1974, e Isabel, de cuarenta y tres años, juró el cargo como presidenta. No estaba preparada en absoluto para la tarea, y su presidencia fue un desastre del principio al fin. El secretario personal de Perón y, una idea horrible, ministro de Bienestar Social, José López Rega, actuaba con ella como consejero y manipulador. Usó su posición para permitir que la Triple A, el batallón de la muerte que él fundó, llevara a cabo, en colaboración con los militares, el asesinato propiciado por el Estado de cerca de trescientas personas, incluyendo el padre Carlos Múgica, teólogo de la liberación.

Un año después de su nombramiento como superior, un cargo en el que permanecería seis años, Bergoglio intentaba desesperadamente convencer a los jesuitas argentinos de que no se dejaran arrastrar al conflicto y dejaran a un lado «estériles contradicciones intereclesiásticas» en favor de «una auténtica estrategia apostólica».[67] Pero la política se había infiltrado entre los jesuitas. ¿Cómo no iba a ser así? Su trabajo como misioneros los ponía cara a cara con la pobreza de civiles inocentes cogidos en el fuego cruzado de la corrupción y la violencia; en lo que a ellos respectaba, seguían las enseñanzas del Vaticano II. Sin embargo, casi diez años después, el mensaje de este concilio todavía producía interpretaciones que diferían ampliamente. El superior general, el padre Arrupe, también creía estar siguiendo las líneas maestras del concilio de propugnar la separación de Iglesia y Estado al encargar a Bergoglio que despolitizara los jesuitas llevando a cabo «una purga intensa de estudiantes de izquierdas y profesores radicales, entre los diversos jesuitas que habían tomado el control de la Universidad Jesuita de Salvador, en Buenos Aires».[68]

Ese movimiento hizo profundamente impopular a Bergoglio entre muchos jesuitas, sobre todo porque los profesores y directores que los sustituyeron pertenecían a un grupo militante católico antimarxista leal al peronismo llamado Guardia de Hierro. Bergoglio los había conocido a principios de la década de 1970, cuando era maestro de novicios y rector del Colegio Máximo, pero aunque aseguró que aquellos hombres llevarían la universidad de acuerdo con los principios jesuitas, su postura fue contemplada como una traición política que muchos nunca le perdonaron. Su propósito era realinear a los jesuitas con las enseñanzas de san Ignacio y las conclusiones de la conferencia del CELAM, pero sus actos durante su mandato como superior fueron percibidos precisamente como lo contrario, y durante muchos años fue etiquetado como conservador acérrimo.

92

El golpe que acabó con todos los golpes

El desastroso ejercicio de Isabel Perón llegó a su fin el 24 de marzo de 1976, cuando una junta militar, dirigida por el general Jorge Videla, el almirante Emilio Massera y el comandante Orlando Ramón Agosti, asumieron el control de Argentina.

Con la economía del país en ruinas, muchos dieron la bienvenida a la intervención militar, que, como observa Jimmy Burns en su biografía *Franciscus*, fue comparativamente «poco sangrienta, serena y ejecutada con rapidez, y una mayoría de la población dio un suspiro de alivio al final del gobierno peronista».[69]

Aunque rápidamente empezaron a circular rumores de los muchos «desaparecidos», pasaron años antes de que la población general comprendiese la verdad y la horripilante extensión de la carnicería causada por la Guerra Sucia llevada a cabo por la dictadura militar entre el 24 de marzo de 1976 y el 30 de octubre de 1983.

Se estima que treinta mil argentinos «desaparecieron» durante ese tiempo.

Muchos de sus cuerpos fueron enterrados en fosas sin marcar y nunca se recuperaron, dejando a las familias con una interminable búsqueda de información y justicia. La mayoría eran personas jóvenes, entre dieciséis y treinta años. Sus crímenes constituyeron lo que los argentinos han descrito como «el asesinato de una generación». Esas cifras terribles no incluyen al 3 por ciento de mujeres capturadas que estaban embarazadas cuando las secuestraron, y que dieron a luz en los campos de la muerte, antes de ser asesinadas, dejando unos 270 bebés no registrados.[70]

Una abrumadora sensación de culpa y vergüenza siguió después, y en no poca medida en la Iglesia católica. En documentos desclasificados del Departamento de Estado de Estados Unidos, publicados por los Archivos de Seguridad Nacional en el trigésimo aniversario del golpe militar, el funcionario de la embajada de Estados Unidos a cargo de los derechos humanos, F. Allen Harris, *Tex*, preparó un informe el 27 de diciembre de 1978 después de una «reunión informal» con el primer secretario de la Nunciatura, Kevin Mullan, en el cual se indicaba que «un alto cargo del ejército había informado al Nuncio [católico] de que las fuerzas armadas se habían visto obligadas a "encargarse" de 15.000 personas en su campaña antisubversión».[71]

La escandalosa prueba de que la Iglesia, más que la mayoría, era consciente de la extensión de la campaña de la junta para eliminar a sus críticos, se veía exacerbada por testimonios ofrecidos ante la Comisión Nacional para la Desaparición de Personas de 1984, en la cual algunas víctimas alegaron que «sacer-

93

dotes de la Iglesia cooperaron con los militares hasta el punto de invitar a los presos a confesarlo todo para servir a la nación. Numerosos supervivientes hablan de infructuosas búsquedas de sus seres queridos durante las cuales los responsables de la Iglesia se negaban a ayudarles, pero luego pasaban información recibida de una manera confidencial [a la junta]. Cuando las Madres de la Plaza de Mayo buscaban apoyo y un lugar donde reunirse, las iglesias del centro de la ciudad no quisieron o no pudieron acogerlas».[72]

Además, figuras importantes dentro de la Iglesia, como el cardenal primado de Buenos Aires, Juan Carlos Aramburu, no rechazaron jamás las invitaciones de la junta para asumir funciones públicas.[73] Entre 1976 y 1981, los obispos emitieron solo cuatro cartas pastorales condenando la tortura y las violaciones de los derechos humanos, y al mismo tiempo parecían aprobar la decisión de los militares de actuar de cualquier forma que se estimase proporcionada para mantener la sociedad. En ningún momento la Iglesia hizo pública una postura en contra de la junta, aunque sus propios sacerdotes empezaron a ser asesinados. En total, durante la Guerra Sucia, veinte sacerdotes y miembros de órdenes religiosas fueron asesinados, ochenta y cuatro «desaparecieron» y setenta y siete fueron exiliados.[74]

En conjunto, la Iglesia se encontraba demasiado dividida internamente para dar una respuesta apropiada. Y tampoco parece que la diera Jorge Bergoglio.

El superior general Arrupe le había encargado dos tareas clave. Primero y antes que nada, debía proteger a los jesuitas. Su segunda tarea era ayudar a los civiles atrapados en el conflicto. Como observa Austen Ivereigh, «los dos objetivos, obviamente, estaban en tensión el uno con el otro: si se hubiera sabido que su provincial estaba ayudando a subversivos buscados por el estado, todos los jesuitas habrían sido sospechosos».[75] Ivereigh afirma que «fue como andar por la cuerda floja, pero Bergoglio tuvo éxito. Ni un solo jesuita argentino perdió la vida en la guerra sucia, y consiguió salvar además a docenas de personas».[76]

En años posteriores, siendo ya papa, cuando Francisco afirma repetidamente «soy un pecador», dejando claro que es alguien que ha cometido pecados muy graves, se refiere sobre todo a sus acciones y omisiones durante los días negros de la Guerra Sucia: días de decisiones de vida o muerte para el líder jesuita, de juicios personales que podían enviar a alguien de su rebaño al exilio, o a otro (para su horror y a pesar de sus protestas) a la cámara de tortura. Tales imágenes perviven aún en él, como cuando celebró una misa en el hogar del general Videla con fines estratégicos, esperando hablar con el tirano de dos jesuitas capturados, pero aun así, puso la hostia de la Sagrada Comunión en la lengua del mismísimo hombre que ordenó que transportaran a Esther Ballestrino en un avión hasta el mar, con los brazos y las piernas atados, para su terrible viaje final. La conciencia no deja dormir fácilmente, después de tales hechos, de modo que es natural que esos días le persigan, y le pesen mucho, pidiéndole expiación y un ajuste de cuentas pleno, y dándole al mismo tiempo una enseñanza de un valor duradero sobre la verdadera naturaleza del pecado y cómo debemos enfrentarnos al pecado y tratar con él, si queremos que al final todo sea para bien.

95

Una época de incertidumbre

Cuando al final cayó la junta, en 1983, después de una humillante derrota en la guerra de las Malvinas contra Gran Bretaña en 1982, Bergoglio pasó otro periodo de dos años sirviendo como rector del Colegio Máximo de San Miguel, habiendo renunciado a su cargo como superior de los jesuitas en 1979. Aquel puesto le iba muy bien, porque siempre se elogió su habilidad para inspirar a candidatos que se estaban sometiendo a la formación jesuita.

Bergoglio estaba muy ocupado también construyendo nuevas iglesias, presentando conferencias internacionales en la universidad, reformando el programa de educación e incluso construyendo una granja comunitaria llevada por los jesuitas en un terreno de diez hectáreas en el colegio, que ayudaba a alimentar a las familias pobres de la parroquia. Un estudiante recordaba que estaba siempre muy ocupado: «Pasaba de dar orientación espiritual a hablar por teléfono con un obispo y lavar ropa en la lavandería antes de ir a la cocina y la pocilga y luego volver a clase. Estaba implicado con nosotros en todos y cada uno de los detalles».[77] Pero Bergoglio empezó a mostrarse cada vez más inquieto.

En ese momento, Juan Pablo II, que llevaba cuatro años de papado, decidió que ya era hora de dar un buen repaso a los jesuitas, incluida Argentina. Cuando se nombró un nuevo superior general para que dirigiese la orden, en 1983, a él se acercaron poderosos jesuitas argentinos que hacían campaña «en contra del rector [Bergoglio] y sus seguidores, alegando que el modelo formativo de Bergoglio estaba anticuado y fuera de tono con respecto a la Compañía de Jesús en Latinoamérica».[78] La campaña funcionó, y en 1986 un candidato más conservador, el padre Víctor Zorzín, fue nombrado jefe de los jesuitas argentinos.

Cansado ante la simple idea de la lucha política, en mayo de 1986 Bergoglio pidió permiso a Zorzín para coger un año sabático en Alemania y completar su doctorado en teología. Hubo algunos que creyeron que fue su superior quien le ordenó que se fuera, y si tenemos en cuenta lo mucho que él odiaba viajar, quizá haya algo de verdad. Especialmente dado que al cabo de solo siete meses, Bergoglio, de cincuenta años entonces, abandonó sus estudios y volvió a Argentina. Nunca ha comentado con detalle las razones para ese cambio de rumbo, solo ha di-

cho: «Recuerdo que cuando estuve en Fráncfort, trabajando sobre mi tesis, daba paseos por las tardes hacia el cementerio. Se
puede ver el aeropuerto desde allí. Una vez di con un amigo que
me preguntó qué estaba haciendo y respondí: "Saludando a los
aviones. Saludo a los aviones que van hacia Argentina"».[79]

Es un comentario revelador. Estaba claro que Bergoglio
añoraba su casa, y estaba entristecido al saber que allí no había
lugar para él. Inesperadamente encontró una respuesta para su
dilema pintada en el muro forrado de madera de una pequeña
iglesia de Baviera.[80] Mirándole desde lo alto se encontró a *María la Desatadora de Nudos*, una representación del siglo XVIII
de la Virgen María desatando los nudos de una cinta que le ha
pasado uno de los muchos ángeles que la rodean. Está bañada
de un resplandor celestial, con el Cristo niño en sus brazos y
una serpiente enroscada a sus pies. La imagen habló a Bergoglio en un momento en que él mismo tenía muchos nudos que
desatar, y al parecer le dio la confianza necesaria para volver a
Argentina a finales de 1986, con los bolsillos llenos de estampas
que representaban a María la Desatadora de Nudos.

No le dieron la bienvenida a casa con los brazos abiertos. Sin
embargo, aún tenía algunos amigos en la Compañía, y a través de su apoyo fue nombrado en marzo de 1987 para el puesto consultivo de procurador general, para gran disgusto de muchos jesuitas conservadores. Desgraciadamente para Bergoglio,
la animosidad contra él continuó, y los que estaban decididos
a librarse de él finalmente tuvieron éxito. En abril de 1990 le
apartaron de su puesto de enseñanza y dos meses más tarde lo
exiliaron a Córdoba.

Regreso desde las tierras salvajes

El exilio forzado de Bergoglio dio lugar a un periodo intenso
de reflexión espiritual, escuchando diariamente las confesio-

97

nes de los parroquianos, e inmerso en la vida cotidiana de un sacerdote de parroquia. Fue una existencia humilde que llegó a su fin dos años después con la oferta de un puesto muy distinto dentro de la Iglesia.

El 20 de mayo de 1992, Jorge Mario Bergoglio, confesor, profesor y jesuita desterrado, fue ordenado obispo auxiliar para el arzobispo de Buenos Aires, Antonio Quarracino, para el cual actuaría, junto con cuatro auxiliares más, en virtud de ayudante. Este puesto se creó sobre todo para apoyar a un arzobispo enfermo o bien uno cuya diócesis tiene una población muy extensa. Habiendo desarrollado su relación con Quarracino en una serie de retiros espirituales, cuando era provincial, Bergoglio había impresionado mucho al arzobispo con su «espiritualidad y su inteligencia», así que al oír que estaba «castigado en Córdoba, decidió rescatarlo», pidiendo permiso personalmente para su nombramiento como auxiliar al propio papa Juan Pablo II.[81]

Bergoglio estaba asombrado. Recordando el momento en una entrevista, años después, dijo: «Me quedé en blanco. Como he dicho antes, siempre me quedo en blanco después de una sorpresa, ya sea buena o mala. Y mi reacción inicial siempre es equivocada».[82] Nunca había considerado la posibilidad de convertirse en obispo, en parte por sus votos jesuitas, pero también debido a su caída en desgracia reciente con la Compañía. Pero los años pasados en Córdoba habían sido muy formativos, y quedó claro para él desde el primer día en su alto cargo que no iba a dejar que las trampas del poder se le subieran a la cabeza. Rechazó educadamente el alojamiento elegante de los obispos en favor del piso sencillo en su hogar de la parroquia de Flores, donde establecería su base. También declinó la oferta de un chófer y un sacerdote que actuara como secretario personal suyo, para ayudarle con los temas administrativos, prefiriendo por el contrario responder él mismo el teléfono, llevar su propia agenda y coger el autobús para ir adonde tuviera que ir.

Cuando un jesuita se convierte en obispo, automáticamente se ve liberado de sus votos y ya no responde ante el superior general de la Compañía. A pesar de este cambio en sus circunstancias, Bergoglio siguió fiel a su compromiso de una vida de pobreza, castidad y obediencia, como haría siempre a lo largo del resto de su carrera en la Iglesia.

Quizá la parte más agradable de su nueva función era que le permitía volver a trabajar una vez más con la gente de las *villas miserias*. Había sido una fuente de enorme decepción que, durante la lucha por la autoridad dentro de los jesuitas, los opuestos a su obra hubieran eliminado el trabajo de servicios sociales que Bergoglio tanto atesoraba. Ahora, su dedicación, lealtad e innegables talentos causaron una gran impresión en el arzobispo, que empezó a acelerar la subida de Bergoglio en el escalafón en un periodo de tiempo breve. En diciembre de 1993 se le nombró vicario general a cargo de la archidiócesis, y luego, en mayo de 1997, Quarracino invitó a su obispo auxiliar a comer.

99

Como recuerda Bergoglio: «A media mañana, el 27 de mayo de 1997, Calabresi [el nuncio papal en Argentina] me llamó y me pidió que fuera a comer con él. Estábamos tomándonos el café y yo estaba a punto de darle las gracias por la comida y despedirme cuando vi que traían un pastel y una botella de *champagne*. Pensé que igual era su cumpleaños, y estaba a punto de desearle felicidades. Pero la sorpresa llegó cuando le pregunté por todo aquello. "No, no es mi cumpleaños", replicó, sonriendo ampliamente. "¡Resulta que usted es el nuevo obispo coadjutor de Buenos Aires!"».[83] Con setenta y tres años, la salud del cardenal Quarracino le estaba fallando. Deseaba asegurarse de que cuando muriera en su cargo, Bergoglio, como coadjutor, le sucediera automáticamente como arzobispo, y asumiera las responsabilidades de la diócesis principal de Argentina y de los 3,5 millones de católicos que vivían en Buenos Aires central. Quarracino hizo bien en poner en orden su casa, porque apenas ocho meses más tarde, el 28 de febrero de 1998, murió de complicaciones resultantes de una obstrucción intestinal. En su lugar, Jorge Mario Bergoglio, con sesenta y un años, fue nombrado arzobispo de Buenos Aires.

Del negro al rojo

La increíble velocidad del eclipse de Bergoglio como líder de los jesuitas argentinos, seguida por su casi estratosférica elevación del sacerdocio a arzobispo, seguramente no solo le dejó asombrado, sino que debió de producirle auténtico vértigo. En solo seis años había pasado de una especie de exilio a convertirse en el líder de la Iglesia católica de Argentina. No tuvo demasiado tiempo para procesar el cambio: de hecho, tres días, durante los cuales se retiró del torbellino de preparativos funerarios para su predecesor y su establecimiento oficial a un retiro silencioso, donde pudo llorar la pérdida de su amigo y contemplar el camino que debía recorrer a continuación.

Después de volver, Bergoglio siguió tan decidido como siempre a evitar la decadencia y ostentación que venían de la mano de los peldaños más altos de la Iglesia católica, comprometiéndose por el contrario a una vida de humildad y sencillez, ayudando a los pobres igual que había hecho san Ignacio de Loyola, más de quinientos años antes.

La forma de hacer las cosas de Bergoglio era un poco sorprendente para el personal que intentaba seguir el protocolo tradicional de transición para un nuevo arzobispo. Cuando los sastres diocesanos entregaron su presupuesto para las vestiduras oficiales, Bergoglio se escandalizó ante el precio y propuso que ahorrasen el dinero y se limitasen a arreglar las sotanas de Quarracino para adaptarlas a su cuerpo, más esbelto. Como antes, declinó la residencia oficial del arzobispo, situada junto al palacio presidencial, en el exclusivo barrio residencial de Olivos, y prefirió vivir en una habitación sencilla y espartana en el edificio de la Curia, junto a la catedral, en la plaza de Mayo. Desapareció la necesidad de limusinas y chóferes, ya que Bergoglio continuaba andando por las calles y viajando en el metro y los autobuses de Buenos Aires. Tampoco requería las grandes oficinas del arzobispado: lo único que quería era una habitación sencilla en la que trabajar, con espacio para sus libros y un par de sillas para los visitantes.

Su estilo único fue una revelación. El público y los medios de comunicación recogieron y celebraron enormemente esta noticia, un enfoque más pastoral del gobierno. Los políticos, en particular el presidente Carlos Menem, que habiendo sido elegido en 1989 estaba cumpliendo ya su último año de mandato y deseaba recoger el apoyo de la Iglesia para cambiar la constitución y que le permitiera cumplir un tercero, tenía reservas. Bergoglio había dejado bien claro que no tenía miedo de hablar con toda franqueza y con una actitud crítica de los fallos del gobierno, y de su necesidad de enfocar los temas sociales en conjunto. Hacia 1998 Argentina estaba tambaleándose al borde de otra gran depresión, los efectos de la cual ya se habían hecho sentir en las comunidades más pobres y marginadas, donde Bergoglio pasaba gran parte de su tiempo.

Durante los periodos de inestabilidad previos, el mensaje de la Iglesia había quedado ensombrecido por las luchas y políticas partidistas, de las cuales el propio Bergoglio era responsable. A lo largo de su época como arzobispo, mostró una determinación ardiente de elevarse por encima de esas tentaciones y de preservar el mensaje pastoral sagrado y fundamental que había aprendido como joven sacerdote. La inclusividad era la clave, y Bergoglio recurrió mucho a su formación como jesuita cuando llevó a cabo cambios en la diócesis.

Un poco más de un mes después de su nombramiento como arzobispo, Bergoglio delegó la tradicional misa de Jueves San-

101

to, durante la cual el arzobispo lava los pies a doce hombres que representan a los doce apóstoles, en la catedral de la ciudad, en su obispo auxiliar, para poder celebrar él mismo otra misa en el Hospital Muñiz para Enfermedades Infecciosas. Allí, en una ceremonia que conmemoraba la Última Cena de Jesús con sus discípulos, Bergoglio lavó y besó los pies de doce pacientes que sufrían de sida. El padre Andrés Tello, el capellán del hospital, recordaba: «Cuando llegó, le expliqué que aunque el Evangelio habla de doce apóstoles varones, en el hospital teníamos hombres, mujeres, travestidos... Y él me dijo: "elija usted a quien quiera, que yo le lavaré los pies". La misa fue emocionante, todo el mundo lloraba, le dio la comunión a todos... Siempre hablaba de las periferias existenciales. Quería ir a un sitio de gran dolor, y ese es el hospital».[84] A lo largo de sus quince años como arzobispo, se convirtió en una tradición que cada Jueves Santo Bergoglio lavase y besase los pies de los marginados en hospitales, prisiones, centros de rehabilitación, barrios bajos y residencias de ancianos de todo Buenos Aires.

Las reformas de Bergoglio no se limitaban a los asuntos pastorales del día a día y el foco preferente de la Iglesia en los pobres. Cuando heredó la diócesis, quedó bien claro que el caos no reinaba solo en las finanzas del país. La muerte de Quarracino reveló unos vínculos inapropiadamente cercanos entre la Iglesia, sus donantes y el gobierno, que daba como resultado una maraña compleja de préstamos, cuentas defectuosas, sobornos... En un intento de desenredar esos nudos, Bergoglio contrató a una firma de contabilidad externa para que llevase a cabo una auditoría completa, que reveló que la archidiócesis «ignoraba regularmente tanto la ley canónica como las normas de los propios obispos argentinos para monitorizar y autorizar los pagos».[85] El nuevo arzobispo impuso una puesta a punto de todas las prácticas, pero no antes de que la diócesis recibiera una visita de la policía con relación a un préstamo cuestionable de diez millones de dólares. El escándalo se resolvió posteriormente, y según Ivereigh: «El informe de los auditores encargado por Bergoglio era tan completo que no dejaba ninguna cuestión pendiente, y la reputación del arzobispado quedó reforzada por su forma de manejar el asunto».[86]

Aunque eran de naturaleza interna, las actuaciones de Bergoglio durante sus tres años como arzobispo de Buenos Aires se ganaron un coro de alabanzas que no solo se oyó en toda Argentina, sino que viajó hasta el Vaticano. De modo que el 21 de febrero de 2001, Bergoglio se presentó ante el papa Juan Pablo II y se arrodilló a sus pies. Ya había desaparecido su atuendo sencillo y negro de sacerdote; ahora iba vestido con el ropaje escarlata reservado solamente a los cardenales... heredado del difunto Quarracino, naturalmente. Ese día fue uno de los cuarenta y dos nuevos cardenales nombrados. El frágil Juan Pablo, de ochenta años, que todavía tenía que reconocer oficialmente que sufría de párkinson desde hacía diez años, guiñaba los ojos al sol brillante del invierno al inclinarse y poner el birrete rojo en la cabeza de Bergoglio. Luego dijo: «[Este] escarlata es señal de la dignidad del cardenalato, y significa tu disposición a actuar con valor, incluso a derramar tu propia sangre, por la mejora de la fe cristiana, por la paz y la tranquilidad del pueblo de Dios y por la libertad y el crecimiento de la Santa Iglesia Romana».[87]

Después de que el papa besara a su cardenal recién nombrado en ambas mejillas, y el propio Bergoglio besara a cambio la mano papal, Juan Pablo sonrió y, con un gesto cálido y paternal, dio un par de palmaditas al argentino, que parecía asombrado, en el hombro. «¡Ya puedes respirar!», parece que le dijo. La multitud vitoreó y aplaudió al cardenal Bergoglio, pero a diferencia de otros cardenales, no hubo una erupción especial de alegría por él. Al saber que había gente muy emocionada que decía que pensaba viajar a Roma para asistir a las celebraciones,

Bergoglio pidió que guardasen el dinero que habrían gastado en el viaje y por el contrario se lo donaran a los pobres.

Cuando acabó la ceremonia al aire libre en la plaza de San Pedro, Bergoglio fue caminando por la calle hasta su alojamiento, empapándose de la atmósfera vibrante de la ciudad. De vuelta en su humilde habitación de sacerdote, donde podía continuar viviendo cada vez que visitaba Roma, hizo la pequeña y baqueteada maleta, se cambió y se puso el habitual traje negro (fue un logro notable para el Vaticano conseguir que se lo quitara durante un día entero), recogió su pasaporte y volvió a casa, a Buenos Aires... en clase turista, por supuesto.

Primeros pasos en el camino a Roma

A pesar de todos sus esfuerzos, la vida para el cardenal de sesenta y tres años tenía que cambiar inevitablemente, ahora que las responsabilidades de la Curia habían conseguido imponerse a su programa anual. Solo el primer año, visitó Roma dos veces más: una en mayo, para el «consistorio extraordinario» más grande de toda la historia de la Iglesia, una reunión considerada por muchos una oportunidad precónclave para que los posibles sucesores, entre los 155 cardenales de Juan Pablo, mostraran sus credenciales y discutieran lo que el papa describió como «sugerencias prácticas para la misión de evangelización de la Iglesia, en los albores de un nuevo milenio».[88] Luego, una vez más en octubre, y en el último minuto, Bergoglio fue nombrado relator general del Sínodo de Obispos, literalmente, responsable de relatar los objetivos de la reunión y resumir los discursos de los obispos para ayudarles a redactar propuestas y conclusiones de la conferencia, que luego se presentarían al papa, que también asistía a su vez, en lugar del cardenal Edward Egan, arzobispo de Nueva York, que presidía un oficio conmemorativo interreligioso en la ciudad recién devastada tras el atentado terrorista del 11 de septiembre.

El nombramiento de una figura relativamente desconocida para este puesto atestiguaba la fe de Juan Pablo en Bergoglio y le catapultaba hacia las cimas de la jerarquía eclesiástica. Como ya no podía llevar lo que Austin Ivereigh describía como «su habitual manto de invisibilidad», que le permitía moverse por Roma sin ser observado, seguramente comprendió que todo dependía en gran medida de su actuación durante el sínodo y el consiguiente discurso posterior a la conferencia de prensa sostenida en el Vaticano. Y aunque sus pensamientos se veían distraídos por el tumulto económico y político que estaba devorando a su país entero (el gobierno estaba a punto de ser derrocado, todo el sistema bancario estaba al borde del colapso, y el Fondo Monetario Internacional estaba a punto de retirar fondos para financiar la deuda nacional), hizo un discurso de una distinción tan prominente que la gente de inmediato empezó a considerarlo posible contrincante para la silla de San Pedro, y también reveló algunos toques de su futuro, cuando dijo:

> Hoy en día, la guerra de los poderosos contra los débiles ha abierto un hueco entre ricos y pobres. Los pobres son legión. Ante un sistema económico injusto, con unas desigualdades estructurales tan fuertes, la situación de los marginados es peor. Hoy en día hay hambre. Los pobres, los jóvenes y los refugiados son víctimas de esta «nueva civilización»... El obispo nunca debe cansarse de predicar la doctrina social que viene de los Evangelios y que la Iglesia ha hecho explícita desde los tiempos de los Padres.[89]

En noviembre de 2002, el veterano periodista Sandro Magister escribió un artículo titulado «Bergoglio en la Pole Position», en el cual describía el reciente ascenso del argentino:

> A mitad de noviembre, sus colegas querían elegirle presidente de la conferencia episcopal argentina. Se negó. Pero si hubiera habi-

do un cónclave, habría sido difícil para él negarse a la elección para el papado, porque es uno de aquellos a quien los cardenales votarían con decisión, si se les llamara a elegir inmediatamente al sucesor de Juan Pablo II...

En el último sínodo de obispos, en otoño de 2001. Bergoglio llevó tan bien la reunión que, en el momento de elegir a los doce miembros del consejo del secretario, sus hermanos obispos le eligieron con el voto más elevado posible... Alguien en el Vaticano tuvo la idea de llamarle para dirigir un dicasterio importante. «Por favor, yo me moriría en la Curia», suplicó. Se lo dispensaron.

Desde ese momento, la idea de volver a Roma como sucesor de Pedro había empezado a extenderse con creciente intensidad. Los cardenales latinoamericanos se centraban cada vez más en él, igual que el cardenal Joseph Ratzinger.[90]

106   A su regreso a Buenos Aires, sin embargo, se enfrentó con las pruebas estremecedoras de que su país se estaba hundiendo por los cuatro costados.

Después de un asalto a los bancos protagonizado por los ciudadanos que temían perder el poco dinero que tenían, el gobierno congeló todas las cuentas, intentando así evitar un colapso completo del sistema bancario. Las ciudades de todo el país sufrieron gran violencia y saqueos el 21 y 22 de diciembre de 2001. En la plaza de Mayo, el presidente Fernando de la Rúa se asomó a las ventanas del Palacio Presidencial antes de que una espesa nube de gas lacrimógeno le obligara a volver la espalda y salir huyendo en helicóptero. Desde el otro lado de la plaza, Bergoglio también estaba mirando cuando la policía respondió con una fuerza brutal a los manifestantes que prendían fuego a los bancos y los edificios del gobierno. Fue una escena devastadora.

Treinta y nueve personas murieron, y cientos más quedaron heridas. Pasaron dos años más de declive económico hasta que por fin Argentina empezó a recuperarse. Durante ese tiempo, Bergoglio continuó dando apoyo pastoral al número cada vez más elevado de indigentes y ciudadanos marginados. Como presidente en funciones de Argentina, Eduardo Duhalde decía que Bergoglio «asumió un papel clave en el llamado [Comité de] Diálogo argentino... Creo que la historia la considerará una de nuestras mayores hazañas épicas colectivas. Pero hubo figuras providenciales en ese rescate, personalidades gigantes que, mientras evitaban modestamente ocupar el centro de la escena, fueron decisivos para no caer en la disolución social, que en aquel tiempo era un riesgo real y cercano. Ese hombre, Jorge Bergoglio, fue uno de ellos».[91]

En abril de 2003, el país había recuperado una cierta semblanza de estabilidad, y se convocaron nuevas elecciones. El problema, sin embargo, era la escasez de candidatos dispuestos a apurar el cáliz envenenado que era la presidencia argentina. Duhalde podía haberse presentado, pero había prometido no hacerlo cuando asumió el papel de presidente interino. Las únicas opciones que quedaban eran el antiguo presidente Carlos Menem, buscando su tercer mandato, o un candidato desconocido llamado Néstor Kirchner. Menem se retiró días antes de las elecciones, Kirchner se presentó sin oposición alguna y su gobierno de izquierdas fue elegido por defecto, con solo el 22 por ciento de los votos.

Kirchner y su glamurosa primera dama, la senadora Cristina Fernández de Kirchner, habían sido partidarios leales del peronismo desde la época en que se conocieron, estudiando a finales de la década de 1970, y después de las elecciones de 2003 rápidamente se hicieron cargo de la política argentina. Desde 2003 hasta 2015 gobernaron en sucesivos mandatos de dos turnos, estropeados por acusaciones de malversación y corrupción. (Cristina Fernández de Kirchner fue acusada de alta traición en diciembre de 2017 y de nuevo en marzo de 2018 por obstruir

107

las investigaciones sobre la implicación de Irán en el bombardeo de un centro judío). Néstor Kirchner no tenía interés alguno por la religión ni por establecer buenas relaciones con la Iglesia, y dejó bien claros esos sentimientos a Bergoglio desde el momento en que ocupó su cargo. Bergoglio igualmente sentía aversión por el nuevo presidente, y era crítico frecuentemente con la retórica vacía del gobierno, su falta de valores y su enfoque individualista. El 30 de diciembre de 2004, un fuego enorme estalló en un club nocturno del barrio de clase trabajadora de Once, en Buenos Aires. Los asistentes corrieron a las salidas pero resultó que estaban atrapados, porque la mayoría de las puertas de emergencia se habían cerrado con candados para evitar que la gente se colara dentro sin pagar. Bergoglio corrió a la escena del suceso y encontró cientos de cuerpos tirados en las aceras. Amigos de las víctimas, desesperados, veían a los servicios de emergencia realizar reanimaciones cardiopulmonares. Consoló a todos los que pudo, rezando por los muertos y heridos, y acompañó a las familias al hospital.

108

Ciento noventa y cuatro personas murieron y 1.492 resultaron heridas. El presidente Kirchner declaró un periodo de duelo nacional de tres días, pero la pena pronto se convirtió en ira cuando se reveló que la licencia de seguridad contra incendios de aquel club había caducado hacía más de un mes, y el departamento de bomberos no la había renovado. El club no tenía sistema de detección de incendios ni alarma, solo un extintor que funcionase, de los quince que había, y se permitió entrar a tres mil personas cuando la capacidad del local era de 1.031. Bergoglio permaneció en leal apoyo de las víctimas en los meses y años que siguieron, denunciando la corrupción que había conducido a aquella tragedia y ordenando que se celebrase una misa por las víctimas el 30 de diciembre de cada año, y que las campanas de la catedral tocasen 194 veces para recordar a aquellos que habían perecido.

Mientras tanto, el papa escribió a Bergoglio expresando su tristeza y pidiéndole al cardenal que transmitiera sus condolencias a las víctimas. Esa fue, probablemente, su última comunicación, porque a las 9.37 hora local, el 2 de abril de 2005, murió Juan Pablo II.

El umbral del Vaticano

Ya sabemos cómo se desarrollaron los acontecimientos del cónclave, pero con una mejor comprensión de los eventos formativos y experiencias que le habían moldeado hasta aquel momento, los actos de ese hombre quizá cobren ahora un mayor sentido.

Era jesuita por los cuatro costados, y nunca había deseado ni buscado el poder. De hecho, en numerosas ocasiones lo había rechazado de plano, o había costado mucho que le convencieran de aceptarlo. El misterioso cardenal diarista cuyo relato del cónclave es tan revelador describía la expresión de sufrimiento de Bergoglio al subir al altar a depositar su voto como si rogase a Dios que le ahorrase el trago. Otra «fuente autorizada» revelaba que Bergoglio «casi lloraba» cuando imploró a sus partidarios que dejaran la lucha por el bien de la Iglesia y votaran al cardenal Ratzinger.[92] Como observaba el diarista:

> [Bergoglio era] seguro en el aspecto doctrinal, abierto en el social, impaciente a nivel pastoral con la rigidez mostrada por algunos colaboradores [de Juan Pablo II] sobre temas de ética sexual. Características que, en ausencia de un auténtico candidato de «izquierdas» alternativo a la línea de Ratzinger, convertirían a Bergoglio en el hombre de referencia para el amplio grupo de los cardenales más reacios a votar al decano del Sacro Colegio [Ratzinger]. Un grupo cuyo núcleo central de pensamiento lo formaban Karl Lehman, presidente de la Conferencia Episcopal Alemana, y Godfried

109

Danneels, arzobispo de Bruselas, con un grupo significativo de cardenales de Estados Unidos y Latinoamérica, así como algunos de la Curia Romana.[93]

Hay especulaciones sobre si las «lágrimas» de Bergoglio fueron resultado realmente de su frustración ante ese grupo (una serie de cardenales reformistas conocidos en los círculos vaticanos como el Grupo St. Gallen), por usarle como prenda anti-Ratzinger, cuando no tenía deseo alguno de convertirse en papa. Austin Ivereigh cree que «lo que preocupaba a Bergoglio era el punto focal de una fractura, destinada a polarizarse, como ocurrió en los años setenta, en dos bloques ideológicos. Le preocupaba a un nivel puramente psicológico, en el sentido de que superar esa división había sido la obra de la mayor parte de su vida».[94]

Fueran cuales fuesen sus emociones, Bergoglio ciertamente se sintió aliviado al volver a Argentina. Su roce con el poder le había hecho agradecer la libertad que le proporcionaba su vida terrenal y humilde como arzobispo de Buenos Aires. Tenía ya sesenta y ocho años, habían pasado siete desde que alcanzó la edad para poder jubilarse, y deseaba pasar su tiempo pacíficamente entre los pobres y los necesitados de la ciudad. La paz, sin embargo, quizá fuese una simple ilusión. El impresionante apoyo que había recibido Bergoglio durante el cónclave y el gran poder que representaba su continente no habían pasado do inadvertido por parte de Benedicto, que más tarde dijo, como papa: «Estoy convencido de que aquí [Latinoamérica] se decide, al menos en parte, y en una parte fundamental, el futuro de la Iglesia católica: para mí siempre ha sido evidente».[95] La Iglesia, por tanto, todavía tenía planes para él, y en octubre de 2005 fue elegido para unirse al consejo del Sínodo de Obispos; seguido por otra elección como líder de todos los obispos argentinos en diciembre del mismo año.

Los apoyos que recibió desde dentro de la Iglesia no tuvieron su equivalente en el gobierno argentino, y la relación entre Bergoglio y Kirchner continuaba en la tónica de hacer declaraciones muy críticas los dos, cargadas de sobreentendidos sobre los fallos del otro. Tan antagónica era su relación que se dice que Kirchner se refería a Bergoglio como «el verdadero líder de la oposición», pero había veces que, según parece, el cardenal estaba tan indignado con el presidente que sin darse cuenta hacía cosas que iban en beneficio de este.

En diciembre de 2004, Bergoglio publicó una carta abierta condenando una exposición patrocinada por el Ministerio de Cultura del galardonado artista argentino León Ferrari, entre cuyas obras se encontraban varias piezas que representaban a Benedicto XVI, sobre todo una botella de cristal verde llena de condones y con un retrato del papa pegado delante. Particularmente ofensiva le pareció una pieza titulada *La civilización occidental y cristiana*, que mostraba una figura barata de recuerdo del Cristo crucificado sujeto a un avión de combate norteamericano, una pieza hecha originalmente en 1965 como protesta contra la guerra de Vietnam. En su carta, el cardenal Bergoglio decía que estaba «muy dolido por aquella blasfemia», y se quejaba de que el acto estuviera «subvencionado con el dinero que el pueblo cristiano y la gente de buena voluntad paga con sus impuestos». Cerraba la carta apelando al pueblo para que «hiciera un acto de reparación y de petición de perdón» observando «un día de ayuno y plegaria, un día de penitencia en el cual, como comunidad católica, pedimos al Señor que nos perdone nuestros pecados y los pecados de la ciudad».

Esa protesta, por lo que parece, fue tomada como un acto de intolerancia artística por parte del cardenal, y después de la respuesta de Ferrari, que según se dice, contestó: «La diferencia entre Bergoglio y yo es que él cree que la gente que no piensa como él debe ser castigada y condenada, mientras que yo creo

111

que ni siquiera él debería ser castigado», Bergoglio no dijo más sobre el tema.[96]

Las relaciones no mejoraron cuando el segundo mandato de Néstor Kirchner llegó a su fin en 2007 y su mujer, Cristina, le reemplazó como presidente. Bergoglio había empezado a sospechar que su oficina estaba pinchada por los servicios secretos de Argentina, y tuvo la idea de poner música clásica a todo volumen para inutilizar cualquier dispositivo de escucha cuando hablaba de temas que tenían que ver con el gobierno. Es muy probable, por tanto, que estuviera sonando música a toda marcha en la oficina del arzobispo los meses que condujeron a julio de 2010, cuando tuvo lugar una votación para legalizar el matrimonio del mismo sexo.

Bergoglio había atacado a Néstor Kirchner públicamente en 2006, al condenar un intento de legalizar el aborto en casos de violación y otras circunstancias claramente atenuantes. Ahora tomaba partido de una forma mucho más decidida aún con respecto a los cambios propuestos en la institución del matrimonio. En una carta privada a cuatro monasterios de Buenos Aires, Bergoglio describía el matrimonio del mismo sexo como «un enviado del diablo, a través del cual el pecado entró en el mundo, y que arteramente quiere destruir la imagen de Dios: hombre y mujer que recibieron el mandato de crecer y multiplicarse y dominar la tierra. No seamos ingenuos: no se trata de una lucha puramente política, es la pretensión destructiva contra el plan de Dios».[97]

La ley fue reformada para dar a las parejas del mismo sexo la libertad de adoptar niños, y eso endureció la oposición entre aquellos que previamente estaban entre dos aguas, pero cuando la carta de Bergoglio se filtró a los medios, Kirchner lo aprovechó y declaró: «Es preocupante oír frases como "guerra de Dios" y "proyectos del demonio", que son cosas que nos retrotraen a tiempos medievales y de la Inquisición».[98] La ley fue aprobada, y muchos de sus jubilosos partidarios en el Senado, según se dice, estaban más felices por haber derrotado a Bergoglio que por incrementar los derechos humanos de las personas.

Aunque había perdido la batalla, y posiblemente la opinión que muchos tenían de él como pastor tolerante, Bergoglio acató la línea doctrinal del Vaticano y se mostró capaz de defender públicamente la fe. En el mundo fuera de Roma, Bergoglio era, y seguiría siendo hasta su elección como papa, una figura desconocida. Al volver a casa en Argentina, su compromiso con los pobres y la justicia social nunca quedaría eclipsado en la mente de aquellos que vivían en las *villas miserias,* pero había empezado a alejarse de la población que vivía por encima de la línea de la pobreza. Austen Ivereigh cita a un sacerdote de alto rango sin nombre, que había «pasado muchos años trabajando para conectar el mundo de los negocios con las enseñanzas sociales de la Iglesia», y que dijo que Bergoglio «no mostraba interés alguno por el mundo católico de la clase media, ni por el mundo de los negocios, la banca, el arte o la universidad».[99]

Ivereigh dibuja una comparación interesante entre la devoción de Bergoglio a los pobres y el desprecio que percibía en él por las clases medias con la parábola del Hijo Pródigo de los Evangelios, en el cual un padre da la bienvenida a casa con muchos festejos a su hijo menor, que había vivido errante, y que siempre estaba derrochando su herencia en prostitutas, para gran dolor de su hijo mayor, que se había quedado en casa cultivando los campos. La parábola parece ilustrar que aquellos que han pecado siempre serán bienvenidos por Dios, si se confiesan. Sin embargo, los pobres en su conjunto no han pecado, sino que han sido víctimas de circunstancias que estaban fuera de su control, y por tanto parce que la decisión consciente de Bergoglio de favorecer a los necesitados por encima de los que quizá asisten más frecuentemente a misa y viven mejor cua-

113

dra más con la parábola del Buen Samaritano, que cuando vio a alguien en apuros «tuvo compasión de él, y fue a él y le vendó las heridas».[100]

También sufrió críticas de círculos de izquierdas, que le acusaban de connivencia con la junta durante la guerra. No había forma de que Bergoglio pudiera satisfacer a todo el mundo, así que «tomó la decisión, desde el principio, de centrarse en la periferia [*villas miserias*], y decidió pasar algún tiempo cada fin de semana en los nuevos barrios», y «evangelizar la ciudad desde los márgenes».[101]

Preparativos para un cumpleaños importante

Un poco más de un año después de su derrota pública por el gobierno de Kirchner, Jorge Bergoglio se estaba cansando ya. Habiendo dimitido de su cargo como presidente de los obispos argentinos cuando su mandato de seis años llegó a su fin, en septiembre de 2011, solo tenía una cosa en mente: su septuagésimo quinto cumpleaños, el 17 de diciembre.

Nervioso al pensar en renunciar a su alto cargo, empezó a hacer planes para ver cómo pasaría su jubilación. Seleccionó el dormitorio que quería en la residencia de retiro clerical en el barrio de Flores, donde se había criado. Empezó a pensar en completar la tesis que había abandonado durante el periodo de desaliento en Fráncfort y contactó con los editores de sus escritos teológicos previos para discutir qué otras obras suyas podrían ser de interés.

Cuando llegó su cumpleaños, Bergoglio envió su carta oficial de renuncia al papa Benedicto XVI. Tal y como dice Ivereigh, las cartas de renuncia «se ofrecen *nunc pro tunc*» (de ahora para más adelante), para que el papa las tenga en cuenta en algún momento del futuro, a menos que la salud o cualquier otro imperativo requiera una aceptación inmediata. Pero él [Bergoglio] podía esperar que se anunciara a su sucesor quizá a más tardar en 2012, y que se instalase en su cargo a principios de 2013».[102] Lo único que tenía que hacer era esperar.

En el punto álgido del escándalo Vatileaks, en el cual una serie de documentos expusieron una corrupción al más alto nivel, chantajes y homosexualidad dentro del Vaticano, Bergoglio fue convocado a Roma para asistir al consistorio de febrero de 2012, en el cual un cansado y frágil Benedicto nombró a veintidós nuevos cardenales. Pero él se volvió a Argentina sin respuesta a su carta, y cuando acabó el año 2012, empezó a sentir que algo no iba bien. En lugar de dejar que sus preocupaciones le consumieran, siguió trabajando, poniendo su casa en orden y despachando a algunos amigos su vasta colección de libros, y seleccionando los documentos de su oficina.

Bergoglio por tanto estaba completamente listo para su jubilación cuando una vez más viajó al Vaticano, esta vez para el consistorio para la canonización de los mártires de Otrano, la elevación a la santidad de 813 italianos que fueron asesinados en 1480 por soldados otomanos por negarse a convertirse al islam, el 11 de febrero de 2013. Les dijo a sus amigos: «Quiero dejar cuantas menos cosas pueda cuando me despida de este mundo».[103]

Poco se imaginaba la enormidad de la noticia que le esperaba en Roma.

3

Cónclave

*O*cho años antes, cuando se anunció la elección del nuevo papa por parte del cónclave, el cardenal Joachim Meisner de Colonia dijo que el pontífice electo, el papa Benedicto, parecía «un poco triste».[1]

Tradicionalmente, es responsabilidad del decano del Colegio Cardenalicio preguntar al nuevo papa si acepta su papel, pero como el decano era el propio Ratzinger, este cometido correspondió al vicedecano, el cardenal Sodano. Mientras esperaban los que estaban en la sala, el cardenal Murphy-O'Connor recordaba especialmente «el silencio que reinaba. Él (por Ratzinger) parecía muy solemne, y no solo lúcido, sino tranquilo».[2] Cuando llegó al fin la respuesta de su aceptación (en latín, por supuesto), Joseph Ratzinger se convirtió oficialmente en el papa número 265. Y cuando se le preguntó qué nombre quería adoptar, no se lo pensó ni un momento. Tenía preparada ya su respuesta. Sería conocido como Benedicto XVI. ¿Por qué «Benedicto»? Durante su primera audiencia general, el 27 de abril, afirmó que san Benedicto era «un auténtico y valeroso profeta de la paz», «un punto de referencia fundamental para la unidad europea, y un potente recuerdo de las raíces cristianas indispensables de su cultura y civilización.[3]

Cada uno de los cardenales felicitó a Benedicto y le besó la mano.

Es fascinante y trágico al mismo tiempo darse cuenta de que

de los dos candidatos principales en el cónclave de 2005, ninguno quería ser papa, según se dice. Benedicto, tras su elección, dijo que era como si una guillotina hubiese caído sobre él. Francisco dijo que aquellos que querían dirigir la Iglesia católica es que no se preocupaban mucho por sí mismos: «Yo no quería ser papa».

Pero entonces, ¿quién quiere ser papa en realidad? Es una cruz. Es demasiado oneroso. Solo acaba con la muerte. Hay un motivo por el cual la pequeña habitación a la que llevaron a continuación a Benedicto se llama la Sala delle Lacrime, la Sala de las Lágrimas. Entre aquellas paredes, innumerables papas se han deshecho en lágrimas bajo el peso de la responsabilidad que sería su fin. El papa Juan XXIII parece ser que dijo que nadie le dice al nuevo papa si son lágrimas de alegría o de dolor. Tiene que averiguarlo él solo.

Pero los nuevos papas rápidamente dejan a un lado las lágrimas personales. Incluso en los minutos posteriores a la elección se convierten en la cara de la Iglesia católica. Tal y como decía más tarde el propio Benedicto:

118

> En realidad, en ese momento uno se preocupa sobre todo por asuntos prácticos, externos. Tienes que preocuparte por la ropa y cosas así. Además, yo sabía que pronto tendría que asomarme al balcón y decir unas palabras, y empecé a pensar lo que diría. E incluso en ese momento, cuando lo pensé, lo único que pude decirle al Señor fue sencillamente: «¿Qué estás haciendo conmigo? Ahora la responsabilidad es tuya. ¡Tú tienes que guiarme! Yo no puedo hacerlo. ¡Si querías que fuese yo, entonces ayúdame!». En ese sentido, me puse, podríamos decir, en diálogo urgente con el Señor. Si él hacía una cosa, tenía que hacer también la otra.[4]

Habemus papam

Mientras Benedicto elegía entre las tres sotanas papales hechas a mano por la familia Gammarelli, sastres papales desde 1903, el curtido corresponsal en el Vaticano John Thavis recuerda estar sentado en la agitada oficina de prensa, habiendo «acabado de preparar dos artículos: uno que decía que el cardenal Ratzinger era el nuevo papa, y otro, mucho más corto, diciendo que había resultado elegido el cardenal italiano Dionigi Tettamanzi»,[5] cuando el primer atisbo de humo surgió de la chimenea de la Capilla Sixtina, a las 17.40 h.

Thavis y sus colegas sabían que si salía humo tan temprano eso significaba que Ratzinger había conseguido la mayoría de dos tercios en la primera votación de la tarde, ya que los cardenales no podían haber hecho dos votaciones en un espacio de tiempo tan breve. Pero cuando la multitud de la plaza de San Pedro y la prensa se esforzaban por adivinar cuál era el color del humo, este continuó surgiendo de la chimenea durante veinte minutos sin el coro de campanas para acompañarlo. Una vez más el sofisticado sistema de producción de humo había fallado. Dentro del Vaticano la escena era caótica, guardias suizos y miembros de la Curia corriendo por todas partes para alertar a los campaneros de que se había elegido un nuevo papa, y las medidas de seguridad que se habían implementado significaban que no se podían usar los teléfonos en torno a la capilla.

Siguió más confusión cuando sonaron las campanas que dan la hora a las 18. Después del desastre previo de la tarde, la multitud de la plaza quedó completamente desconcertada y no sabía qué celebrar.

Cuando las campanas de San Pedro y poco después de las trescientas iglesias de Roma empezaron a sonar por fin, en torno a las 18.10 h, no pudo haber más dudas en la mente de los fieles reunidos: tenían un nuevo papa.[6] Pero de vuelta en la Sala de las Lágrimas, también Benedicto se encontró con su propio episodio de farsa. A pesar de haber trabajado para los últimos nueve papas, el ilustre y bien probado método de los Gam-

119

marelli, que era hacer tres sotanas de lana de satén color marfil idénticas, con mangas de seda, en las tallas pequeña, mediana y grande, y luego hacer pequeños retoques el mismo día para que se ajustaran a quienquiera que hubiera sido elegido pontífice, estaba fallando. Con su metro setenta de altura, Benedicto no se podía considerar que fuese diminuto, pero ninguna de las sotanas ni zapatos le iban bien. Aun así, ansioso por salir al balcón y saludar a su gente, dio instrucciones a los sastres de que arreglaran la sotana lo mejor que pudieran, y por si acaso, decidió ponerse su jersey negro debajo, porque durante el cónclave había sufrido muchísimo frío.

A las 18.43 hora local, el papa Benedicto XVI fue anunciado al mundo con esa frase icónica que se usó por primera vez para anunciar la elección del papa Martín V, en 1417, «*Habemus papam!*» («¡Tenemos papa!»). El recién elegido obispo de Roma salió al balcón, sonrió ampliamente, levantó ambas manos en el aire, hacia Dios, y luego las unió para dar las gracias a la multitud. Después de un breve discurso y unas oraciones, Benedicto volvió al hotel con sus compañeros cardenales y tomó una modesta cena de celebración con una sopa de judías espesa, típica alemana, ensalada de carne de buey seca y champán, seguida por algunos himnos en latín.

Ese día de 2005, cuando aquella figura pequeña, de voz tranquila, con el pelo blanco como la nieve, salió al balcón más famoso del mundo para levantar sus ancianas manos hacia la multitud que se había reunido a miles en la plaza de San Pedro y los millones en todo el mundo que veían la televisión, no hubo la repentina precipitación (tal y como ocurre con la elevación sorprendente de algún cardenal previamente oscuro) por saber algo de aquel hombre que súbitamente se alzaba con el liderazgo de mil millones de fieles, porque se sabía mucho de él, bueno y malo, no solo por parte de los católicos, sino también del mundo en su conjunto. A lo largo de sus años como prefecto de la Congregación para la Doctrina de la Fe había acumulado una enorme cantidad de apodos, a veces crueles y a veces amables, no solo Rottweiler de Dios y Panzer Kardinal, sino también Cardenal No y Papa-Ratzi. Como sugieren estos nombres, las opiniones sobre el cardenal Ratzinger estaban enfrentadas. Algunos lo veían como un «alemán agresivo de aire señorial, un asceta que lleva la cruz como una espada»,[7] mientras otros lo veían como lo contrario: un erudito bávaro virtuoso y sencillo que solo bebía Fanta y había dedicado toda su vida a la observancia de las leyes divinas y la veneración humilde de unas verdades sublimes e inmutables.

¿Qué versión había que creer, y quién era exactamente el hombre que estaba detrás de aquella doble reputación tan dispar?

121

Una niñez junto al río

Nacido el 16 de abril de 1927 en la pequeña ciudad bávara de Marktl am Inn, junto a la frontera de Austria, Joseph Aloisius Ratzinger era el menor de los tres hijos de Joseph y Maria Ratzinger. El día que nació era Sábado Santo, y la familia, devotamente católica, siempre recordaría la «enorme nevada y el frío intenso que reinaban» aquel día.[8] Su nacimiento justo antes de Pascua significó que Joseph fue bautizado inmediatamente, para gran decepción de su hermano mayor, Georg, y su hermana Maria, a quienes no se permitió asistir a la ceremonia por miedo a que cogieran frío.

Joseph Ratzinger Sr. era policía provincial, y él y su familia frecuentemente eran enviados a pequeñas villas rurales, aunque siempre estuvieron «dentro del triángulo formado por dos lados por los ríos Inn y Salzach».[9] Este fue el entorno pintoresco que Ratzinger, en sus *Mi vida: recuerdos 1927-*

1977, retrata como una niñez bucólica inmersa en la naturaleza, subiendo colinas y bajando hacia los valles, o visitando las numerosas iglesias que había en ese corazón de la Alemania católica. Sus primeros años de vida le traían «bellos recuerdos de amistad y ayuda entre vecinos, recuerdos de pequeñas celebraciones familiares y de la vida de iglesia»,[10] pero en sus memorias no rehúye tampoco las penalidades a las que se enfrentaba la familia, en una época de profunda depresión económica.

Tras el final de la Primera Guerra Mundial, en 1918, el Tratado de Versalles restringió cualquier potencia militar que le hubiese podido quedar a la nación alemana, y sobre todo la dejó financieramente incapacitada. El tratado era explícito a la hora de echar la culpa al conflicto, con todas las letras, a Alemania.

Aparte de requerir que aceptara su culpa, los aliados prohibieron a Alemania que negociara cualquier término del tratado. El pueblo alemán tomó las calles para dar voz a su descontento y su humillación ante la pérdida del 10 por ciento de los territorios de la nación, todas sus colonias de ultramar, un 15 por ciento de su población y enormes cantidades de sus industrias del hierro y del carbón. También se ordenó a Alemania, en 1921, que pagase reparaciones por la vertiginosa cantidad de 132 mil millones de marcos oro (treinta y un mil millones de dólares). Siguió una hiperinflación, y cuando el país inevitablemente no fue capaz de hacer frente a sus pagos, en 1923, los gobiernos aliados intentaron estabilizar la economía. Pero el daño ya estaba hecho, y los primeros años de Ratzinger se vieron ensombrecidos por la sensación de un país puesto de rodillas: «El desempleo estaba muy extendido; las reparaciones de guerra pesaban con fuerza en la economía alemana; las batallas entre los partidos políticos lanzaban a la gente unos contra otros».[11]

Durante este periodo profundamente turbulento, de depresión económica, otra sombra empezó a extenderse sobre Alemania: la subida al poder de Adolf Hitler.

Las nubes de guerra avanzan

Los recuerdos de Ratzinger de principios de los años treinta son los de un niño, pero escribe cada vez con mayor conciencia sobre los «chillones carteles de campaña», de elecciones constantes, de acalorados mítines públicos durante los cuales su padre, una y otra vez, tenía que «tomar postura contra la violencia de los nazis». Joseph Ratzinger Sr. criticaba abiertamente a los Camisas Pardas, de tal modo que la cosa se volvió insostenible y en diciembre de 1932 pidió el traslado al «rico pueblo agrícola» de Aschau am Inn.[12]

Pero no había forma de escapar. Justo un mes después, el 30 de enero de 1933, después de dos elecciones que no consiguieron un gobierno mayoritario, Adolf Hitler fue investido canciller de Alemania.

El propio Ratzinger no recuerda ese momento histórico, pero su hermano Georg y su hermana Maria contaban que ese fatídico y lluvioso día en el colegio se les ordenó «realizar una marcha a través del pueblo que, claro está, pronto se convirtió en una trampa a través del barro, que apenas consiguió despertar el interés de nadie». Si hubiera sucedido lo mismo en todas partes... Pero el ascenso de Hitler desató un abrumador sentido nacionalista, y los antiguos nazis vergonzantes de pronto se volvieron confiados y empezaron a expresar sus ideas políticas públicamente. Las Juventudes Hitlerianas y la Liga de Niñas Alemanas pronto irrumpieron en todos los pueblos, y Georg y Maria, para gran horror de sus padres, se vieron «obligados a participar en sus actividades».[13]

Lo que más tarde recordaba Ratzinger de esos primeros

cuatro años bajo el gobierno de Hitler era la campaña insidiosa contra la religión, «la práctica del espionaje y la delación de sacerdotes que se comportasen como "enemigos del Reich"». Las escuelas de Baviera a menudo estaban unidas muy íntimamente a la Iglesia, de modo que pronto se instalaron nuevos profesores leales al partido, y el currículum se cambió de acuerdo con su ideología. Una vez más, Joseph Senior hizo lo que pudo para oponerse a la oleada de persecuciones, y «avisó y ayudó a sacerdotes que sabía que estaban en peligro».[14] Pero era combatir en una batalla perdida de antemano.

Internacionalmente, Hitler empezó a poner sus miras en la reclamación de territorios arrebatados a Alemania por el Tratado de Versalles; en casa, animó a la gente a volver a conectar con lo que Ratzinger, en sus memorias, describe como la «gran cultura alemana». Se reintrodujeron ceremonias del solsticio de verano, olvidadas hacía tiempo, celebrando la «naturaleza sagrada», y se erigieron mayos en las plazas de los pueblos. El poder estético de tales escenas seguro que no pasó inadvertido al antiguo estudiante de arte que ahora gobernaba como canciller, pero no era solamente la propaganda lo que motivaba tales iniciativas. Al dar al pueblo nuevos rituales que celebrar, Hitler creía que podía eliminar el poder que la judeocristiandad había tenido sobre el pueblo mediante «nociones ajenas como el pecado y la redención». Al erradicar la religión de la sociedad, despejaría el camino para su ideología. En eso tuvo éxito parcialmente, aunque un atisbo de esperanza que recordaba Ratzinger era que las «fórmulas retóricas» de Hitler en realidad eran demasiado sutiles para los musculosos jóvenes locales, que se centraban puramente en ser el que subía más rápido por la cucaña y atrapaba las valiosas salchichas bávaras que adornaban la punta.[15]

A medida que Joseph Senior se iba acercando a su sexagésimo cumpleaños, y por tanto su retiro obligatorio, en 1937,

la familia se mudó una vez más. Esta vez no era a otros alojamientos prestados en una comisaría de policía, sino a un hogar propio.

Los Ratzinger habían comprado cuatro años antes una
granja del siglo XVIII rodeada de bellos prados y árboles frutales
que estaba junto a un bosque de pinos, a los pies de las montañas, justo al salir del pequeño pueblo del sur de Baviera llamado Traunstein, situado al oeste de la frontera austríaca. Desde
allí, los niños podían escapar a las colinas y bosques mientras
sus padres se dedicaban a reformar la casa destartalada y con-
vertirla en algo mágico, un lugar que Joseph consideró siempre
el «verdadero hogar» de la familia.[16]

Así como por la naturaleza, su vida empezó a verse mol-
deada por la Iglesia. Siguió los pasos de su hermano Georg y se
convirtió en monaguillo; aunque el futuro papa observaba en
sus memorias que «no podía competir [con Georg] ni en celo ni
en diligencia».[17] En la sociedad bávara de su tiempo, Ratzinger
decía que tanto para los devotamente religiosos como para los
ligados únicamente por las convenciones sociales, «nadie podía
concebir morir sin la Iglesia, o experimentar los hechos más
grandes de la vida sin ella. La vida entonces habría caído en el
vacío, habría perdido el terreno sólido que la apoyaba y le daba
sentido».[18] Se deleitaba con la estructura o «ritmo», según lo
describía, con el cual la Iglesia iba señalando los momentos del
año, y siempre había una celebración que esperar. Joseph Senior y Maria animaban a sus hijos a comprender la liturgia con
unos cuentos con imágenes para los domingos y días festivos
cuando eran muy jóvenes, y luego pasaban a un misal completo para la celebración de la misa cada día del año, cuando la familia llegó a Traunstein.

Ratzinger aseguraría más tarde, en una entrevista realiza-
da en 1997 por Peter Seewald, que «no hubo un momento de
iluminación en el que me diera cuenta de que me iba a hacer

125

cura. Por el contrario, hubo un largo proceso de maduración».[19] Sin embargo recuerda en sus memorias que fue en ese momento de su vida cuando «empezó a recorrer la carretera de la liturgia, y esto se convirtió en un largo proceso de crecimiento hacia una realidad que trascendía a todos los individuos particulares y las generaciones, una realidad que se convirtió en una ocasión para mí de continuo asombro y de descubrimiento».[20] Cuando comparamos la reserva germánica con el relato de su viaje vocacional hacia el sacerdocio que hacía su sucesor argentino, podemos trazar sus futuros estilos en conflicto remontándonos hasta esos momentos de la niñez. Es lo abierto contra lo cerrado. Igual que el momento fulminante de iluminación experimentado por Bergoglio se hace eco de su vida posterior como «obispo de los suburbios», que besaba los pies de pacientes con sida, lo mismo sucede con la vocación experimentada por nuestro tímido y retirado teólogo, Joseph Ratzinger, que se describía como «un cristiano completamente normal», que simplemente sentía que «Dios tenía un plan para cada persona», él incluido.[21]

El idilio de su hogar recién descubierto no podía durar. Ya se habían erigido reflectores para recorrer el cielo nocturno en busca de aviones enemigos, y se construía una fábrica de munición secreta allí cerca, protegida de la vista por los árboles de los bosques cercanos. El joven Ratzinger encontró, para su consternación, que su nuevo colegio, a pesar de lo remoto de su situación, también estaba capitulando a la presión del régimen de Hitler. Sus amadas lecciones de latín fueron recortadas, y se eliminó por completo el griego; las viejas canciones ahora incluían fragmentos de propaganda nazi, y la educación religiosa fue prohibida en favor de los deportes y ocupaciones al aire libre.

El 12 de marzo de 1938, las tropas alemanas marcharon hacia el país natal de Hitler y se anexionaron Austria. Como dice Ratzinger, «nadie podía ignorar los movimientos de tropas», pero como familia católica devota viviendo en un pueblo fronterizo, la «Gran Alemania» creada por el Anschluss (la anexión) les daba una increíble y nueva libertad de movimientos. Los Ratzinger podían peregrinar a Salzburgo y a sus muchas y «gloriosas iglesias», y se sintieron encantados al enterarse de que los precios de las entradas para el renombrado festival musical de la ciudad se habían reducido enormemente porque al acercarse la guerra, los turistas dejaron de visitarlo.[22] Hay una sinceridad refrescante en sus memorias, en la forma que tiene Ratzinger de reflexionar sobre los dilemas morales a los que se enfrentaban las familias alemanas como la suya: temían lo que podía traer la agresión de Hitler, pero también se beneficiaban de ella en pequeños detalles.

Los beneficios, sin embargo, duraron muy poco. Casi inmediatamente después del Anschluss aumentó el ritmo y vigor de la campaña internacional de Hitler. En ausencia de cualquier posible desafío a su agresión, fue aplacado por el primer ministro británico Neville Chamberlain, en la ahora tristemente famosa Conferencia de Múnich, y reclamó con éxito el territorio alemán de los Sudetes a Checoslovaquia, en septiembre de 1938. Poco después de que Chamberlain agitase triunfalmente su papel blanco ante el mundo, declarando que había asegurado «la paz en nuestros tiempos», se revelaron las verdaderas intenciones de Hitler cuando, el 9 y 10 de noviembre (la *Kristallnacht* o Noche de los Cristales Rotos) sus fuerzas paramilitares y sus partidarios en toda Alemania destruyeron unos siete mil quinientos negocios judíos, quemaron mil sinagogas, asesinaron a noventa y un judíos y arrestaron a más de treinta mil hombres judíos entre los dieciséis y los sesenta años, a los que enviaron a los nuevos campos de concentración de Dachau, Buchenwald y Sachsenhausen.

Estos hechos causaron gran indignación internacional. *The Times* de Londres escribía: «Ningún propagandista extranjero que se propusiera ennegrecer la reputación de Alemania ante el mundo podría superar el relato de quemas y palizas, de ataques canallescos a personas indefensas e inocentes, que deshonraron a ese país ayer».[23] Sin embargo, en sus memorias, Joseph Ratzinger no hace mención a la *Kristallnacht* o a la persecución de judíos en curso, aunque no existe ninguna duda de que debía de encontrársela diariamente. Durante años.

A principios de la década de 1930, en su propio pueblo de Traunstein, se colocaron señales en los negocios judíos para avisar a los residentes: «No compréis al judío. Él os acabará sacando a vosotros, campesinos, de vuestra propia casa».[24] Ratzinger alude una y otra vez en sus memorias a la postura antinazi de su familia, y es probable que ellos no fueran más culpables de complicidad con el régimen que los demás «buenos alemanes» que volvieron la cara durante estos años de atrocidades. Pero como escribe John Allen en su biografía del futuro pontífice, «la lectura de la guerra que hace Ratzinger omite lo que mucha gente consideraría su primera enseñanza, es decir, los peligros de la obediencia ciega... muchos alemanes no llegaron a cuestionarse nada ni a disentir, ni a luchar cuando era necesario».[25]

Con el país en plena agitación y la guerra aproximándose, en los primeros meses de 1939 se decidió que Joseph Ratzinger entraría en el seminario menor de Studienseminar St. Michael, a instancias de su pastor, «para ser iniciado sistemáticamente en la vida espiritual»,[26] y así fue como empezó su viaje hacia el sacerdocio. Como el internado no ofrecía enseñanzas académicas, sino solo instrucción teológica, sus miembros seguían siendo estudiantes del *gymnasium* local de Traunstein y formaban en torno a un tercio de la población escolar de Traunstein. Según Georg Ratzinger, que ya llevaba cuatro años en el semina-

128

rio cuando se unió a él su hermano menor, «no era inusual en absoluto que varios hijos de una misma familia se hicieran sacerdotes, y las hijas, monjas».[27]

Ratzinger recuerda seguir los pasos de su hermano mayor «con alegría y gran expectación». Pero el tranquilo y reservado Joseph, que se había «construido un mundo propio en la niñez», pronto descubrió que no estaba hecho para la vida del internado (era el seminarista más joven de todos, con solo doce años), con otros sesenta chicos y «tuve que aprender a encajar en el grupo, a salir de mis hábitos solitarios, y a empezar a construir una comunidad con otros, dando y recibiendo». Con el estallido de la guerra, después de la invasión alemana de Polonia, el 1 de septiembre de 1939, Joseph y Georg fueron enviados a casa temporalmente para vivir con sus padres, de modo que el internado pudiera convertirse en hospital militar. Pronto se encontró un nuevo emplazamiento para el seminario, esta vez en un lugar más adecuado, en un bosque, que permitía a los jóvenes alumnos volver a pasatiempos como hacer diques y excursiones por las montañas que les rodeaban.[28]

El propio Ratzinger admite que el escenario parece absurdamente idílico, pero el hecho es que para muchos niños, «la guerra parecía ser algo casi irreal», durante ese periodo conocido como la Guerra de Broma.[29] Cuando al final se rompió el tiempo muerto y llegó la invasión relámpago de Alemania de Holanda, Bélgica y Francia, conocida como el *Blitzkrieg*, el 10 de mayo de 1940, Ratzinger reconoce la marea sorprendente de emociones patrióticas, incluso para aquellos opuestos al nacionalismo, cuando las potencias que castigaron a Alemania después de la Primera Guerra Mundial fueron «puestas de rodillas en poco tiempo», al principio de la Segunda.[30] La euforia no la compartió Joseph Senior, que «con infalible clarividencia, vio que la victoria de Hitler no sería una victoria para Alemania, sino más bien una victoria del Anticristo, que se-

129

guramente conduciría a tiempos apocalípticos para todos los creyentes, y no solo para ellos».[31]

Joseph Senior mantuvo su terreno frente a los nazis y evitó que sus hijos se vieran obligados a ingresar en las Juventudes Hitlerianas todo el tiempo que pudo legalmente, a pesar de un decreto del Ministerio de Educación Bávaro y de Asuntos Religiosos en 1938 que establecía que los descuentos sobre la matrícula solo estarían disponibles para los niños registrados como miembros. Prefirió que la familia sufriera con su exigua pensión de policía antes que acceder las exigencias de un tirano semejante, pero cuando se hizo obligatorio pertenecer a las Juventudes Hitlerianas para todos los niños de catorce años o más, en 1939, como un anticipo del posterior alistamiento, Georg, de quince años, no pudo escapar y se tuvo que apuntar.

Después de que Hitler lanzara la Operación Barbarossa e hiciera marchar a 4,5 millones de tropas alemanas hacia la Unión Soviética, en junio de 1941, la necesidad de refuerzos se hizo urgente, y Joseph también fue apuntado, aunque de mala gana, pero siguió el ejemplo de su padre y se negó a acudir a las reuniones. Al final esto atrajo la atención de su profesor de matemáticas, que, aunque había jurado lealtad al partido, sugirió que el chico «simplemente fuera una vez para que le dieran el documento», pero tan ferviente fue la negativa del joven Joseph que el profesor se compadeció de él, diciendo: «Lo entiendo, yo me encargaré». Accedió a firmarle los documentos de los mítines sin tener en cuenta la asistencia, para que pudiera recibir un descuento de la matrícula.[32]

Georg no tuvo ningún benefactor cuando cumplió los diecisiete, la edad legal para ser llamado a filas, y fue reclutado en el ejército. Le enviaron a los Sudetes en verano de 1942, para gran disgusto de sus padres, y especialmente de Joseph, de catorce años, que idolatraba a su hermano. Los seminaristas que quedaron atrás pasaban los días contemplando los «enormes transportes que empezaban a llegar en grandes cantidades, en algunos casos trayendo de vuelta a casa a soldados con heridas terribles», y escudriñaba los periódicos locales buscando los nombres de compañeros de colegio que hubieran muerto en acción.[33]

También Joseph Ratzinger recibió al cabo de poco tiempo sus documentos para el despliegue. Un año antes de lo esperado, en 1943, cuando tenía solo dieciséis, fue reclutado, junto con otros chicos de su clase nacidos entre 1926 y 1927, y enviado a varias baterías en torno a Múnich para servir como estudiantes de reserva en las fuerzas de defensa antiaérea, primero protegiendo una fábrica de BMW que hacía valiosos motores de avión. Ratzinger recuerda que ese tiempo pasado en el ejército «trajo muchas cosas desagradables, sobre todo para personas no militares, como yo».[34] Los estudiantes podían viajar todavía a la ciudad humeante tres veces por semana para asistir a clase, pero se quedaron horrorizados ante la creciente devastación, al intensificarse el bombardeo de Múnich.

131

En verano de 1944, los rumores de la invasión aliada de Francia aumentaron la esperanza de que el caos de la guerra pudiera llegar a su fin bien pronto, pero costaría un año más a partir de los desembarcos del día D, el 6 de junio, que Alemania acabara por rendirse al fin. Mientras tanto, Ratzinger había llegado a la edad militar, de modo que en septiembre fue transferido a un destacamento de trabajo en la frontera entre Austria, Checoslovaquia y Hungría, entonces territorios ocupados por Alemania. La base la llevaban unos «ideólogos fanáticos que los tiranizaban sin tregua». Oficiales de las SS desesperados sacaban de la cama a los estudiantes en medio de la noche e intentaban obligar a los jóvenes adormilados a que se dejaran reclutar «voluntariamente» para la artillería. Ratzinger y sus compañeros de clase solo consiguieron evitar esa sentencia de muerte declarando que querían convertirse en sacerdotes católicos. Los soldados les hicieron salir «entre bromas e insultos», y los estudiantes volvieron a sus deberes de cavar trincheras a la mañana siguiente.[35]

A pesar de haber firmado un pacto de no agresión con Stalin, Hitler había decidido enviar a 4,5 millones de soldados para invadir la Unión Soviética en junio de 1941. Según el comandante del ejército alemán Hubert Menzel, los nazis creían que «en cuestión de dos años, es decir... a principios de 1943, los ingleses estarían preparados, los americanos estarían preparados, los rusos estarían también preparados, y entonces tendríamos que ocuparnos de los tres al mismo tiempo»,[36] de modo que decidieron eliminar a Rusia de la ecuación antes de que firmaran cualquier posible alianza mortal con los Aliados.

Alemania mostró una arrogancia absolutamente increíble al suponer que la campaña contra Rusia sería corta: en realidad, sus fuerzas no estaban preparadas en absoluto para la resistencia, las hábiles tácticas militares y la pura y simple magnitud de las fuerzas que era capaz de oponer el Ejército Rojo de Stalin a la invasión, por no mencionar el temible invierno ruso, apodado «General Invierno», por la ayuda que prestaba a los militares soviéticos. Hacia septiembre de 1944, Hitler estaba ya combatiendo en una guerra de desgaste y el frente soviético, avanzando sin parar, se acercaba a Ratzinger y sus camaradas, que podían ya «oír el estruendo de la artillería en la distancia».[37] Al cabo de dos meses de trabajo, los esfuerzos alemanes por fortalecer la fortificación sudoeste se consideraron fútiles, y los hombres se dispersaron en regimientos de infantería por toda Baviera.

Cuando llegó a sus barracones la noticia de la invasión aliada de Alemania y el suicidio de Hitler, seis meses después, en mayo de 1945, Ratzinger aprovechó la oportunidad para abandonar su puesto en Múnich y volver a casa. La ciudad todavía seguía patrullada por oficiales que «tenían órdenes de disparar a los desertores en el acto», pero cuando se encontró con unos soldados en una carretera tranquila que salía de Múnich, «ellos también estaban hartos de la guerra, y no querían convertirse en asesinos». Vieron que llevaba el brazo en cabestrillo por una herida, y le permitieron seguir su camino. «Camarada, estás herido. ¡Sigue adelante!»[38]

Joseph y Maria estaban exultantes al tener de vuelta en casa a su hijo menor, pero no pasó mucho tiempo antes de que las fuerzas americanas llegaran al pueblo y se vio obligado a irse, esta vez como prisionero de guerra. Ratzinger recuerda: «Tuve que volverme a poner el uniforme que ya había abandonado, levantar las manos y unirme al grupo creciente de prisioneros de guerra que se estaban reuniendo en un prado».[39] Al cabo de tres días de marcha fue internado en un campo de prisioneros junto con cincuenta soldados alemanes más. Allí dormían a la intemperie, «sin reloj, sin calendario, sin periódicos», obteniendo de los rumores toda la información que podían sobre los hechos que ocurrían en el mundo exterior. La cautividad fue relativamente breve, y el 19 de junio de 1945 fue liberado y se dirigió a casa una vez más. Un mes más tarde le siguió Georg, y los dos volvieron a sus estudios en el seminario en otoño de 1945.

Las memorias de Ratzinger han suscitado agudas críticas por ser «incómodamente selectivas», y por su clara falta de introspección con respecto a las atrocidades cometidas por Hitler contra el pueblo judío, y «específicamente, los fallos morales de los católicos alemanes».[40] Su biógrafo, John Allen, coincide en que *Mi vida* nos quiere hacer creer que mientras la guerra y la persecución estaban en su punto álgido, Ratzinger «estaba leyendo gran literatura, tocando a Mozart, viajando con su familia a Salzburgo y estudiando conjugaciones de latín».[41] Dachau estaba a cien kilómetros nada más del pueblo donde vivía Ratzinger, y solo a dieciséis de Múnich, pero la única mención que hace del campo de concentración en el que murieron más de 41.500 personas, y 200.000 estuvieron recluidas, es un lamento por el amable rector que le enseñaba en el seminario después de la guerra, que pasó cinco años allí. Cuando el Ejército Rojo clausuró la frontera este de Alemania, las SS empezaron a evacuar el campo y se llevaron a más de siete mil prisioneros al oeste, en las denominadas, con este término espeluznante, «marchas de la muerte». Después de años de torturas e inanición, muchos no sobrevivieron a las marchas, y se cuenta que treinta y seis personas se derrumbaron y murieron junto al pueblo de Traunstein. El Holocausto estaba a las puertas de todo el mundo.

Se dice habitualmente que «aquellos que no recuerdan el pasado están condenados a repetirlo».[42] Como observa David Gibson en su libro *La regla de Benedicto)*:

134

> Lo que la experiencia nazi al parecer hizo nacer en Joseph Ratzinger, o el rasgo preexistente que esto reforzó en él, fue una especie de distanciamiento, un modo de actuar que consistía en apartarse de las cosas desagradables y aislar el ideal puro de la fe, de la Iglesia, la familia o la nación, de las inevitables corrupciones del mundo. Este enfoque fomenta un sentido de lejanía en sus recuerdos, un desapego que puede parecer frío a muchos. De hecho, es problemático cuando un hombre de la Iglesia que pone una prioridad tan elevada en la rectitud personal y la santidad individual parece no reflexionar sobre su propia historia.[43]

Existe un innegable paralelismo entre los intentos de Benedicto de reducir la disonancia cognitiva de sus propias experiencias bajo el gobierno de Hitler, pintando un retrato idílico de una niñez casi no afectada en absoluto por el salvajismo de la Segunda Guerra Mundial, y su aparente falta de disposición a enfrentarse con el horrible relato de los abusos sexuales tan extendidos dentro de la Iglesia católica, durante su época como papa.

El estudiante se convierte en sacerdote

Cuando Ratzinger reemprendió sus estudios en el seminario, vio como una oportunidad no solo para sí mismo, sino también para la nación, encontrar una salida de las ruinas de guerra y reconstruir «una Alemania mejor y un mundo mejor».[44] En *Mi vida* escribe que «a pesar de muchos fallos humanos, la Iglesia era la alternativa a la ideología destructiva de los gobernantes de las camisas pardas; en el infierno que se había tragado a los poderosos, ella permaneció firme, con una fuerza que procedía de su eternidad».[45] Ratzinger aquí decide soslayar las preferencias documentadas del Vaticano bajo Pío XII por el Tercer Reich, aliado de la Iglesia, por encima del espectro del comunismo ateo de Rusia, concentrándose por el contrario en sus recuerdos posteriores a la guerra, mucho más merecedores de sus alabanzas idealizadas.

Aunque los libros escaseaban, Ratzinger se lanzó a sus estudios teológicos durante los dos años siguientes. Luego, en verano del 1947, le aceptaron en un prestigioso instituto de teología, en la Universidad de Múnich, con la idea de «familiarizarse más plenamente con los debates intelectuales de nuestro tiempo, trabajando en la universidad, para ser capaz algún día de dedicarme completamente a la teología como profesión».[46]

Ahí, Ratzinger se sumergió en la filosofía y la literatura, y pasó muchas horas escuchando a los pensadores más inspiradores de la universidad: «Esperaba con ardiente expectación las conferencias de nuestros renombrados profesores».[47] Había una sensación palpable entre los jóvenes seminaristas de que eran una nueva generación de católicos capaces

135

de «cambios radicales», que «tenían el valor de hacer nuevas preguntas, y una espiritualidad que estaba aboliendo lo que era polvoriento y obsoleto».[48] La universidad había quedado gravemente dañada durante los bombardeos de Múnich, y grandes partes de ella todavía «se hallaban en ruinas», pero el departamento de Ratzinger «había encontrado alojamiento temporal en el antiguo pabellón de caza de Fürstenreid».[49] Sus magníficos jardines eran el entorno ideal para la profunda contemplación del enorme compromiso que estaba a punto de adoptar.

Durante el tiempo que pasó en la universidad, Ratzinger desarrolló la confianza en su propia interpretación de las escrituras y de los grandes pensadores teológicos como san Agustín y san Buenaventura, y pasaron rápidamente tres años. Después de sus exámenes finales, al acabar el verano de 1950 empezó a prepararse para la ordenación. Un «radiante día de verano», en junio de 1951, Ratzinger, junto con Georg y cuarenta candidatos más, se adelantaron y se comprometieron con Dios.[50] En *Recuerdos*, decía: «No deberíamos ser supersticiosos, pero en ese momento, cuando el anciano arzobispo me impuso sus manos, un pajarito pequeño, quizá una alondra, salió volando por encima del altar de la catedral y lanzó un pequeño trino alegre. Y en ello no he podido dejar de ver que desde arriba me tranquilizaban, como si oyera las palabras: "esto es bueno, vas por el buen camino"».[51]

Las cuatro semanas siguientes «fueron como una fiesta interminable» de nuevas experiencias para Ratzinger. Después de decir su primera misa para una congregación muy nutrida en su parroquia natal, «se enteró de primera mano de que la gente necesita mucho un sacerdote, que anhelan las bendiciones que fluyen del poder de los sacramentos».[52] Tras años de academia, el nuevo padre Joseph se sintió abrumado por las exigencias de su nuevo papel:

Tenía que dar dieciséis horas de instrucción religiosa a cinco niveles distintos, cosa que obviamente requería mucha preparación. Cada domingo tenía que celebrar al menos dos misas y dar dos sermones distintos. Cada mañana me sentaba en el confesionario de seis a siete, y el sábado por la tarde, cuatro horas. Cada semana había varios entierros en los diversos cementerios de la ciudad. Yo era totalmente responsable de cuatro ministros jóvenes, y a eso tenía que añadir obligaciones extracurriculares, como bautizos, bodas y demás.[53]

Era un trabajo muy exigente, que ponía de relieve su falta de «entrenamiento práctico». Y a medida que pasaba más tiempo con los miembros jóvenes de su parroquia, averiguó con gran consternación «lo muy alejado que estaba el mundo y el pensamiento de muchos niños de las realidades de la fe, y lo poco que coincidía nuestra instrucción religiosa con las vidas y pensamientos reales de nuestras familias».[54] Este era un asunto que continuó contemplando como una de las mayores amenazas a las que se enfrentaba la Iglesia católica.

No resulta sorprendente, por tanto, que tras solo un año como sacerdote de una parroquia, Ratzinger se sintiera encantado de saber que su plaza en el programa de doctorado se había confirmado, y que empezaría el 1 de octubre de 1952, y podría volver a sus amados estudios teológicos. Se sintió algo culpable al abandonar la tarea que había encontrado agotadora: «sufrí mucho, especialmente el primer año, por la pérdida de todos los contactos humanos y experiencias que me permitió el ministerio pastoral. De hecho, incluso empecé a pensar que habría hecho mejor en quedarme en el trabajo parroquial».[55] Pero estas preocupaciones quedaron todas disipadas cuando sus orgullosos padres le vieron subir al estrado y recoger su título de doctor, en julio de 1953.

Ratzinger había dedicado una gran parte de su doctorado a

137

estudiar a san Agustín, oponiéndolo a santo Tomás de Aquino, una decisión descrita por su biógrafo, John Allen, como «un acto menor de rebeldía»[56] a cuenta de la encíclica de 1879 del papa León XIII que declaraba que Aquino era «con toda justeza y merecidamente estimado el bastión y gloria principal de la fe católica»,[57] y que debería considerársele el filósofo más importante de toda la Iglesia. Esa encíclica había legitimado el movimiento conocido como neoescolasticismo, que se proponía resistirse a la modernidad restaurando en la Iglesia las enseñanzas doctrinales de Aquino, y sugerían que «cualquiera que se apartara de su punto de vista, estaba flirteando con la herejía».[58] A lo largo de toda su vida, Ratzinger siguió siendo lo que él mismo describía como «un agustiniano decidido»,[59] pero en 1953, aquel era un movimiento sorprendentemente progresista, y quizá influido por lo que Allen describe como «el fermento intelectual»[60] que sentían muchos en la Iglesia, en los años que llevaban hacia el concilio Vaticano Segundo, en 1962.

138

Una brillante nueva estrella teológica

Después de su graduación, Ratzinger empezó a trabajar en su disertación posdoctoral, en el seminario, y aceptó un puesto como enseñante en Freising que venía con alojamiento propio. Esto le permitió trasladar a su hermano, hermana y sus ancianos padres desde el hogar familiar (ahora convertido en una carga) para que vivieran con él en la ciudad. Tanto su padre como su madre vivirían con él hasta su muerte, en 1958 y 1963 respectivamente.

Su tesis sobre las obras de san Buenaventura y el concepto de revelación, sin embargo, resultaron ser sorprendentemente problemáticas para un estudiante que ya había sobresalido académicamente, y después de entregar el documento acabado, a finales de 1955, fue recibido con furioso desacuerdo de opiniones por parte de dos de sus profesores. Según Ratzinger, el profesor Gottlieb Söhngen, que era quien le había sugerido originalmente el tema, «lo aceptó con entusiasmo, e incluso lo citaba frecuentemente en sus conferencias», pero el profesor Michael Schmaus creía que exhibía un «modernismo peligroso», y una «franqueza no aconsejable en un novato», y lo rechazó «porque no cumplía los adecuados niveles de erudición». Tras reflexionar, Ratzinger pensó que había ofendido a Schmaus al no pedirle su guía en un tema muy conocido por el profesor por ser su especialidad, y que le había insultado más aún con conclusiones que dependían en gran medida de «nuevos adelantos» de eruditos franceses que habían seguido avanzando allí donde las obras del propio Schmaus se habían estancado antes de la guerra. Desgraciadamente, como Schmaus era el profesor más poderoso, su opinión fue la que prevaleció, y se requirieron numerosas revisiones antes de que finalmente se aceptase la tesis, en febrero de 1957.[61]

Un año más tarde, Ratzinger fue nombrado al fin lector en la Universidad de Múnich, y profesor de teología fundamental y dogma en Freising. Esto fue en una época en la que, como observa David Gibson, «los teólogos eran como las estrellas pop... sus conferencias llenaban auditorios, y los libros de teología complejos tenían la misma popularidad que las novelas de misterio, y se reseñaban en la primera página del *Time*».[62] Fue inevitable quizá, entonces, que mientras ese joven advenedizo con celo reformista iba haciendo olas en los círculos teológicos, sus nombramientos fueran recibidos con lo que Ratzinger describía como «disparos de un tirador desde determinadas partes descontentas».[63] Esto no hizo más que acrecentar su reputación como alguien a quien había que observar, y procedió a aceptar puestos en universidades en Bonn, Münster y Tubinga, a lo largo de los ocho años siguientes. Pero, como observa Allen, era la carrera de un teólogo, y no de alguien que quería ser cardenal: «Los jóvenes sacerdotes ambiciosos suelen ir a Roma a seminarios, donde es importante hacer contactos pronto, así como adquirir una reputación de "seguro" en términos de doctrina y hábitos personales».[64]

Durante esos años de enseñanza Ratzinger atrajo la atención del cardenal arzobispo de Colonia, Josef Frings, que le nombró *peritus* personal suyo (teólogo experto). Frings era progresista, y habiendo sido presidente de la Conferencia Episcopal alemana desde 1945, ya le consideraban «una leyenda en los círculos de la Iglesia europea», en asuntos teológicos, por sus discursos y sus artículos.[65] Cuando en julio de 1959 el papa Juan XXIII anunció el Vaticano II, Frings pidió que Ratzinger le acompañara. Con una salud que empeoraba cada día, y casi ciego, Frings llegó a depender de aquel ayudante suyo de treinta y cinco años, que a su vez se vio enormemente inspirado por un cardenal que muchos creían que «estaba situado como una de las voces más influyentes en el concilio, incluso antes de que empezara».[66]

Muchos en la Iglesia tenían la esperanza de que las deliberaciones del concilio, de tres años de duración, señalaran un cambio real, y Ratzinger, en ese punto de su evolución, ciertamente estaba entre ellos.

En su forma más sencilla, los dos lados opuestos del Vaticano II se denominaban *aggiornamento*, gente «progresista, que quería "modernizar" la Iglesia y llevarla al diálogo con la cultura», y *ressourcement*, conservadores que deseaban «recuperar elementos de tradición que se habían perdido».[67] Como mano derecha de Frings, sin duda, Ratzinger apoyaba firmemente el *aggiornamento*; sus comentarios personales escritos en la época del Vaticano II apoyan esa interpretación de su punto de vista. Y sin embargo, al cabo de menos de veinte años, un tiempo relativamente breve en los círculos teológicos, empezó a proseguir una campaña agresiva de imposición de los mismos ideales contra los cuales luchó en el concilio.

Y sigue planteándose la cuestión, intrigante tanto para estudiosos como para críticos: ¿qué ocurrió exactamente que causara un cambio de opinión tal en Joseph Ratzinger?

Adiós a los ideales de la juventud

El recuerdo de su postura teológica por parte de Ratzinger es un poco contradictorio. En una entrevista de 1993 con la revista *Time*, mantenía que sus creencias habían sido coherentes y que no habían cambiado: «No veo ruptura alguna en mis puntos de vista como teólogo [a lo largo de los años]».[68] Sin embargo, en *Recuerdos*, dice que en 1966 estaba «muy preocupado por el cambio del clima eclesiástico que se estaba haciendo más evidente cada vez», hasta el punto de que su colega el cardenal Julius Döpfner «expresó gran sorpresa ante la "veta conservadora" que creyó detectar» en el estudioso, antes liberal.[69]

El principio de ese cambio del Ratzinger I liberal al Ratzinger II conservador se manifestó en torno a la época de su aceptación para la recién creada Segunda Cátedra de Dogma en la Universidad de Tubinga, en verano de 1966. Las oleadas de descontento social que llevaban madurando desde los años cincuenta y principios de los sesenta acabaron por estallar en protestas en todo el mundo en 1968. Esas protestas, a menudo dirigidas por estudiantes, diferían en su agenda dependiendo del país. En Estados Unidos, contra un fondo de fuerte oposición a la guerra de Vietnam, el asesinato de Martin Luther King Jr. hizo brotar violentos enfrentamientos entre activistas de los derechos civiles y la policía. En Checoslovaquia, la resistencia a la represión soviética dio origen a la Primavera de Praga, de corta vida. Y en Francia y en otras partes de Europa hubo huel-

141

gas generales y masivas manifestaciones estudiantiles. En Alemania, la ira de los jóvenes al ver que su país y sus hogares seguían todavía dominados por líderes y padres con un pasado nazi se combinaba con un rechazo a las nuevas leyes que estaban a punto de aprobarse, y que permitirían al gobierno limitar los derechos civiles, en caso de emergencia. Incluso en la pequeña ciudad de Tubinga, recordaba Ratzinger, «casi de inmediato hubo un cambio del "paradigma" ideológico por el cual pensaban los estudiantes y una parte de los profesores... Casi de la noche a la mañana el modelo existencialista se vino abajo, y fue reemplazado por el marxista».[70]

Ratzinger, apasionadamente antimarxista, se encontraba aislado en los campus izquierdistas, incluso entre los miembros de su propia facultad de teología. Habiendo luchado mucho contra la reducción de la lucha humana solo a los factores económicos o políticos, se sentía horrorizado por lo que veía:

> La destrucción de la teología que estaba ocurriendo... era incomparablemente más radical, precisamente porque cogía la esperanza bíblica en su base y la invertía, manteniendo el ardor religioso, pero eliminando a Dios y reemplazándolo con la actividad política del hombre. La esperanza sigue existiendo, pero el partido toma el lugar de Dios, y junto con el partido, un totalitarismo que practica una especie de adoración atea dispuesta a sacrificar toda la humanidad a su falso dios. Yo mismo he visto el espantoso rostro de esa piedad atea desvelado, su terror psicológico, el abandono con el cual toda consideración moral podría ser arrojada por la borda como residuo burgués, cuando el objetivo ideológico está en juego.[71]

Resulta difícil leer esto sin sentir que los temores de Ratzinger están conectados con sus experiencias vividas bajo el gobierno nazi. Como observa Allen, «era profundamente turbador para Ratzinger, que sentía que ya había vivido un ruinoso intento de manipulación ideológica de la fe cristiana en la Alemania nazi, y por lo tanto se sentía obligado a resistirse a otro».[72] A pesar de todo esto, sigue resultando sorprendente que prestara tan poca atención a las grandes diferencias entre la manipulación de la sociedad que hacía Hitler y los levantamientos populares expresados por los ciudadanos, una mayoría de los cuales se oponía a la opresión política, no a la Iglesia misma.

Cuando lo entrevistaron en 1997, Ratzinger dijo que «sabía lo que estaba en juego: cualquiera que quisiera seguir siendo progresista en ese contexto tenía que perder su integridad».[73] Pero como observa Gibson en *La regla de Benedicto*, «si los principios del movimiento progresivo fueran válidos en un momento dado, su mala utilización por parte de algunos partidarios o fuerzas exteriores no debería invalidarlos automáticamente».[74] Desde luego, alguien con tanta confianza teológica y tantos principios morales como Ratzinger, un hombre que «sigue fiel a sus ideales y se enorgullece de resistir el impulso de la multitud», habría tenido la fuerza para oponerse a lo que consideraba que era una multitud.[75]

El momento exacto de la decisión sigue siendo un misterio. El decano del departamento de Ratzinger en Tubinga, el eminente teólogo liberal suizo y antiguo amigo del futuro papa Hans Küng, escribió más tarde en sus memorias: «Una y otra vez, la gente no entendía cómo era posible que un teólogo tan dotado, tan amistoso y tan abierto como Joseph Ratzinger pudiera sufrir un cambio semejante: de teólogo progresista en Tubinga a Gran Inquisidor en Roma».[76] Las diferencias ideológicas acabarían por abrir una brecha irreparable entre los dos hombres. Küng siguió su camino hasta convertirse en uno de los críticos más formidables de Ratzinger, y a su vez, Ratzinger representó un papel instrumental entre bambalinas a la hora de

143

unir a todos los obispos alemanes «en apoyo de la decisión de Juan Pablo II de despojar a Küng de su derecho a llamarse a sí mismo teólogo católico».[77]

Cuando apareció una vacante en 1969 en la recién creada Universidad de Regensburg, en su amada fortaleza católica de Baviera, Ratzinger, exhausto por las «muchas controversias experimentadas durante los encuentros académicos», desde que la «revolución marxista incendiase toda la universidad con su fervor», decidió aceptar. En *Recuerdos* lamenta solo que «unos años antes, se podía esperar que las facultades de teología representasen un bastión contra la tentación marxista. Ahora resulta que es el caso opuesto: se han convertido en su centro ideológico». Su hermano, Georg, también trabajaba en la ciudad como director del prestigioso coro de la catedral de Regensburg, y la oportunidad de desarrollar su propia «teología más allá, en un entorno menos agitado», era demasiado buena para dejarla pasar. Como no tenía deseo alguno de seguir siendo una figura solitaria, «siempre obligada a la posición de contrario», el papel de Segunda Cátedra de Dogma en una nueva universidad significaba que podía ayudar a dar forma a la institución desde dentro, junto con colegas de ideas similares. Con su decisión de retirarse a la seguridad de una institución unida ideológicamente, Ratzinger estaba haciendo un movimiento concreto apartándose de su pasado liberal y dirigiéndose hacia un futuro conservador que ya le esperaba.[78]

Aunque fue una enorme decepción para algunos colegas antiguos, hubo otros para los cuales ese movimiento no fue en absoluto sorprendente. El padre Ralph M. Wiltgen escribió sus vivencias del Vaticano II en 1967, en las cuales observó: «El padre Ratzinger, el teólogo personal del cardenal Frings... parecía dar un apoyo casi incuestionable a los puntos de vista de su antiguo profesor durante el concilio. Pero a medida que se fue

144

acercando el final, admitió que estaba en desacuerdo en diversos puntos, y dijo que empezaría a reafirmarse más, después de que hubiese acabado el concilio».[79]

Y eso fue lo que hizo, reafirmarse.

Ratzinger describe sus años en Regensburg como «un tiempo de fructífero trabajo teológico».[80] Se regodeó en el tiempo puro y sin interrupciones que era capaz de dedicar a sus escritos. Su prolífica producción durante ese periodo llamó la atención cada vez más a los cargos más altos de la Iglesia, y su reputación como «portaestandarte conservador» quedó confirmada rápidamente.[81] Distanciándose más de sus antiguos colegas de Tubinga, en 1972 dimitió de su puesto en la junta del diario progresista *Concilium* y unió sus fuerzas a un grupo de distinguidos teólogos conservadores para lanzar la publicación rival *Communio*. Como observa Allen, es un «indicador muy revelador» de la Iglesia bajo Juan Pablo II que todos los miembros fundadores de *Communio* fuesen elevados a cargos importantes durante su papado, mientras que los de la publicación progresista *Concilium* no recibieron tales honores.

Joseph Ratzinger estaba destinado a la cumbre.

El teólogo se convierte en cardenal

En julio de 1976, muchos consideraban que Joseph Ratzinger, con cuarenta y nueve años, estaba en la cima de su carrera académica. Pero entonces llegó la noticia de la súbita muerte del arzobispo de Múnich, el cardenal Julius Döpfner, que había expresado sorpresa ante la emergente veta conservadora que mostraba Ratzinger, diez años antes, y todo cambió en un instante.

Conmocionado por la noticia, porque Döpfner solo tenía sesenta y dos años, Ratzinger desdeñó los rumores que empezaron a correr de inmediato señalándolo a él como sucesor natural de Döpfner. En sus memorias escribió:

No me lo tomé muy en serio, porque mis limitaciones con relación a la salud eran tan conocidas como mi incapacidad en asuntos de gobierno y administración. Sabía que estaba llamado a la vida
erudita, y nunca consideré nada más. Los cargos académicos (porque entonces era decano otra vez, y vicepresidente de la universidad) seguían estando dentro del campo de las funciones que un profesor debe asumir, y estaban muy lejos de las responsabilidades de
un obispo.[82]

Eran palabras proféticas: ocho años después de escribir estas frases, durante el cónclave de 2005, Ratzinger de nuevo se
enfrentaría a sus dudas sobre las grandes «limitaciones» de su
capacidad para cumplir las responsabilidades del cargo que se
le ofrecía. Además, los que se oponían a su candidatura para el
papado, también se referirían a su «incapacidad en asuntos de
gobierno y administración», asegurando que era un teólogo, y
no un papa, y que su falta de experiencia pastoral sería negativa para la Iglesia católica en su conjunto.

Fue Platón quien dijo: «Solo aquellos que no buscan el poder están cualificados para ostentarlo». Cuando murió Döpfner,
no era solo que Ratzinger no buscara el poder, sino que pronto haría todos los esfuerzos imaginables para rechazarlo. Cuando se analiza su carrera con detalle, aparecen claros modelos de
conducta. A lo largo de su servicio a la Iglesia, en los momentos
exactos en que muchos habrían visto prodigiosas oportunidades, Ratzinger parecía sentir justamente lo contrario.

Creyendo que había puesto fin a las discusiones con respecto a su sucesión, Ratzinger se sintió muy sorprendido cuando
el nuncio apostólico le visitó en Regensburg «con un pretexto
cualquiera», y después de intercambiar unas cuantas cortesías,
le puso en las manos una carta que contenía su nombramiento como arzobispo de Múnich y Freising. Tras pedir permiso
al nuncio para consultar a su confesor, Ratzinger habló con el

profesor Alfons Auer, a quien describe diciendo que tenía «un conocimiento muy realista de mis limitaciones, tanto teológicas como humanas». Estaba convencido de que Auer le aconsejaría que declinase la oferta, pero se sorprendió mucho cuando «sin reflexionar apenas», Auer le dijo a Joseph, de cuarenta y nueve años entonces, que «debía aceptar». Todavía profundamente inseguro, Ratzinger volvió a reunirse con el nuncio y una vez más expuso sus reservas, pero dice que «al final, con él como testigo, escribí mi aceptación, aun dudando mucho, en el papel de escribir del propio hotel donde me alojaba».[83]

La ansiedad e inquietud de Ratzinger en 1976 se convirtió en confianza en sus primeros cuatro años como arzobispo de Múnich porque le confirmó en lo que creía que era su verdadera vocación... o de forma inversa, la certeza de lo que «no» debía hacer. Las responsabilidades de su cargo eran agotadoras, especialmente cuando «se le decía que tenía unas relaciones poco firmes con los sacerdotes de su archidiócesis».[84] Quizá los desafíos se vieran exacerbados por la velocidad vertiginosa a la que se le fue ascendiendo: fue nombrado arzobispo el 25 de marzo de 1977, consagrado el 28 de mayo, y como nuevo líder de la archidiócesis metropolitana, se le envió a Roma menos de un mes después, donde se le entregó el bonete rojo de seda y fue elevado al Colegio Cardenalicio el 27 de junio.

En las últimas páginas de sus memorias, Ratzinger admite que «las semanas antes de la consagración fueron difíciles. Interiormente yo todavía estaba muy inseguro, y además, tenía una gran carga de trabajo que casi me aplastaba. Y por tanto, el día de la consagración estaba mal de salud».[85] No se mencionan sus sentimientos durante su trascendental visita a Roma, pero no se le puede echar la culpa por sentir un poco de preocupación.

El recién nombrado cardenal Ratzinger tuvo poco tiempo para entretenerse con estas preocupaciones, porque un poco

147

más de un año después, el 6 de agosto de 1978, murió el papa Pablo VI y fue convocado a Roma para asistir a su primer cónclave.

Es curioso observar que, como «joven e inteligente conservador»[86] que no era italiano, Ratzinger figuraba en varias listas de posibles candidatos al papado, pero lo que tuvo más significado para él (porque seguro que esas listas le habrían aterrorizado) fue su primera reunión con otro candidato, el cardenal Carol Wojtyła de Cracovia.

Ellos ya se conocían, porque llevaban desde 1974 intercambiándose libros, pero su reunión les permitió conectar personalmente, a través de la «profunda ortodoxia» que como «jóvenes... e inteligentes conservadores» compartían ambos.[87] Ninguno de los dos surgió al final como aspirante. Se consideraba que Ratzinger llevaba «un equipaje excesivo como teólogo que había cambiado de opinión demasiado públicamente sobre el Vaticano II», y Wojtyła, a pesar de recibir cuatro votos en la segunda ronda, era «mucho menos conocido, una figura menor en el Vaticano II, que vivía en una sociedad muy cerrada bajo los comunistas, en Polonia».[88] Por el contrario, tras dos días de votación, el cónclave eligió al cardenal Albino Luciani, que había sido considerado incluso menos «papable» que Ratzinger y Wojtyła, y a quien muchos veían como una alternativa «sencilla, pastoral, directa y no intelectual» al reinado de quince años de Pablo VI, que muchos consideraban que había estado demasiado preocupado por la burocracia y las reformas de la Curia Romana en favor de una Iglesia más colegial, en línea con las conclusiones alcanzadas al final del Concilio Vaticano Segundo.[89]

Cuando el polvo del poscónclave se hubo asentado, tras la elección del nuevo papa Juan Pablo I, Ratzinger fue despachado como representante papal en un congreso mariano (relativo a la Virgen María) celebrado en Ecuador, en septiembre de

1978. Allí, «advirtió en contra de las ideologías marxistas y la Teología de la Liberación» y las «presiones de las fuerzas de la izquierda».[90]

Juan Pablo I era conocido por el público como «el papa sonriente», pero empezó su papado con una cierta sensación de premonición. Tras el último recuento de votos que confirmó su mayoría, dejó muy sorprendidos a sus compañeros cardenales con su respuesta a la pregunta tradicional: «¿Aceptáis?», replicando: «Que Dios os perdone por lo que habéis hecho conmigo», antes de añadir: «*Accepto*».[91] Se sentía mal preparado, indigno de la silla de san Pedro, y admitió ante la multitud durante su primer discurso: «Todavía me siento abrumado por la idea de este tremendo ministerio para el cual he sido elegido: como Pedro, parece que he pisado aguas traicioneras. Me siento azotado por un intenso viento. De modo que me vuelvo hacia Cristo diciendo: "Señor, sálvame"».[92] Pocos días después, cuando un historiador de la Iglesia comentó con pedantería que su nombre debería ser simplemente Juan Pablo, y no Juan Pablo I, replicó, ominosamente: «Me llamo Juan Pablo primero. Estaré aquí poco tiempo. Ya viene el segundo».[93]

149

En las primeras horas del día 29 de septiembre de 1978, solo treinta y tres días después de su papado, Juan Pablo I fue encontrado muerto en su cama, con la luz de leer todavía encendida y un libro abierto a su lado. Los doctores del Vaticano estimaron que había muerto de un ataque al corazón en torno a las once de la noche anterior.

Nunca sabremos si los temores de Juan Pablo expresaban sencillamente un reconocimiento de sus carencias o bien si sabía en el fondo que no se encontraba bien. Sea cual sea la verdad, y a pesar de las absurdas teorías de la conspiración que fluyeron, muchos comentaristas sentían que el Vaticano prácticamente lo había dejado a la deriva, cuidando muy poco de su bienestar cuando estaba claro que se hallaba completamente abrumado, tanto mental como físicamente, por las exigencias del papado. A pesar de su inicio algo remiso y su breve tiempo en el cargo, sus actitudes habían impresionado rápidamente a la gente como una oportunidad genuina de reformas. Su sencillo enfoque pastoral hizo que renunciara al plural mayestático, prefiriendo referirse a sí mismo por el singular «yo» (aunque el Vaticano continuó usando el «nos» en toda su documentación); se negó a una coronación, en favor de una simple misa; y pidió que su personal se abstuviera de arrodillarse en su presencia. También hizo planes para enfrentarse al turbio mundo de la Banca Vaticana, dio unos pasos atrevidos hacia la inversión de la controvertida encíclica de Pablo VI sobre el control de natalidad, y expresó un fuerte deseo de devolver la Iglesia a los pobres.

Pero ese sueño acabó antes de empezar siquiera. Los cardenales volvieron a Roma para el funeral y para celebrar otro cónclave. Tras varias rondas de votaciones, en las cuales los dos favoritos previos, los cardenales italianos Giuseppe Siri y Giovanni Benelli iban luchando codo con codo, el humor en la Capilla Sixtina cambió y empezó a ganar terreno Wojtyła. Varios comentaristas de la época creían que aquello no era ninguna coincidencia, sino que más bien se debía a una intensa campaña de fondo por parte de Joseph Ratzinger. Habiendo perdido a un papa con solo sesenta y cinco años de edad, los cardenales debieron de sentir un deseo intenso de elegir a un sucesor más joven aún, y después de ocho rondas y tres días, salió victorioso Wojtyła. Adoptó el nombre de Juan Pablo II, como señal de respeto por su predecesor.

Habiendo identificado a Ratzinger como alguien que compartía sus creencias, y quizá agradecido por su apoyo durante el cónclave, Juan Pablo II sin perder tiempo quiso introducirlo en su círculo íntimo ofreciéndole el puesto de prefecto de la Congregación para la Educación Católica, un papel importante dentro de la Curia responsable de tres sectores educativos importantes: seminarios e institutos de formación religiosa, institutos de educación superior, como por ejemplo universidades, y todos los colegios religiosos. Ratzinger lo rechazó, explicando que era demasiado pronto para abandonar su puesto en Múnich, pero los dos continuaron trabajando muy estrechamente durante el sínodo de obispos de 1980, sobre «El papel de la familia cristiana en el mundo moderno», en el cual Ratzinger sobresalió en su papel de relator. Aparte de una embarazosa visita del nuevo papa a Baviera, en la cual uno de los jóvenes acólitos de Ratzinger pronunció un discurso algo mordaz sobre la visión arcaica que tenía la Iglesia sobre las mujeres, la sexualidad y las relaciones, la asociación entre Juan Pablo II y Ratzinger continuó estrechándose.

Sin inmutarse por la inicial negativa de su cardenal, Juan Pablo tenía un profundo respeto por la experiencia teológica de Ratzinger y estaba decidido a tenerle en Roma. La oportunidad perfecta se presentó cuando quedó vacante el más veterano de los puestos de la posición curial, aparte del propio papa. Juan Pablo inmediatamente le ofreció a Ratzinger el papel de prefecto de la Sagrada Congregación para la Doctrina de la Fe (CDF), que este aceptó obedientemente el 25 de noviembre de 1982, dedicada a promover y defender la doctrina de la fe y sus tradiciones en todo el mundo católico.

Defensor de la fe

Aunque la persecución de la herejía ya no era su función primaria, los orígenes de la CDF en la Santa Inquisición eran conocidos por todos. Ratzinger ya había demostrado que era capaz de mancharse las manos a instancias de Juan Pablo, habiendo despojado con éxito a sus antiguos amigos y colegas Hans Küng y Johann Baptist Metz de toda su autoridad teológica dentro de la Iglesia católica alemana en 1979. Ambos hombres eran respetados en todo el mundo, y muchos consideraron que era un escándalo la forma en que se les había tratado, ocurriendo, tal y como fue, en gran medida tras el velo del secreto y sin el debido proceso, pero el nuevo papa los consideraba unos radicales políticos peligrosos, que suponían una amenaza real para la Iglesia. De modo que tenían que irse.

Ratzinger había demostrado al manejar esos dos casos una infalible capacidad para hacer lo que fuera necesario para proteger la fe. Demostró que «no habría dudas, ni movimientos confusos, cuando llegase el momento de actuar, y que no habría cambios de opinión cuando se produjesen las inevitables protestas».[94] Esto, combinado con su preocupación principal de que «los intentos de poner el énfasis en la dimensión social y política de la Cristiandad, o de desafiar a la autoridad romana, no serían tolerados» confirmaron a Juan Pablo que había elegido al hombre adecuado para el trabajo.[95]

Ratzinger pasó casi veinticuatro años en un papel que a la gente le encanta odiar. Tales sentimientos habían resultado, en parte, de la temible reputación de la CDF de imponer rígidamente la doctrina, pero también como resentimiento histórico de su estatus de Suprema y Sagrada, títulos que se eliminaron en un esfuerzo de darle una nueva cara en 1965 y 1985 respectivamente. Sin embargo, no era solo el cargo el que atraía murmullos de disensión. Muchos se sentían traicionados por un teólogo que antes fue la esperanza del progresismo liberal. Como observa Allen, «cuando alguien pasa de explorar las fronteras a reforzarlas, como hace Ratzinger, naturalmente levanta sospechas… Surge la pregunta: ¿se ha vendido? ¿Se ha ganado su éxito traicionando sus antiguas convicciones?»[96]

La primera y más importante batalla de Ratzinger le puso

cara a cara con su antiguo enemigo, el marxismo. Mirando a Latinoamérica quiso ocuparse del auge de la Teología de la Liberación, un movimiento fundado a finales de los años sesenta, «que buscaba alinear a la Iglesia católica romana con movimientos progresistas para el cambio social»,[97] un movimiento que, en ese mismo momento, despertaba la imaginación de un tal Jorge Bergoglio. El papa Juan Pablo, con su enraizado apoyo a la justicia social, se veía menos amenazado por esta escuela de pensamiento que Ratzinger, pero no se opuso al curso de acción que proponían sus cardenales. A los líderes del movimiento se les ordenó aparecer ante la CDF en Roma, donde se perfilaron con detalle las sanciones de sus enseñanzas, y se publicó un informe en agosto de 1984 atacando al movimiento como «una perversión del mensaje cristiano que Dios confió a Su Iglesia».[98] En apoyo de los esfuerzos de Ratzinger, Juan Pablo hizo un esfuerzo consciente para nombrar solo a obispos de la línea dura en Latinoamérica, que fuesen leales a las enseñanzas del Vaticano.

153

No fue solo Latinoamérica la que daba refugio a teólogos rebeldes. Ratzinger pronto volvió su mirada a Norteamérica, y en particular a una crítica abierta a la controvertida encíclica de 1968 del papa Pablo VI sobre la contracepción, *Humanae vitae*. En un momento en que Juan Pablo II estaba reafirmando su infalibilidad papal, el argumento del padre Charles Curran de que la encíclica era de hecho «no infalible»,[99] y por tanto abierta a interpretación para los católicos que desearan usar control de la natalidad, no fue nada bienvenido. De nuevo, Ratzinger llamó al interesado para que apareciera ante él en Roma, en marzo de 1986, pero quedó muy insatisfecho con el testimonio de Curran y le despojó de su derecho a enseñar teología católica. Consecuentemente, Curran fue despedido de su puesto de enseñanza en la Universidad Católica de América, en Washington, D.C. Como observa Collins, «elegir a una figura líder en el movimiento teológico parecía ser la metodología del prefecto de la CDF: asustas a los discípulos al meterte con el líder».[100]

Siguió una larga sucesión de despidos, tras estos dos casos más importantes, y numerosos sacerdotes y obispos fueron reprimidos, perdieron sus puestos o fueron excomulgados por sus puntos de vista. La «disposición de Ratzinger a polarizar y a trazar líneas en la arena», combinada con su enfoque duro de las escuelas de pensamiento teórico en disensión, atrajeron unas críticas significativas, en gran medida porque «el hombre que en tiempos se quejaba de que el Santo Oficio no era suficientemente tolerante con las distintas escuelas teológicas, ahora mostraba a su vez muy poca tolerancia».[101] El tiempo que pasó en el cargo representa un periodo de rigidez doctrinal dentro de la Iglesia, cuando la disensión teológica, e incluso el diálogo, fueron severamente limitados. Los efectos de todo esto se hicieron notar sobre todo en países en desarrollo, que no solo tenían las poblaciones más altas del mundo de católicos per cápita, sino también frágiles sistemas políticos, dentro de los cuales los sacerdotes y obispos locales intentaban interpretar las enseñanzas del Vaticano de la mejor manera posible para captar y enriquecer a sus comunidades, predominantemente pobres. El hecho de que se les presentara un Vaticano casi tan duro como muchos de sus gobiernos comunistas o fascistas dificultaba más si cabe su trabajo.

Pero a pesar de todas las críticas de los métodos implacables de Ratzinger, disfrutaba de un gran apoyo entre los católicos conservadores, que le dieron la bienvenida agradecidos como incansable defensor de la fe, para guiar a la Iglesia fuera de todo peligro. La propia defensa de Ratzinger era que su responsabilidad como prefecto de la CDF era proteger las enseñanzas de la Iglesia en nombre de «aquellos que no pueden defenderse intelectualmente». Si eso le atraía «ataques intelectuales»

154

de los teólogos, bienvenidos fueran.[102] Sus partidarios también hacían grandes esfuerzos para desmentir las acusaciones de que sus métodos agresivos eran un reflejo directo de su personalidad: nada más lejos de la verdad, decían, y lo siguen diciendo. Esas descripciones de Ratzinger como persona que sabe escuchar, tranquilo, amable y sereno parecen incongruentes con su reputación como ejecutor. Sin embargo, como observa David Gibson, «la paradoja de la torre de marfil es que los académicos y eruditos están entre las personas más combativas y más orgullosas a la hora de promover sus ideas y principios, pero su trabajo sucio se hace normalmente a cierta distancia, para no mancharse, en periódicos o desde el parapeto del atril de conferencias».[103] Es natural, por tanto, que los que defienden temas de fe se vean elevados, sin derramamiento de sangre, a una posición de rectitud moral.

Revisando el historial de Ratzinger en la CDF, Gibson cree que «ignoraba demasiado a menudo que estaba tratando con seres humanos, con otros cristianos, y no solo con ideas. Abstraerse de la gente en sus cargos puede hacer que las confrontaciones personales se digieran mejor, sobre todo para alguien como Ratzinger, con su carácter mezcla de celo y timidez».[104] Ese punto de vista resultaba demasiado obvio en el contexto de temas que afectaban a mil millones de católicos diariamente, como el divorcio, la contracepción, la homosexualidad y los abusos sexuales de sacerdotes. Estas experiencias son universales en el mundo moderno, y en las sociedades plurales como la Europa occidental y Estados Unidos, si mucha gente se ha apartado de la Iglesia se debe en parte a su escasa predisposición a comprometerse en ningún tipo de debate. Como observa Paul Collins, antiguo sacerdote que se enemistó con la CDF y con el papado de Juan Pablo II, en su libro *God's New Man* (*El nuevo hombre de Dios*):

155

Algunos miembros de la Iglesia muy mayores suponen que el mundo occidental contemporáneo está tan enfrascado en el individualismo, la permisividad y el consumismo que es totalmente inmune a las enseñanzas de la Iglesia... los hombres de la Iglesia, como Ratzinger, virtualmente han abandonado a las masas secularizadas a su destino, y se han dedicado a nutrir a enclaves elitistas que llevarán la verdadera fe a futuras generaciones más «receptivas».[105]

A través de todo el papado de Juan Pablo, tanto él como Ratzinger hicieron esfuerzos conjuntos para centralizar la Iglesia católica quitando poder a la Curia, sobre todo, y en directa contradicción con el Vaticano II, reduciendo la autoridad de los obispos. Por ejemplo, ya no era posible para un obispo permitir que los servicios sociales católicos aconsejaran a una mujer que estaba pensando en abortar; Roma y el Cardenal No habían hablado. Y cuando el vino se convertía en sangre, durante la misa, las palabras del sacerdote se cambiaron, y en lugar de «esta es la copa de mi sangre... derramada por vosotros y por todos los seres humanos, para que se perdonen los pecados», simplemente se decía «derramada para muchos», con lo cual se excluía de un plumazo del perdón de Cristo a los que no fueran cristianos.

Las intenciones del papa Pablo VI cuando asumió el control del concilio, después de la muerte del papa Juan XXIII, entre 1963 y 1965, fue apartarse de la infalibilidad papal y promover un enfoque mucho más colegial del gobierno, a través de un cuerpo recién creado conocido como el Sínodo Episcopal. Concediéndoles autoridad para tratar de temas locales, a través de un sistema de votación democrático, declaró que «a causa de nuestra estima y consideración por todos los obispos católicos», deseaba proporcionarles «medios abundantes para una participación mayor y más efectiva en nuestra preocupación por la Iglesia universal».[106] Como explica Allen, «la teoría de la cole-

gialidad sostiene que los obispos son, conjuntamente, los sucesores de los Doce Apóstoles originales, que siguieron a Jesús, y
por tanto forman un "colegio". Como tal, juntos disfrutan de
autoridad suprema para la Iglesia. Esa autoridad no excede a la
del papa, pero tampoco está sometida a la del papa».[107] Habiendo apoyado inicialmente ese movimiento en sus escritos concernientes al concilio, Ratzinger una vez más asombró a sus
antiguos colegas con un drástico giro sobre la validez del sínodo, casi en cuanto fue nombrado prefecto para la CDF. Al final, esto tuvo como resultado un decreto de Juan Pablo en 1998,
Apostolos suos, en el cual redujo el sínodo a una posición de
completa impotencia, y «dejó bien claro que las conferencias
de obispos no tenían derecho a enseñar con autoridad».[108]

Además de reducir el poder y el prestigio de los obispos,
Juan Pablo fue más allá todavía, para asegurarse de que su papado era completamente impermeable a la discrepancia, y nombró a una cierta cantidad de obispos no cualificados que estaban
dispuestos a acatar la disciplina. Al reflexionar sobre su reinado, los académicos están de acuerdo en que fue su mayor fallo.
Paul Collins escribe que, significativamente, «el mayor problema fue el nombramiento de un gran número de obispos medio-
cres que carecían de toda habilidad de liderazgo o de auténtica
sensibilidad pastoral», y esto tuvo como resultado gran número
de hombres «conformistas, completamente leales a Roma, más
que a sus propias diócesis».[109]

Las consecuencias de los nombramientos de Juan Pablo se
pusieron de manifiesto cuando estalló en la prensa el escándalo de las acusaciones de abusos sexuales por parte de miembros
del clero, y muchas diócesis resultaron incapaces de manejar la
crisis. Los afectados por los abusos aún perdieron más confianza en la Iglesia al saber que el Vaticano interpretaba el escándalo como una simple campaña de los medios occidentales contra
la Iglesia. En lugar de excomulgar y llevar ante la justicia a los

acusados, despúes de hacer una investigación abierta, el Vaticano se negó a divulgar información para ayudar a las investigaciones criminales, bloqueó varias investigaciones internas y en incontables casos trasladó a los sacerdotes acusados de abusos a nuevas parroquias, o rehabilitó discretamente a aquellos que se habían visto obligados por los obispos a renunciar a sus puestos.

Casos prominentes bajo el ejercicio del papa Juan Pablo II y el cardenal Ratzinger incluyen al cardenal Hans Hermann Gröer de Viena, acusado de abusar de más de dos mil niños durante varias décadas. Las víctimas han declarado después que la Iglesia les ofreció dinero a cambio de su silencio. También al padre Marcial Maciel Degollado, fundador de los Legionarios de Cristo. Primero fue acusado de abusar sexualmente de niños en su congregación en 1976, y después hubo más acusaciones que se fueron remontando nada menos que hasta 1943, y aparecieron nuevas víctimas que denunciaron abusos hasta mediados de los años noventa. Y a los obispos Joseph Keith Symons y Anthony J. O'Connell, de Palm Beach, Florida. El primero confesó el abuso sexual de cinco niños dentro de su congregación, y su sustituto, O'Connell, que había sido nombrado en 1999, encargado de curar las heridas de la comunidad, dimitió tres años después tras confesar que había abusado de un alumno del seminario en los años setenta, revelando que la Iglesia pagó a la víctima una compensación legal de 135.000 dólares en 1996, tres años antes de que O'Connell fuese destinado a Palm Beach por el papa Juan Pablo. Los arzobispos no carecen de representación en esa galería del mal. El arzobispo Juliusz Paetz de Poznań, Polonia, fue acusado del abuso de seminaristas adolescentes en su diócesis, ignoró las cartas de las víctimas y sus abogados y se le permitió dimitir sin investigación alguna; el cardenal Bernard Law, de Boston, denunciado por el *Boston Globe* en 2001, dimitió por ignorar la pruebas de décadas

de abusos sexuales de numerosos sacerdotes de su archidiócesis, trasladándolos de parroquia en parroquia, en lugar de expulsarlos de la Iglesia, y por ello fue recompensado por Juan
Pablo II, que le nombró arcipreste de la basílica de Santa Maria
Maggiore. Law incluso pronunció un discurso durante el cónclave de 2005.

La sucesión de Juan Pablo al papado coincidió con una época
de gran declive de la Iglesia católica, la asistencia cayó radicalmente en los países occidentales (compensada solo por aumen-
tos en África y Asia) y se dieron cifras récord de laicización, es
decir, de sacerdotes que abandonaban su cargo. Durante su reinado de quince años, el papa Pablo VI atendió más de treinta y
dos mil peticiones de laicización. Su sucesor estaba decidido a
poner fin a esa práctica y recordó a los sacerdotes que los votos
que habían tomado eran un compromiso sagrado de por vida,
y casi irrompibles, excepto en casos de enfermedad o invali-
dez. Cuando se hizo cargo del puesto, Juan Pablo congeló inmediatamente todas las peticiones pendientes, y en 1980 empezó
una puesta a punto completa de la ley canónica. El resultante Código de Ley Canónica de 1983 estipulaba que las peticiones solo se considerarían si provenían directamente de sacerdotes de más de cuarenta años, y se concederían solo a aquellos
que ya habían contraído matrimonio y tenían hijos, o a aquellos que aseguraban que no habían entrado en el sacerdocio por
su propia y libre voluntad.

Lo más crucial, sin embargo, era la eliminación de provisio-
nes que antes se permitían a los obispos diocesanos, a través de
las cuales se podía pedir la laicización de sacerdotes dentro
de su ministerio, con o sin consentimiento del sacerdote, por
ejemplo, en el caso de abusos sexuales. Como explica Nicholas
P. Cafardi, profesor y especialista en ley canónica, «resulta irónico que justo cuando empezó a aflorar la crisis de abusos sexuales de niños por parte del clero, a mediados de los ochenta,

159

los obispos de Estados Unidos (y de todo el mundo en general) perdieran... formas efectivas de ocuparse de los sacerdotes que habían abusado sexualmente de niños».[110]

Muchos comentaristas católicos se han hecho la espantosa pregunta: ¿tuvo alguna influencia el número declinante de sacerdotes en la renuencia de Juan Pablo II a expulsar a los clérigos que cometían abusos? Dejando a un lado las especulaciones, el secretismo constante y la falta de resolución con la que manejaba el Vaticano la crisis de los abusos sexuales supuso que muchos seguidores empezaran a dar la espalda a una Iglesia que veían completamente desconectada del mundo moderno, y consecuentemente, ese fue el legado del papado de Juan Pablo II.

Esto tuvo como resultado que los cuatro años del cardenal Ratzinger al frente de la CDF quedaran manchados por asociación. Pero ¿qué responsabilidad exactamente se le puede atribuir a Ratzinger por esa gestión tan catastrófica de un escándalo a nivel mundial?

160

¿Un ejecutor remiso?

Cuando intentamos ahondar en la psique de Joseph Ratzinger, resulta difícil penetrar más allá de la fortaleza de privacidad que rodea sus verdaderos sentimientos. Hay pruebas, sin embargo, que nos indican que su tiempo como prefecto de la CDF no le llenó de gran felicidad.

Después de diez arduos años imponiendo la ley, en 1991 Ratzinger sufrió un ataque cerebral que afectó su campo de visión izquierdo. Habiendo tenido siempre preocupaciones acerca de su propia salud, el viejo cardenal, de sesenta y cuatro años de edad, pidió a Juan Pablo que le liberase de sus deberes como prefecto y le permitiese regresar a Alemania para reemprender sus escritos. Su petición fue denegada.

Un año más tarde, en 1992, Ratzinger fue hospitalizado otra vez, y tuvieron que ponerle puntos en la cabeza, que se hirió con un radiador al desmayarse en sus habitaciones. En lugar de permitirle retirarse, Juan Pablo le «recompensó» otorgándole más responsabilidades aún, elevándole al prestigioso rango de cardenal obispo. Solo hay seis cada vez, elegidos entre el Colegio Cardenalicio, y estos son los únicos cardenales elegibles o bien para decano o para vicedecano del colegio. Esto fue en 1993, y le asignaron a la Diócesis Suburbicaria de Velletri-Segni, situada justo a las afueras de Roma.

Cinco años después de hacer su primera petición, Ratzinger pidió una vez más al papa permiso para dimitir de su puesto y volver a Alemania. De nuevo se encontró con una negativa, y dos años más tarde, con otro ascenso, esta vez a vicedecano del Colegio Cardenalicio, un papel como el de vicepresidente, ayudando al decano. En 2001, después de un intervalo de otros cinco años más, Ratzinger, de setenta y cinco años, hizo una última petición al pontífice, ya enfermo. De nuevo su petición fue rechazada por Juan Pablo, que quizá notando que se acercaba el fin, quiso que el más leal de sus servidores estuviera con él en sus últimos años. Ratzinger fue «recompensado» por su servicio en 2002, cuando fue elegido decano del Colegio Cardenalicio.

La Iglesia católica reverencia a sus mártires, y el sufrimiento ejemplar que han padecido por sus creencias. Ratzinger no resultó distinto cuando se probó su renuncia a aceptar altos cargos y sus numerosos intentos de dimitir. En lugar de quejarse de que nunca quiso aquellas responsabilidades ya desde el principio, y que prefería quedarse en Baviera llevando una tranquila vida de erudición, siempre rechazó esas sugerencias (con la excepción de su comentario sobre la «guillotina que caía») e insistió en que siempre iba adonde le guiaba Dios. Y precisamente era ese aire de obediencia sin cuestionamiento, combinado con su implicación en el escándalo de los abusos y su controvertida actuación como prefecto de la CDF (por ejemplo, describía la homosexualidad como «una fuerte tendencia ordenada hacia un mal moral intrínseco»,[111] y una vez dijo que el budismo era «una espiritualidad autoerótica» que busca «la trascendencia sin imponer obligaciones religiosas concretas»), lo que había conducido a caracterizarle como un inquisidor implacable y agresivo.

Cuando consideramos todos los hechos y especulaciones, dos cosas quedan claras. Una es que Ratzinger realmente quería volver a casa a Alemania y vivir el resto de sus días escribiendo en soledad; la otra es que su reputación al final de sus veinticuatro años como jefe inquisidor estaba lejos de resultar favorable, y de eso el mundo era muy consciente. Quizá no resulte sorprendente, por tanto, que después de su elección como papa, en 2005, en un momento en que la Iglesia encaraba una de sus crisis más importantes, los conflictos internos a los que ya se había enfrentado no se disiparan cuando la confianza de Dios y de sus pares quedó depositada en él para conducir a la Iglesia. No harían más que intensificarse bajo la presión, continuaron acosándole y le llevaron por un camino que nadie habría esperado.

4

El papa reacio

A los setenta y ocho años, estaba claro tanto para el papa Benedicto XVI como para los cardenales que ahora servían a sus órdenes que su papado no sería largo. Pero sería seguro, y proporcionaría continuidad.

Después de veintiséis años de la teatralidad de Juan Pablo II, su proyección, sus viajes, viajes y más viajes, la Iglesia necesitaba descansar, reagruparse y hacer balance. Ratzinger sería el encargado perfecto para la casa: firme, predecible, capaz de reafirmar, proteger y fortalecer la antigua doctrina. En resumen: se aseguraría de que las reformas no emprendidas aún siguieran sin emprenderse.

En los días que siguieron a su elección, el nuevo papa, con una sinceridad que a algunos les podría parecer excesiva, reconoció que a medida que el recuento de votos se inclinaba a su favor, y cuando empezó a comprender que la «guillotina se acercaba, y que venía a por mí», había rogado a Dios que le ahorrara esa carga. Sentía que «hasta el momento, la obra de mi vida ya estaba hecha, y los años que tenía por delante serían más tranquilos», y que había muchos candidatos «más jóvenes, mejores, más fuertes y con más ímpetu» que él. Sus oraciones no recibieron respuesta.[1]

Ahora, cuando el nuevo pero muy viejo papa se encontraba bajo los focos, su impulso era retirarse. Como observa David Gibson, «cinco días después de su asombrosa elección como papa, el domingo por la mañana, cuando Joseph Ratzinger se suponía que debía presentarse al mundo como Benedicto XVI, el nuevo pontífice por el contrario confundió a todo el mundo a su alrededor haciendo todo lo posible por fundirse con el fondo».[2] En estricto contraste con su predecesor, a quien se le daba muy bien la publicidad, Benedicto intentó celebrar su misa inaugural dentro de la basílica de San Pedro, porque, como explicó al maestro de ceremonias, «allí la arquitectura conduce mejor la atención hacia Cristo, en lugar del papa».[3] Le aconsejaron que no hiciera semejante cosa, en gran medida porque eso excluiría a la enorme multitud que se esperaba que llegase a la Ciudad del Vaticano el 24 de abril.

Al negársele la privacidad que anhelaba, el sucesor de Juan Pablo se refugió en aquello que mejor conocía: la tradición. Durante su discurso inaugural del 25 de abril, Benedicto habló de la fuerza que necesitaba de la Iglesia y sus seguidores, pidiéndoles que «recen por mí, para que no huya por miedo a los lobos», al embarcarse en una tarea que «realmente excede toda capacidad humana».[4] La misa siguió con cantos gregorianos formales, polifonía clásica y la *Tocata y fuga en re menor* de Bach. El contraste con el aire más folklórico y familiar de los últimos veintiséis años fue visto como una confirmación de que el Vaticano II seguiría siendo interpretado bajo su mando como un «anuncio de que habría un *ressourcement* y se volvería a las tradiciones de hace más de un milenio».[5]

Pero no fueron solo las tradiciones musicales las que se revivieron. El libresco cardenal Ratzinger se había transformado de la noche a la mañana en el opulento y elegante papa Benedicto XVI, presentándose ante los demás solo con lo mejor que podía ofrecer el guardarropa papal. Internet echaba fuego cuando el recién apodado Papa Prada apareció con unos mocasines de piel roja muy peripuestos y una capa de terciopelo rojo bordada de armiño conocida como *mozzetta*, que no había llevado ningún papa desde Pablo VI, en los años setenta. Durante la primera Navidad papal, llevó también terciopelo rojo con borde de armiño en forma de *camauro,* un sombrero bastante parecido al de Santa Claus, popular entre los papas del siglo XII, provocando titulares como: PAPA CLAUS ENCANTA A LA GENTE EN EL VATICANO y EL PAPA DELEITA A LA MULTITUD VESTIDO DE SANTA CLAUS.[6] Atrás quedaban los días de andar por las calles de Roma con la sotana tradicional de los cardenales. ¿Era posible que hubiera empezado a disfrutar de su nuevo puesto?

Aunque su evidente pasión por la moda resultaba inesperada, el discurso inaugural del papa Benedicto no hacía más que confirmar lo que ya se sabía de su gusto por la liturgia gloriosa. Ocultó detalles clave, al subrayar sus intenciones como líder de una Iglesia en crisis, y solo afirmó que su «auténtico programa de gobierno es no hacer mi propia voluntad, no proseguir mis propias ideas, sino escuchar, junto con toda la Iglesia, al mundo y la voluntad del Señor».[7] Esas ideas quizá le hubiesen servido bien en su papel como prefecto de la Congregación de la Doctrina de la Fe, cuando quedaba protegido de cualquier desafío auténtico gracias a su relación simbiótica con Juan Pablo II, pero el cargo que había heredado en 2005 había sido completamente redefinido por su predecesor, y se había convertido más en Obispo del Mundo que en Obispo de Roma. El papa, más que Jesucristo, era visto ya como la verdadera «cara» de la Iglesia, así que la afirmación de Benedicto de que deseaba volver a los principios de la Iglesia tradicional durante su homilía indicaba que intentaba manipular las expectativas de los creyentes… y de los medios.

Benedicto y la «dictadura del relativismo»

La mayor amenaza al catolicismo que percibía el papa Benedicto era lo que llamó en su último discurso antes de la elección una «dictadura del relativismo».[8] La *Stanford Encyclopedia of Philosophy* define «relativismo» como un concepto filosófico en el cual «la verdad o justificación de juicios morales no es absoluta, sino relativa a las normas morales de una persona o grupo de personas». Se entiende que sea un anatema para la adherencia al absolutismo de la Iglesia católica, para la cual solo hay una verdad.[9] Benedicto creía que los fieles debían luchar para vivir según las normas morales invariables de la Iglesia y sus enseñanzas, y no que la Iglesia debiera actualizar sus puntos de vista en temas morales tan controvertidos como la contracepción, el matrimonio y la homosexualidad, para sostener su posición en el mundo moderno.

Esa creencia de que la verdad, en el sentido cristiano, estaba sufriendo una amenaza que Benedicto describía en 1999 como «la disolución de la ley a través del espíritu de la utopía… [donde] la real y última fuente de ley se convierte en la idea de la nueva sociedad: que es moral, de importancia jurídica y útil para el advenimiento del mundo futuro», muchos, por otra parte, la consideraban un progreso positivo hacia una mayor libertad y unos derechos humanos.[10] Pero el nuevo papa seguía temiendo que si se permitía que siguiera existiendo la «dictadura del relativismo», la gente olvidaría el concepto de pecado y se apartaría de la moral de Dios:

> La mayoría determina lo que debe ser contemplado como verdadero y justo. En otras palabras: la ley queda expuesta al capricho de la mayoría, y depende de la conciencia de los valores de la sociedad en cada momento dado, cosa que a su vez determina una multiplicidad de factores.[11]

Los mismos temores que habían atormentado a Ratzinger desde los levantamientos marxistas de 1968, cuando era segundo catedrático de dogma en Tubinga, y a lo largo del tiempo que pasó en la CDF, ahora lo acosaban como papa. Y se encargaría de ellos a su manera. Mientras Juan Pablo había abrazado la cultura de la celebridad, las oportunidades de foto, el viaje por el mundo de largo alcance y los actos de culto de masas al aire libre, Benedicto opinaba que, como observa Gibson, «todos los aspectos de la cultura moderna y posconciliar, desde la pornografía a la música rock, eran... un síntoma de la crisis».[12] Incluso llegó a apoyar públicamente una crítica teológica de los libros de Harry Potter (aunque él mismo no los había leído), diciendo que eran «sutiles seducciones que actúan sin darte cuenta, y mediante su profunda distorsión de la cristiandad en el alma, antes de que esta pueda crecer adecuadamente».[13]

Pero los mecanismos del cambio social estaban en marcha y funcionando, y la visión tradicional de Benedicto, combinada con su desapego de las vidas diarias de millones de personas que ahora tenía la misión de dirigir, corrían el riesgo de alejar a una población de católicos ya muy mermada en el siglo XXI.

Es justo decir que el papado del papa Benedicto tuvo un principio difícil, y nunca recuperó bien el paso. Como observaba un periodista, parecía a menudo «propenso al gafe, como su homólogo en Roma, Silvio Berlusconi, ya que iba dando bandazos de un grave error de comunicación a otro».[14] En noviembre de 2005, con solo siete meses en su cargo, Benedicto emitió su primera instrucción importante como papa. En ella describía la homosexualidad como «grave pecado», «intrínsecamente inmoral», y «contraria a la ley natural», así como reiteraba que era «necesario establecer claramente que la Iglesia, aunque respeta profundamente a las personas en cuestión, no puede admitir en un seminario o para las órdenes sagradas a quien practica la homosexualidad, presenta unas tendencias homosexuales fuertemente asentadas o apoya la llamada "cultura gay"».[15] Los medios de comunicación recogieron esas descripciones de la homosexualidad como prueba de la voluntad de la Iglesia de relacionar los escándalos sexuales que se estaban produciendo entre los sacerdotes con las tendencias homosexuales. Y aunque era una postura que no sorprendía a nadie, dado lo que sabemos de Benedicto y la postura de la Iglesia en este tema, no estaba nada en línea con la afirmación de su primer discurso público ante una audiencia general: «me gustaría poner mi ministerio al servicio de la reconciliación y la armonía entre las personas y los pueblos».[16]

Controversias interreligiosas

Al papa Benedicto tampoco le fue bien en lo concerniente a las relaciones diplomáticas con el mundo islámico. En un discurso de septiembre de 2006, titulado «Fe, razón y la universidad: recuerdos y reflexiones», que pronunció en la Universidad de Regensburg, en Baviera, donde había sido profesor, comparó las «estructuras de la fe contenidas en la Biblia y en el Corán».[17] Causó gran indignación al citar al emperador bizantino Manuel Paleólogo, que, en un diálogo con un erudito persa, fechado entre 1394 y 1402, había escrito: «Muéstrame lo que trajo Mahoma que sea nuevo, y ahí encontrarás solo cosas malas e inhumanas, como su orden de extender mediante la espada la fe que predicaba». El papa «más tarde» afirmó que había pronunciado aquella cita con la única intención de dibujar «la relación esencial entre fe y razón».[18] Pero el daño ya estaba hecho.

Como recuerda Paul Badde, miembro del cuerpo de prensa del Vaticano que viajaba con Benedicto en el avión papal, «habría sido necesario un Shakespeare para captar el drama cósmico que se le venía encima a su regreso a Roma, con la reacción retardada de algunas de sus propias palabras, en un momento crucial de su pontificado».[19]

El discurso despertó fuertes críticas de los líderes islámicos, que exigieron una disculpa inmediata y personal; violentas protestas tuvieron lugar en todo el mundo, y pronto se dieron ataques a cristianos. En Iraq se quemaron efigies del papa Benedicto, dos cristianos fueron asesinados, y el Vaticano sufrió la amenaza de un ataque suicida por parte de un grupo insurgente; en Somalia, una monja italiana de sesenta y cinco años fue asesinada, al parecer como represalia; se arrojaron bombas incendiarias en iglesias de Cisjordania y la Franja de Gaza, y se emitió una fatua contra el papa por parte del ala política del grupo militante paquistaní Lashkar-e-Taiba.

Cuatro días después, el Vaticano emitió una declaración defendiendo el uso que hizo el papa de las palabras de Manuel dentro del contexto más amplio de su discurso, e insistiendo en que Benedicto «lamenta sinceramente que determinados pasajes de su discurso puedan haber sonado ofensivos a la sensibilidad de la fe musulmana, y se hayan interpretado de una manera que no corresponde en absoluto con sus intenciones».[20] Apoyaron al papa los políticos occidentales, incluyendo a la canciller alemana Angela Merkel, la secretaria de Estado Condoleezza Rice y el primer ministro John Howard, pero todo esto sirvió poco para apagar las llamas.

No resulta sorprendente que la Iglesia católica y otros líderes cristianos se unieran en torno al papa, denunciando que la histeria provocada por el discurso era absurda. Lo que resulta sorprendente es la declaración hecha por el mismo hombre que quedó en segundo lugar en el cónclave del año anterior: el cardenal Jorge Bergoglio. Un portavoz del cardenal dijo a Newsweek Argentina que Bergoglio estaba «descontento» con el discurso del pontífice, declarando que «las palabras del papa Benedicto no reflejan mis opiniones… Esas declaraciones servirán para destruir en veinte segundos la construcción cuidadosa de una relación con el islam que el papa Juan Pablo II construyó en los últimos veinte años».[21]

El Vaticano se puso furioso ante este acto flagrante de insubordinación, durante la primera crisis importante del pontificado de Benedicto, y pidió que despidieran al que había sido portavoz de Bergoglio durante ocho años, el padre Guillermo Marcó. Marcó obedientemente dimitió y explicó que él, de hecho, no hablaba en nombre del cardenal, sino como presidente del Instituto para el Diálogo Interreligioso, y por tanto ahorró a su jefe la ira posterior del Vaticano.

En noviembre de 2006, la furia tras el discurso se había calmado un poco, de manera que en lugar de cancelar el viaje que planeaba hacer a Turquía, el papa decidió aprovechar aquella oportunidad para probar suerte una vez más en la diplomacia, en lo que calificó como «una misión de diálogo, hermandad y reconciliación» destinada a promover mejores relaciones con la Iglesia Ortodoxa Oriental.[22] Se vio como un gesto profundamente simbólico que Benedicto visitara un lugar islámico de culto, el segundo pontífice (después de Juan Pablo II) en hacerlo, y rezara en silencio junto a clérigos importantes musulmanes, en la Mezquita Azul de Estambul.

170

Las protestas fueron mínimas, y el viaje se consideró un éxito en general. Benedicto eligió sus palabras con mucho más cuidado que en Regensburg: alabó el «notable florecimiento de la civilización islámica en los más diversos campos» y deseó que cristianos y musulmanes pudieran «llegar a conocerse mejor los unos a los otros, fortaleciendo así los vínculos de afecto entre nosotros, en nuestro deseo común de vivir juntos en armonía, paz y mutua confianza».[23]

Si se produjo un suspiro de alivio en los pasillos del Vaticano cuando el papa embarcó en su avión de vuelta a Roma, no duró mucho. En cuanto hubo reconstruido los puentes entre católicos y musulmanes, empezó a desmantelar los existentes con el judaísmo.

La muy comentada niñez de Benedicto bajo la sombra de Hitler parecía garantizar que él más que nadie fuese especialmente sensible a las relaciones entre judíos y católicos. Y es cierto que hizo algunos esfuerzos intensos en los primeros días de su papado para fortalecer los nexos entre ambas fes, visitando las sinagogas de Colonia, Nueva York y Roma, y condenó el «genocidio de los judíos, un crimen tan atroz que muestra todo el mal que contenía la ideología nazi».[24] Pero ese periodo de buena voluntad fue relativamente breve.

El desapego del papa Benedicto de los temas que encontraba difíciles, evidente en sus memorias, *Recuerdos*, indignó a muchos miembros de la comunidad judía. Durante una visita a Auschwitz en mayo de 2006, no mencionó nada que tuviera que ver con la culpa colectiva alemana o católica por el Holocausto, y no hizo referencia alguna tampoco al antisemitismo. Un poco más de un año después, en julio de 2007, el papa, inclinándose ante las presiones más tradicionales, según les pareció a muchos, decidió dar permiso para la celebración de la Misa Tridentina, en latín. Esta misa, caída en desuso desde los años setenta, contenía una oración de Viernes Santo que apelaba a los judíos para que reconociesen a Jesucristo y se refería a la «ceguera de ese pueblo, que reconociendo la luz de tu Verdad, que es Cristo, podría librarse de sus tinieblas».

171

Benedicto justificó su decisión en una carta a los obispos, afirmando: «Lo que anteriores generaciones consideraban sagrado sigue siendo sagrado para nosotros también, y no puede ser enteramente prohibido de repente, ni considerado dañino».[25] Los líderes judíos de todo el mundo condenaron rápidamente ese movimiento, y el grupo judeoamericano de defensa Liga Antidifamación, cuyo portavoz era Abraham H. Foxman, emitió una declaración afirmando que era «un fuerte golpe a las relaciones católico-judías». Dijo: «Nos sentimos extremadamente decepcionados y profundamente ofendidos al ver que cuarenta años después de que el Vaticano eliminara con toda justicia el lenguaje ofensivo antijudío de la Misa de Viernes Santo, ahora se permita a los católicos pronunciar unas palabras tan insultantes rezando para que se conviertan los judíos... Es la peor decisión, tomada además en un momento equivocado».[26]

Seis meses más tarde, en febrero de 2008, Benedicto intentó resolver la crisis modificando el misal y eliminando la referencia a la «ceguera», una solución dejó a muchos insatisfechos, porque aún se rogaba a Dios que «iluminase los corazones [del pueblo judío]» y que reconociesen a Jesucristo como su salvador.

Todo el asunto se podía haber evitado si Benedicto hubiese buscado un consejo más amplio y más equilibrado antes de proseguir unas acciones potencialmente dañinas. La Misa Tridentina era controvertida, eso ya se sabía. De hecho, se consideraba tan provocativa que el concilio Vaticano II había moderado el lenguaje de la oración de Viernes Santo y la había reemplazado por: «Roguemos por el pueblo judío, el primero en oír la palabra de Dios, que continúen creciendo en el amor de su nombre y en la fidelidad a su alianza». Sin embargo Benedicto, que era un teólogo sabio, parecía incapaz de prever que su reintroducción seguramente provocaría una gran indignación.

Todo esto condujo a especulaciones de si el papa era arrogante, incompetente, si sufría de falta de previsión o solo era indiferente. ¿Era Benedicto tan confiado en temas teológicos que lo decidía todo sin pedir consejo? ¿O es que sencillamente estaba ciego ante las consecuencias de sus actos? ¿O más bien esperaba que todo fuera bien y no conseguía contemplar otra cosa que una respuesta positiva? Lo que sí es cierto es que el papa era incapaz de aprender de sus errores. Menos de un año después de la insatisfactoria revisión de la oración de Viernes Santo, su capacidad para conducir a la Iglesia católica quedó en entredicho cuando decidió levantar la excomunión que pesaba desde hacía veinte años sobre cuatro miembros del grupo ultratradicionalista Fraternidad Sacerdotal de San Pío X, uno de los cuales era conocido por negar el Holocausto.

El obispo Richard Williamson, educado en la Universidad de Cambridge, era un fundamentalista insidioso e impenitente del peor tipo. Se refería a los judíos como «enemigos de Cristo empeñados en la dominación del mundo», y había articulado diversas teorías discutiendo la realidad del Holocausto desde los años ochenta. Días antes de que el papa anunciara su decisión de levantar las excomuniones, la televisión sueca emitió una entrevista con Williamson en la que este afirmaba su creencia de que las pruebas históricas estaban «en gran medida en contra de que se hubiera gaseado deliberadamente a seis millones [de judíos] en las cámaras de gas, como política deliberada de Adolf Hitler... Creo que no existieron las cámaras de gas... Creo que de doscientos a trescientos mil judíos perecieron en los campos de concentración nazis, pero ninguno de ellos en las cámaras de gas».[27]

Decidido a que sus palabras causaran la mayor ofensa posible, Williamson incluso había calculado viajar a Regensburg para hacer la entrevista en suelo alemán, con pleno conocimiento de las leyes de ese país contra la negación del Holocausto. La Iglesia, sin embargo, procedió a la restitución, afirmando: «El Vaticano ha actuado en relación con la excomunión y su eliminación para los cuatro obispos, en una acción que no tiene nada que ver con las afirmaciones altamente criticables de un individuo».[28]

La protesta fue ensordecedora. La decisión de Benedicto la describió una fuente importante vaticana no identificada como «la mayor catástrofe para la Iglesia católica romana en los tiempos modernos».[29] Conceder tanta importancia a curar los cismas internos con una facción ultratradicionalista de la Iglesia que devolvería a 150.000 católicos al rebaño parecía irrisorio, cuando se contrastaba con el daño que podía hacer a las relaciones interreligiosas en el mundo. El rabino David Rose, del Comité Judío Americano, calificó de «vergonzosa» la legitimación que hacía Benedicto de Williamson: «dando la bienvenida a la Iglesia católica a alguien que niega abiertamente el Holocausto, sin recato alguno por su parte, el Vaticano se ha burlado del conmovedor e impresionante repudio y condena que hizo Juan Pablo II del antisemitismo».[30]

En Alemania, el Consejo General Judío cortó sus vínculos con la Iglesia católica, como protesta por el levantamiento de esas excomuniones, y la canciller Angela Merkel, que siempre había mantenido una política estricta de no comentar ningún asunto interno de la Iglesia, dio el paso sin precedentes de hacer una declaración sobre esta crisis: «Si una decisión del Vaticano da lugar a la impresión de que el Holocausto se puede negar, esto no se puede dejar pasar... El papa y el Vaticano deberían aclarar sin ambigüedades que no se pueden hacer tales negaciones, y que debe haber relaciones positivas con la comunidad judía en todas partes. Las aclaraciones que se han dado hasta el momento, en mi opinión, no han sido suficientes».[31]

Estas palabras tuvieron tanto peso que al día siguiente, 5 de febrero de 2009, el Vaticano hizo una declaración a su vez, asegurando que el papa Benedicto no era consciente de las opiniones del obispo Williamson cuando le retiró la excomunión, y que se le había ordenado que retirase públicamente sus comentarios antes de ser readmitido en la Iglesia (se negó y fue apartado de su seminario de inmediato). Pero esta excusa no hizo más que exacerbar la incertidumbre sobre la incompetencia del papa. ¿Cómo es posible que el papa no fuera consciente? Y si no lo era, y es cierto, ¿por qué no le habían informado sus consejeros?

En una carta de disculpa a los obispos, un mes después, Benedicto admitía, en efecto, su propia incompetencia, escribiendo: «Me han dicho que consultando la información disponible en internet habría podido ver el problema con toda claridad desde el principio». Pero también defendió la idea de dar la bienvenida de nuevo a los sacerdotes al rebaño: «¿Acaso nosotros, como buenos educadores, no debemos ser capaces de pasar por alto diversos defectos, y hacer todos los esfuerzos posibles para abrir la perspectiva lo más posible? No creo que ellos [Williamson y los otros] hubieran elegido el sacerdocio si, junto con otros elementos distorsionados y poco sanos, no tuvieran también amor a Cristo... ¿Podemos excluirlos sin más, como representantes de un grupo marginal radical, de nuestra prosecución de la reconciliación y la unidad?».[32]

El retrato del papa Benedicto que nos queda no es el de un líder con autoridad, que dirige a sus 1,18 miles de millones de seguidores en tiempos de crisis, sino de un viejo frágil y confuso que se ahoga en un vaso de agua, mientras los que están más cerca de él lo contemplan. Con ochenta y un años y después de una vida entera de plegaria y estudio dentro de su torre de marfil teológica, carecía completamente de preparación para el hecho de que las decisiones que tomaba como papa tenían consecuencias reales para personas reales. Su incapacidad de captar la gravedad de esta crisis y las anteriores dejó bien claro lo muy apartado del mundo que estaba realmente el papa, y dejaba a muchos dentro de la Iglesia preguntándose si habrían elegido al hombre equivocado, y fuera de sus muros, causaba grave preocupación por el impacto que estos fallos podían tener en la sociedad.

Tales temores se vieron publicados en noviembre de 2010, cuando unos mensajes secretos publicados por WikiLeaks revelaron un informe condenatorio enviado por la embajada de Estados Unidos en el Vaticano al secretario de Estado en Washington, fechada el 20 de febrero de 2009, y titulado: «La Santa Sede: incapacidad de comunicarse».

Sumario: junto con otros asuntos, la reciente controversia mundial sobre el levantamiento de la excomunión a un obispo que negaba el Holocausto… expuso una desconexión importante entre las intenciones que proclamaba el papa Benedicto XVI y la forma en que el mundo entero recibe su mensaje. Hay muchas causas para este fallo de comunicación: el desafío de gobernar una organización jerárquica, pero descentralizada, la debilidad del liderazgo principal, y una subestimación (e ignorancia) de las comunicaciones del siglo XXI. Estos factores han conducido a mensajes confusos y reactivos que reducen el volumen del megáfono moral que usa el Vaticano para conseguir sus objetivos.[33]

El periodista seguía subrayando con todo detalle los fallos, percibidos por la embajada y sus fuentes confidenciales de alto rango en el Vaticano, de un pequeño número de «personas que toman decisiones y aconsejan al papa», que son «todos hombres, generalmente de más de setenta años», y con un grado escaso de «diversidad generacional o geográfica», todo lo cual significa que «no comprenden los medios modernos y las nuevas tecnologías de la información». La mano derecha del papa y «funcionario de alto rango», el secretario de Estado Tarcisio Bertone, que estaba «encargado de manejar la Curia», tuvo las peores críticas, y lo consideraban un «incondicional» los críticos que le hacían responsables del estado desorganizado de la Curia. Algunas fuentes etiquetadas como «estrictamente protegidas» por la embajada también revelaban preocupación por la «naturaleza italocéntrica de los consejeros más cercanos al papa», que favorecían «las comunicaciones anticuadas, centradas en el interior, escritas en lenguaje "codificado", que nadie fuera de su círculo estrecho pudiera descifrar». Entre el personal de Benedicto, solo había un miembro importante, el arzobispo James Harvey, de un país anglófono, y la fuente establecía que «esto significa poco contacto con los vaivenes de los medios de comunicación americanos, o del mundo en general». Además, Benedicto se había rodeado de un pequeño grupito de consejeros de fuera del círculo interno que carecían «de la confianza suficiente para darle malas noticias».[34]

En medio de todo este caos, en una institución tan secretista como la Iglesia, era imposible deducir no solo quién era responsable de los fallos, sino si existía algún candidato creíble para empezar a enfrentarse a los problemas y, al hacerlo así, salvar a Benedicto de mayores desastres.

Los tres últimos años de turbulencias

Los tres últimos años del papado de Benedicto le dieron poco respiro del escándalo. La rigidez de su punto de vista tradicionalista le puso sistemáticamente en contra de una sociedad más abierta y crítica de la conducta de la Iglesia que la que había experimentado ningún otro papa. Las visitas a España, Reino Unido e Irlanda fueron precedidas por declaraciones condenando el «agresivo secularismo» de esos países, con respecto a campañas sobre los gays y derecho al aborto, que creía contrario a la «ley natural». Moralizando de esa manera, fue recibido con particular hostilidad en Gran Bretaña e Irlanda, porque al mismo tiempo que criticaba que la gente pidiera más libertades, convocaba a todos los obispos irlandeses para tratar el escándalo del abuso sexual de niños por parte del clero.

Tras años de abusos, en Irlanda muchos se cuestionaban que el Vaticano desease o fuese capaz de enfrentarse a esa crisis. El cardenal Sean Brady, la figura más importante de la Iglesia católica irlandesa, reconoció que asistió a una reunión en 1975 en la cual se obligó a las víctimas a firmar un juramento de silencio por los abusos que habían sufrido a menos de un sacerdote pedófilo. El papa Benedicto, preocupado por lo que había oído durante su reunión con los obispos, intentó calmar las tensiones emitiendo una carta abierta en marzo de 2010 a los católicos de Irlanda, en la cual decía que se había sentido «profundamente conmovido» por tales revelaciones, y compartía «la consternación y la sensación de traición que tantos de vosotros habréis experimentado». La carta es larga y sincera, pero aunque el papa decía que «sentía muchísimo» el profundo sufrimiento de las víctimas, estaba claro que dejaba la culpa a un nivel doméstico.[35]

Esa carta señaló un punto sin retorno en el enfoque del Vaticano de los abusos sexuales por parte de su clero. Benedicto solo consiguió gestionar la crisis de una forma mediocre, en el mejor de los casos, pero quizá haya que reconocerle el mérito de ser el primer papa en expulsar a sacerdotes pedófilos de la Iglesia, unos 384 en todo el mundo entre 2011 y 2012.

Hubo más revuelo en la Iglesia en septiembre de 2010, cuando el responsable de la Banca Vaticana, Ettore Gotti Tedeschi, fue sometido a una investigación formal por sospecha de violar las leyes de blanqueo de dinero italianas, y una cuenta vaticana que contenía veintitrés millones de euros quedó congelada porque el banco no reveló detalles relativos a la transferencia de fondos. (No resultó de ello acusación alguna). Como estado soberano, el Vaticano había sido muy criticado siempre por su falta de transparencia y cooperación en sus tratos financieros. Entonces se establecieron paralelismos con la falta de denuncias de los abusos dentro de la Iglesia a las autoridades civiles, y se suscitaron interrogantes sobre si alguien era capaz de rendir cuentas en asuntos financieros.

Esta vez, Benedicto comprendió con mayor rapidez que se avecinaba una crisis, y sin perder tiempo creó una nueva agencia vaticana para que actuase como organismo de control financiero y se asegurase de que el Vaticano cumplía las normas financieras de Estados Unidos y del mundo. El movimiento fue bien recibido, y visto como una señal de que el estado secretista se estaba tomando más en serio las acusaciones de corrupción y blanqueo de dinero.

Desgraciadamente para Benedicto, era demasiado poco, y demasiado tarde. En enero de 2012, el Vaticano se vio una vez más sacudido por el escándalo. El mes precedente había aflorado la información de que Benedicto, que tenía entonces ochenta y cuatro años de edad, parecía cansado, delgado y débil. De modo que cuando estalló el llamado Vatileaks, más tarde descrita por John Allen como «Puccini se une con el Watergate» en la televisión italiana, no se encontraba en el estado ideal para enfrentarse a sus consecuencias. Los documentos filtrados revelaban supuesta corrupción financiera, luchas internas, hazañas homosexuales de los sacerdotes y nepotismo dentro de la Santa Sede. Se cree que no lo había revelado alguien con conciencia y celo, esperando reformarla, sino más bien aquellos que tenían «intereses personales y políticos».[36] Como respuesta, Benedicto reunió un equipo de primera de cardenales, dirigidos por el cardenal Julián Herranz, miembro del archiconservador Opus Dei, para que investigara la fuente de la filtración. Un mes más tarde, al estilo de las novelas policíacas clásicas, la policía arrestó nada menos que al mayordomo del papa, Paolo Gabriele.

Los investigadores registraron las habitaciones del mayordomo en el Vaticano y Gabriele fue acusado de poseer documentos confidenciales ilegalmente. Pero las filtraciones siguieron apareciendo, y muchos llegaron entonces a la conclusión de que la red de conspiradores abarcaba mucho más que un solo hombre. Quizá pudieran estar implicadas hasta veinte personas, aunque no se acusó a nadie más.

Las sospechas de que estaban implicados más miembros de alto rango de la Curia provocaron acusaciones de encubrimiento, tras la condena y sentencia de Gabriele a dieciocho meses de cárcel y la sentencia de un experto en tecnología del Vaticano por ayudarle y cobijarle, que quedó en suspenso. En realidad Gabriele, aunque era miembro del círculo interno del papa, era un hombre que no tenía poder real, y que había filtrado documentos escritos en idiomas que él mismo no hablaba. Se especulaba que había hecho un trato y accedido a ser el chivo expiatorio, para salvar a la Iglesia de más bochornos, y esto pareció confirmarse en diciembre de 2012, momento en el que el papa Benedicto visitó a su antiguo mayordomo en prisión y le perdonó por su implicación en el escándalo, permitiéndole conservar su pensión, alojamiento y empleo dentro del Vaticano.

Como observaba Allen en aquel momento, «una de las ironías de la saga de Vatileaks es el hecho de que fueran las filtraciones, y no su contenido en realidad, lo que parece que hizo más daño al Vaticano».[37] El Vaticano quería que la noticia desapareciese, y que desapareciese rápido. La condena de Gabriele fue la forma más sencilla de conseguirlo públicamente. No obstante, a puerta cerrada, Benedicto sentía una preocupación mucho mayor de la que había demostrado, y por tanto ordenó al cardenal Herranz que prosiguiera sus investigaciones, esta vez en el más estricto secreto.

El 17 de diciembre de 2012, Herranz le entregó un informe de trescientas páginas y dos volúmenes, encuadernado en piel, y llamado «el expediente rojo», al papa Benedicto. En él se detallaba el descubrimiento de una red de clérigos gays dentro del Vaticano que se reunían regularmente para tener relaciones ilícitas, a menudo con prostitutos, en diferentes ubicaciones dentro y fuera de Roma. El informe establecía también que algunas de las personas implicadas eran chantajeadas por sus actividades homosexuales secretas, por parte de personas ajenas. Más tarde, el periódico italiano *La Repubblica* afirmó que ese día el papa Benedicto XVI tomó la decisión que causaría un terremoto en todo el mundo y dejaría a mil millones de católicos pasmados, esperando respuestas.

5

La dimisión de un papa

*E*l cielo retumbaba con los truenos, la lluvia caía con fuerza y la espesa oscuridad que envolvía el Vaticano se veía puntuada por algunos relámpagos que atravesaban el cielo y caían en la aguja de la basílica de San Pedro. ¿Era una señal de Dios? ¿O quizá la culminación de algún tipo de energía cinética acumulada a través del mundo en las horas precedentes? Todo el mundo captó el simbolismo, porque aquel mismo día, 11 de febrero de 2013, la noticia de otro rayo impactó en el mismísimo corazón de la Iglesia católica. El papa Benedicto XVI había dimitido.

El Colegio Cardenalicio y los miembros de la Curia se habían reunido en Roma el día anterior para discutir algunas canonizaciones pendientes, pero se añadió por sorpresa un tema al orden del día. Antes de emprender los otros asuntos, el papa Benedicto pronunció un breve discurso (por supuesto, en latín):

> Queridos hermanos:
>
> Os he convocado a este Consistorio no solo por las tres canonizaciones, sino también para comunicaros una decisión de gran importancia para la vida de la Iglesia. Tras haber examinado repetidamente mi conciencia ante Dios, he llegado a la certeza de que mis fuerzas, debido a mi avanzada edad, ya no son suficientes para un adecuado ejercicio del ministerio petrino. Soy muy consciente de

que este ministerio, debido a su naturaleza esencialmente espiritual, debe llevarse a cabo no solo con palabras y hechos, sino también con oraciones y con sufrimiento. Sin embargo, en el mundo de hoy, sujeto a unos cambios tan rápidos y agitado por cuestiones de profunda relevancia para la vida de la fe, para gobernar la barca de san Pedro y proclamar el Evangelio hace falta fuerza tanto de mente como de cuerpo, una fuerza que, en los últimos meses, se ha deteriorado en mí hasta el extremo de que tengo que reconocer mi incapacidad para llevar a cabo adecuadamente el ministerio que se me ha encomendado. Por ese motivo, y bien consciente de la seriedad de este acto, con plena libertad declaro que renuncio al ministerio de Obispo de Roma, Sucesor de San Pedro, confiado a mí por los cardenales el 19 de abril de 2005, de tal manera que desde el 28 de febrero de 2013, a las 20.00 horas, la Sede de Roma, la Sede de san Pedro, estará vacante, y habrá que convocar un cónclave cuya competencia será elegir al nuevo Supremo Pontífice.[1]

182

Un testigo de la reunión, el prelado mexicano monseñor Óscar Sánchez Barba, recordaba: «Los cardenales se miraban los unos a los otros. Entonces el papa se puso de pie, les dio su bendición y salió. Fue un acto muy sencillo, la cosa más sencilla imaginable. Extraordinario. Nadie se lo esperaba. Todos se fueron en silencio. Había un silencio absoluto... y una gran tristeza».[2]

Nadie estaba preparado para aquello, y nadie realmente podía haber preparado una reacción, pero el Vaticano sabía que la noticia de la dimisión no se podía ocultar, y por tanto emitió un comunicado de Benedicto a los medios al día siguiente. Las noticias se actualizaban minuto a minuto, los comentaristas corrían a las cadenas de noticias para especular sobre los acontecimientos de su papado que podían haber causado que el hombre más convencional de la Iglesia católica hiciera lo más anticonvencional imaginable en la historia moderna. Los corredores de apuestas se apresuraron a aceptar apuestas para ver quién podría sucederle.

El portavoz del Vaticano, el reverendo Federico Lombardi, admitió durante la conferencia de prensa subsiguiente: «El papa nos cogió por sorpresa. Era un día festivo en el Vaticano, así que tuvimos que prepararnos para la importante situación con gran rapidez... Tendrán ustedes muchas preguntas, pero creo que necesitamos unos cuantos días para organizarnos, porque este anuncio nos ha cogido a todos por sorpresa».[3] Dijo que el Colegio de Cardenales escuchó la breve declaración «con gran atención y conteniendo la respiración», pero no ofrecieron la oportunidad de hacer preguntas.

La Iglesia presentó un frente unido, asegurando a su rebaño que habría nuevo papa antes de Pascua, y los cardenales empezaron a hacer declaraciones alabando el valor y la humildad del papa, pero admitiendo también su sorpresa y su tristeza. Los políticos vinieron a continuación, con palabras de apoyo y de alabanza del reinado papal de Benedicto.

183

No todo el mundo compartía sus simpatías. Los grupos de defensa de las víctimas de abusos celebraron abiertamente esa dimisión, y arremetieron contra el papado de Benedicto por no conseguir gestionar adecuadamente la crisis de los abusos sexuales por parte del clero. El antiguo secretario de Juan Pablo II, el cardenal Stanislaw Dziwisz, de Cracovia, hizo una crítica escasamente velada al observar ante los periodistas polacos que Juan Pablo había permanecido en su puesto hasta la muerte, porque creía que «no se puede uno bajar de la cruz».[4]

La reacción más común, sin embargo, fue pura y simple sorpresa. La mayoría de la gente, católicos y no católicos por igual, no sabía o no creía que se pudiera abdicar del trono de san Pedro. Como decía Dziwisz, era una carga que los papas debían soportar hasta la muerte. El propio Benedicto se había referido a su papel como una sentencia de muerte.

Indicios de una decisión ya tomada

En 2002, Benedicto realizó una serie de entrevistas íntimas con el periodista alemán Peter Seewald para el libro *Light of the World (Luz del mundo)*. Cuando le preguntaron si había pensado en dejar el cargo ante la avalancha de acusaciones de abusos infantiles, Benedicto respondió: «Cuando el peligro es grande, no hay que salir huyendo. Por ese motivo, ahora ciertamente no es momento de dimitir. Precisamente en un momento como este hay que mantenerse firmes y soportar la difícil situación… Sí que se puede dimitir cuando hay paz, o cuando uno sencillamente no puede continuar. Pero no hay que apartarse del peligro y decir que debería enfrentarse a él otra persona».[5] Entonces Seewald preguntó: «¿Es posible imaginar una situación en la cual se pueda considerar apropiada la dimisión por parte de un papa?». Y Benedicto replicó: «Sí. Si un papa se da cuenta claramente de que ya no es capaz física, psicológica y espiritualmente de manejar los deberes de su cargo, entonces tiene el derecho, y en algunas circunstancias incluso la obligación de dimitir». En el momento de la publicación del libro, la mayoría de los lectores se centraron en «la obligación de dimitir» como crítica levemente velada de la resistencia de Juan Pablo a apartarse, cuando quedó incapacitado. Pero luego, viéndolo retrospectivamente, parece igual de probable que Benedicto se estuviera refiriendo a sí mismo.

Describiendo su elección en una entrevista con Seewald, en 2010, Benedicto observó: «En realidad yo había esperado finalmente un poco de paz y tranquilidad… Estaba seguro de que ese cargo no era mi destino, y de que Dios me concedería un poco de paz y tranquilidad, tras unos años extenuantes».[6] Así que la misma duda expresada tras la elección, en 2005, parece ser que fue en aumento y se convirtió en una decisión clara ya en 2010, y no después de las Vatileaks, como muchos creyeron inicialmente. Esto suscita la pregunta: ¿ocurrió algo en 2010 que inclinó la balanza de modo que le apartara de la carga de sus obligaciones?

Para empezar siquiera a intentar comprender su monumental decisión, debemos dejar al papa Benedicto y volver una vez más a Joseph Ratzinger y su época como prefecto de la Congregación para la Doctrina de la Fe, y más atrás aún, a su vida en Alemania.

Un escándalo en Múnich

En enero de 2010, los periódicos empezaron a informar sobre un caso histórico de abusos sexuales que cubría treinta años, desde 1980 a 2010, en la archidiócesis de Múnich. A medida que iban saliendo a la superficie más detalles, surgieron relaciones que llevaban el caso a la puerta de Joseph Ratzinger, que fue arzobispo de Múnich entre 1977 y 1982.

El sacerdote que estaba en el centro del escándalo era Peter Hullermann, que en 1979 fue acusado de abusar sexualmente de tres chicos de Essen, Alemania. Los padres de las víctimas se quejaron a los superiores de Hullermann y escribieron a la archidiócesis de Múnich pidiendo que fuera trasladado allí para seguir una terapia. Aunque Hullermann no negó las acusaciones, las cartas procedentes de la archidiócesis no se referían al sacerdote como pedófilo, y no hablaban de los delitos cometidos. Pero insistían en que «informes de la congregación en la que él había estado activo hicieron que nos diéramos cuenta de que el capellán Hullermann representaba un peligro, y eso hizo que le retirásemos inmediatamente de los deberes pastorales», y sugerían que sería más seguro que enseñara «en una escuela de niñas».[7]

El traslado se comentó durante una reunión regular de funcionarios de alto estatus el 15 de enero de 1980. La orden del día establecía sencillamente que un sacerdote joven necesitaba «tratamiento médico psicoterapéutico en Múnich», junto con alojamiento y un «colega comprensivo», pero Hullermann, a quien se referían como «H», por otra parte era descrito como «un hombre con mucho talento, que podía ser aprovechado de múltiples formas».[8] Ratzinger aprobó la petición y «H» fue admitido como paciente del psiquiatra doctor Werner Huth. Tras solo cinco días de tratamiento, la oficina del cardenal Ratzinger recibió una copia del vicario general, el padre Gerhard Gruber, que establecía que «H» iba a ser reintegrado con plenas funciones a una parroquia fuera de Múnich. Cuando el doctor Huth se enteró de esto, inmediatamente informó a los funcionarios de Ratzinger de que «el riesgo de reincidir era tan elevado que resultaba imposible que continuase haciendo trabajo parroquial. Y le expliqué todo esto al obispo local».[9] Se ignoraron sus advertencias. Huth estaba tan preocupado que «emitió advertencias explícitas, escritas y orales, al futuro papa... antes de abandonar Alemania para ir a ocupar un cargo en el Vaticano en 1982», pero la decisión de devolver a Hullermann a los deberes parroquiales, en contacto directo con niños, siguió en vigor.[10]

Menos de cinco años después, el padre Hullermann fue acusado de abusar de más niños y condenado por abusos sexuales en Baviera en 1986. Se le sentenció a dieciocho meses, pero se suspendió la sentencia con cinco años de libertad condicional, junto con otra «terapia». Asombrosamente, no fue exclaustrado aún, y se le permitió seguir trabajando con monaguillos hasta 2008, momento en el que la Iglesia emitió la orden de que fuera trasladado a otra parroquia en un cargo que prohibía su trabajo con niños. En realidad, tenía pocas restricciones y continuó celebrando misa con monaguillos.

Solo cuando la historia salió a la luz en todo el mundo se suspendió a Hullermann de su puesto, el 15 de marzo de 2010, treinta años después de haber reconocido los primeros delitos de los que se le acusó en Essen. Llegados a este momento, la pregunta que se hacía todo el mundo era: ¿qué sabía el papa?

La gigantesca Oficina de Prensa Vaticana se preparó para el combate y decidió protegerle a toda costa, insistiendo en que no tenía responsabilidad alguna. El antiguo vicario general Gruber, obedientemente, asumió toda la responsabilidad, afirmando: «lamento muchísimo que esta decisión tuviera como consecuencia delitos contra jóvenes, y me disculpo ante todos los que resultaron dañados por ello».[11] Pero las preguntas seguían: si los memorándums confirmando el regreso de Hullermann a los deberes pastorales fueron enviados al arzobispo Ratzinger, ¿es concebible que él no los hubiera leído, habiendo autorizado la transferencia inicial de «H» a Múnich para que recibiera terapia por unos delitos que él mismo había reconocido? En una entrevista con *The New York Times*, el padre Thomas P. Doyle, antiguo abogado de la embajada vaticana en Washington D.C., que había desvelado varios escándalos de abusos, dijo que esas negativas eran «absurdas», y afirmó: «El papa Benedicto hace microgestión. Trabaja al estilo antiguo. Algo así tenía que haber llamado su atención necesariamente. Díganle al vicario general que encuentre otra excusa mejor. Lo que está intentando hacer, obviamente, es proteger al papa».[12]

La siguiente táctica que emprendió el Vaticano fue alegar que se estaba llevando a cabo una campaña de desprestigio contra Benedicto, y la oficina de prensa emitió un comunicado afirmando que era «evidente que, en días recientes, hay algunos que han intentado, con agresiva tenacidad, en Regensburg y en

Múnich, encontrar elementos para implicar personalmente al Santo Padre en asuntos de abusos. Está claro que esos esfuerzos han fracasado».[13] Muchos consideraban que esta afirmación era insensible y despectiva, ya que no hacía mención alguna de las víctimas. Y los hechos no variaban: si Ratzinger desconocía que Hullermann había vuelto a sus deberes pastorales en la comunidad, después de repetidas advertencias por parte de un psiquiatra autorizado por la Iglesia, ¿acaso no reflejaba esto su forma de tratar a un sacerdote que ya sabía que era un peligro para la comunidad? La indiferencia no puede ser una excusa cuando se trata de abusos sexuales contra niños.

A pesar de la acérrima defensa que hizo el Vaticano del papa, cada día salían a la luz nuevos detalles, y a finales de marzo habían aparecido más de trescientas nuevas víctimas con acusaciones de abusos en Alemania. Además, los amigos del padre Gruber, de ochenta y un años, mano derecha de Ratzinger en 1980, informaron a *Der Spiegel* que le habían «pedido», en términos muy claros, que asumiera la responsabilidad plena de todo el escándalo, y por tanto sacara al padre Benedicto «de la línea de fuego».[14]

Solo unas semanas antes, Benedicto había escrito una carta abierta a las víctimas de los abusos en Irlanda, pero ahora, en unos asuntos que afectaban a su conducta personal, guardaba silencio.

Una conspiración de silencio

El año 2010 surgió un asombroso número de nuevos casos de abusos. Tristemente, aunque las revelaciones particulares eran nuevas, el problema no lo era. El caso Hullermann no solo situó al propio papa Benedicto justo en medio del escándalo, sino que también expuso la conspiración de silencio existente dentro de una Iglesia católica que no había informado de los sacerdotes pedófilos a la policía y por el contrario había silenciado sus delitos.

Cuando el cardenal Ratzinger se convirtió en papa Benedicto, condenó la «suciedad que había dentro de la Iglesia». Ahora, la falta de acción decisiva estaba poniendo a prueba la paciencia del público. Como prefecto de la Congregación para la Doctrina de la Fe, había sido responsable de manejar los casos de abusos en nombre de Juan Pablo II desde 1982. Prefiriendo gastar sus energías aplastando las facciones izquierdistas, como los teólogos de la liberación en Latinoamérica, Ratzinger y Juan Pablo podían ser acusados, en el mejor de los casos, de una completa ceguera hacia los delitos cometidos, y en el peor de los casos, de ser los arquitectos de una cultura insidiosa de encubrimiento. Los que revelaban los secretos de la Iglesia se sentían ahora envalentonados para compartir historias y afirmar que ellos habían advertido repetidamente al Vaticano de que se cometían abusos y de la vasta extensión del problema, pero solo se habían encontrado con silencio. Se entregaron informes detallados a la Santa Sede, y aun así, tampoco se hizo nada. Solo cuando al final las víctimas encontraron abogados que quisieron representarlos y llevar sus casos a los tribunales de justicia, se vio obligada la Iglesia a enfrentarse al asunto.

189

El Vaticano gastó más de 2,5 mil millones de dólares en arreglar casos históricos de abusos en Estados Unidos, solo entre 2004 y 2011. Los obispos individuales no podían haber autorizado acuerdos a puerta cerrada de esa magnitud. Ratzinger era El Ejecutor del Vaticano. Era el responsable de mantener la Iglesia controlada, de imponer la disciplina, como cardenal y después como papa, y de excomulgar a aquellos que no estaban en línea con las opiniones de Juan Pablo. Y aun así, se protegió a los que cometieron abusos.

¿Y qué hay de las víctimas? El dolor expresado por el papa Benedicto en entrevistas y discursos se centraba repetidamente en su horror, en primer lugar, de que la santidad del sacerdocio se pusiera en cuestión, y solo después expresaba simpatía y preocupación por las víctimas. Durante la entrevista de 2010 para *Luz del Mundo*, Peter Seewald desafió al papa a que respondiera a las afirmaciones del antiguo juez constitucional alemán Ernst-Wolfgang Böckenförde, que creía que «el motivo principal de este fracaso, durante varias décadas... reside en unos modelos de conducta muy establecidos, siguiendo una política de la Iglesia que coloca el bienestar y reputación de la misma Iglesia por encima de todo lo demás. El bienestar de las víctimas, por lo tanto, se convierte automáticamente en algo secundario, aunque en realidad son los primeros y los principales que necesitan la protección de la Iglesia». ¿La respuesta de Benedicto? «Analizar todo esto, claro está, no es fácil. ¿Qué significa eso de la política de la Iglesia? ¿Por qué la gente no reaccionaba antes de la misma manera que lo hacen ahora?» Pero el papa sabía perfectamente cuál era la política de la Iglesia. Se lo sabía de memoria, y había ratificado personalmente la perpetuación del sistema de encubrimiento que llevaba décadas funcionando.[15]

El peor crimen

Aunque ciertamente, Juan Pablo y Ratzinger fueron responsables durante años de ignorar y ocultar los abusos cometidos por el clero, la práctica delineada en la «política de la Iglesia» (esa que el papa Benedicto encontraba tan difícil de analizar) forma parte de la ley canónica, y se remonta al menos a 1867. Circulaba por todos los obispados un documento secreto del Vaticano, con el sello oficial del papa Juan XXIII, un documento que el cardenal Ratzinger, en su forma modificada de 2001, ratificó e impulsó como instrucción de la Iglesia de hoy. El periódico *Observer* lo consiguió y lo publicó en 2003. Titulado *Crimen Sollicitationis* (*El crimen de la solicitación*), el documento mostraba que los métodos empleados durante el papado de Juan Pablo de hecho seguían las líneas oficiales del Vaticano, unas líneas acuñadas por el tiempo, instruyendo a los obispos, cuando se enfrentaban a pedófilos y a los culpables de sexo con otros hombres, o de sexo con niños menores, o niñas o «animales brutos», de «trasladar [al sacerdote ofensor] a otra [tarea]», si el caso lo merecía, y para que todo el asunto se tratase «de la manera más secreta», todas las partes debían «quedar restringidas por un silencio perpetuo», que se contempla habitualmente como «un secreto del Santo Oficio, en todos los temas y en todas las personas, bajo la pena de excomunión...». Con respecto al juramento secreto que se mencionaba antes, el secreto lo deben mantener también «los acusadores, o aquellos que denunciaron [al sacerdote]». Si la acusación resultaba ser falsa, los obispos tenían instrucciones de destruir todos los documentos, excepto una copia que debían enviar al Santo Oficio.[16]

Descrito por Daniel Shea, un abogado americano que trabajaba para las víctimas de abusos por sacerdotes católicos, como un «modelo para el engaño y la ocultación», el documento resulta estremecedor.[17] Como observa Collins, «al principio Roma intentaba aislar los abusos sexuales como un problema exclusivo del mundo de habla inglesa, algo que resultaba en gran medida del secularismo y el "pansexualismo", como dijo un cardenal de la Curia... a los no anglófilos, les parecía que la situación de Estados Unidos era solo otro ejemplo más de una preocupación degenerada por el sexo con un prejuicio anticatólico especialmente maligno integrado en ella».[18] Pero el documento titulado «Instrucción de la manera de proceder en casos de abusos sexuales», revela que la práctica de trasladar sacerdotes de parroquia en parroquia para protegerlos de sus delitos sexuales ha sido común al menos desde 1962, y el secreto papal obligatorio rodeó todas las acusaciones nada menos que desde 1867.

El abuso de niños, descrito por el Vaticano en su «Instruc-

191

ción» como «el peor de los crímenes», era tan común que la jerarquía eclesiástica tenía unos procedimientos muy bien engrasados para ocuparse de los perpetradores. En un documento producido en 1922, el Vaticano afirmaba que «la acusación misma se consideraba lo más grave que se le podía reprochar a un sacerdote romano católico. Por tanto, el procedimiento se llevaba a cabo para asegurar que un sacerdote que podía ser víctima de una acusación falsa o calumniosa quedase protegido de la infamia hasta que se probase si era culpable. Esto se conseguía mediante un código estricto de confidencialidad, que estaba destinado a proteger a todas las personas implicadas de una publicidad no deseada, hasta que se tuviese la decisión definitiva del tribunal eclesiástico».[19]

El libro de Jeffrey Ferro *Sexual Misconduct and the Clergy (Mala conducta sexual y el clero)* se refiere a un texto del año 731 d. C. titulado *The Penitential of Bede (El penitencial de Bede)*. El autor, un monje irlandés llamado Bede, «aconseja a los clérigos que sodomizan a niños que hagan penitencia subsistiendo solo a base de pan y agua entre tres y doce años».[20] Además, en una serie de artículos, un antiguo sacerdote y crítico firme de la forma que ha tenido la Iglesia de llevar el tema de los abusos, Thomas Doyle, subrayaba que aunque el voto de celibato no se hizo oficial hasta el Segundo Concilio de Letrán, en el siglo xii, era una política defendida por la legislación de la Iglesia desde el Concilio de Elvira, en el siglo iv, y la más temprana «condena explícita del sexo entre varones adultos y niños» aparecía en los *Didache* (50 d. C.), conocidos como *Enseñanzas de los Doce Apóstoles*.

Al presentárseles una historia muy clara de casi dos mil años, había que hacerse seguramente la pregunta: ¿cómo podía la Iglesia mantener una política semejante de negación y secretismo en torno a lo que consideraba «el peor crimen»?

Joseph Ratzinger tenía que saber que, al aceptar el papel

de prefecto de la CDF, una gran parte de sus responsabilidades sería manejar las acusaciones de abusos sexuales. Ahí, seguramente, estaba una oportunidad de mitigar los años de sufrimiento de las víctimas revisando los procedimientos para promover una mayor transparencia con el mundo exterior a la Iglesia.

Por el contrario, en una carta explicando las «Nuevas normas del trato de la Iglesia a determinadas ofensas graves», fechado el 18 de mayo de 2001, él, «habiendo considerado cuidadosamente las distintas opiniones y habiendo hecho las adecuadas consultas», esencialmente reafirmaba el status quo. La carta de Ratzinger marcaba unas nuevas guías que establecían que los casos de supuestos abusos estarían sujetos a partir de entonces a un estatuto de limitaciones de diez años después del décimo octavo cumpleaños de la víctima, dentro del cual las acusaciones podían ser consideradas por la Iglesia. También estipulaba que solo los sacerdotes eran elegibles para dirigir los «tribunales» cuando se investigaran las acusaciones, y una vez se hubieran formado tribunales locales, «todos los actos del caso se transmitirían *ex officio* lo antes posible a la CDF». Finalmente, reiteraba que los «casos de este tipo están sujetos al secreto pontifical», queriendo decir con ello que el clero, las víctimas y los testigos serían excomulgados, si revelaban algún detalle.[21]

A pesar de la actualización de la norma de Ratzinger, estableciendo que «todos» los casos de abuso se enviaran a la CDF, los obispos y sacerdotes que eran lo bastante valientes para informar de acusaciones a Roma no solían recibir ningún tipo de respuesta, solo el silencio: un silencio helado, que movía a muchas víctimas a hacer públicas sus acusaciones. Y sin embargo, incluso bajo el resplandor de la condena global, el Vaticano seguía sin exhortar a entregar a los sacerdotes pedófilos a la policía.

También resulta asombroso que no hubiera mención alguna a las víctimas en ninguna de esas guías legales, aparte de que

193

ellos también estaban sujetos por el secreto papal. En un docu-
mental de *Panorama* de 2006, titulado «Delitos sexuales y el
Vaticano», Thomas Doyle coincide mordazmente: «No hay política para ayudar a las víctimas, no hay absolutamente ninguna política para ayudar a aquellos que intentan ayudar a las
víctimas, y existe en cambio una política no escrita de mentir
acerca de la existencia del problema. Con respecto a los perpetradores, los sacerdotes, cuando son descubiertos, la respuesta
sistémica no es investigar y condenar, sino trasladarlos, cam-
biarlos de un sitio a otro en secreto, y no revelar por qué los
han trasladado».[22] ¿Es la carta de mayo de 2001 de Ratzinger
una prueba más de un hombre tan profundamente apartado de
la humanidad, tan extrañamente apartado del mundo, tan inmerso en detalles y procedimientos clericales y en la aplica-
ción de las normas, que había perdido de vista los corazones y
las almas humanas, y literalmente se había olvidado de pensar
en las víctimas de los abusos sexuales como personas? ¿O era
un hombre tan enteramente en conflicto, tan conscientemente
desgarrado entre lo que describía en su discurso de 2005 como
la «suciedad dentro de la Iglesia» y su lealtad a la fe en el papa,
que se sentía incapaz de desviarse de su rumbo?

Inquieta se halla la cabeza que lleva una corona[23]

Benedicto XVI encontró escándalo tras escándalo en su papado, pero con el beneficio de la visión retrospectiva, está claro
que las acusaciones que rodearon el caso del padre Peter Hullermann fueron las que llevaron el escándalo de los abusos sexuales más cerca de él... tan cerca como su propio escritorio.

Desde su niñez en la Alemania nazi hasta el momento de
ocuparse de casos de abuso en la CDF y luego a través de la miríada de dificultades a las que se enfrentó durante su papado, el
mecanismo de supervivencia de Benedicto era separarse, con-

centrarse en la doctrina y verlo todo en abstracto. Solo cuando se vio obligado a recordar su papel, su mano, su responsabilidad en los «peores delitos», la gravedad del tema pareció finalmente hacerse real para él.

Como sabemos, aunque el deseo más fuerte de Benedicto era preservar la continuidad tras la muerte de Juan Pablo II, dando un discurso al estilo de un líder con ese fin, no era intención de Benedicto ni su deseo convertirse en papa él mismo, y esto en parte quizá contribuyó a su fracaso en el cargo. Los incontables ejemplos de su desapego de la realidad y de la gente le dejaban completamente descolocado, y mucho más dado que no tenía demasiado apoyo. Su dimisión, revolucionaria dada su reputación de conservadurismo, la describía el periódico diario romano *La Repubblica* como «una erupción de modernidad dentro de la Iglesia».[24] La ironía está bien clara. Como observaba un profesor de religión: «El teólogo que consideraba que el relativismo era el peor enemigo de la Iglesia será el papa que ha relativizado el papado».[25] Si el papado ya es simplemente un trabajo del cual el titular se puede retirar, ¿mantendrá su estatus como vocación elevada, incluso divina? ¿Es mucho más santo que sus devotos seguidores el Santo Padre, si no se eleva a sí mismo dedicando su vida, «toda» su vida, a la Iglesia?

195

Benedicto abordó un helicóptero poco después de las 5 de la tarde del 28 de febrero de 2013, y se lo llevaron por encima de los tejados de Roma entre un coro de campanas de Iglesia que repicaban por debajo, al Palacio Apostólico de Castel Gandolfo, del siglo XVII, para empezar su nueva vida como «sencillamente un peregrino iniciando la última etapa de su peregrinaje en esta tierra».[26] Un poco después de las 8 de la tarde, los Guardias Suizos, protectores de papas durante más de quinientos años, se despidieron de la residencia papal de verano. Benedicto había dejado de ser papa. Era el papa emérito solamente, y en consecuencia lo protegería el personal de seguridad del Vaticano en

Castel Gandolfo hata que se completaran las renovaciones en el monasterio de Mater Ecclesiae, en la Ciudad Santa, donde viviría su retiro. Su amado piano estaba viajando ya hacia él (su compositor favorito es Mozart) junto con sus papeles y muchos libros, todo lo cual se quedaría con él hasta que le ampliaran el alojamiento, crearan un estudio y modernizaran los dormitorios de invitados, para subvenir a las necesidades de un antiguo pontífice con la comodidad a la que estaba acostumbrado.

Las declaraciones del Vaticano sobre el futuro de Benedicto fueron lacónicas, por decir lo mínimo, y muchos se quedaron muy sorprendidos ante la decisión de Benedicto de permanecer dentro de su reino, ya que esperaban que volviera a Alemania. La idea de tener a un expapa y un papa en funciones viviendo uno junto al otro resultaba muy rara, pero el «experimento» en realidad implicaba asegurar la futura protección de Benedicto: el Vaticano, será mejor que no lo olvidemos, es un estado soberano, y dentro de sus muros Benedicto mantenía la inmunidad ante toda acción judicial, si llegaba a juicio algún caso de abuso sexual.

Con tan poca información divulgada al público sobre cómo podía funcionar esa nueva era, el mundo exterior siguió especulando mientras las pesadas puertas de madera de Castel Gandolfo se cerraban cuidadosamente.

Los que quedaban en el interior podían estar seguros de una cosa: al fin había llegado la oportunidad del cambio.

6

Cónclave

*L*os cardenales que votaron en el cónclave de 2005 que eligió al papa Benedicto XVI, de setenta y ocho años, eran plenamente conscientes de que, debido a su avanzada edad, su papado no sería particularmente largo. Fue un tema relativamente sencillo dejar a un lado las diferencias por el bien de la Iglesia y ponerse de acuerdo en la dirección de su futuro inmediato, si no lejano. Ahora, la partida de Benedicto, dramáticamente temprana, cogió a la mayor parte de la Curia desprevenida, y la idea de su sucesor estaba bastante menos definida de lo que muchos habrían deseado.

Los periódicos de todo el mundo publicaron el mismo titular: el papa estaba dejando atrás una Iglesia en crisis, asediada por el escándalo, y bajo amenazas debido a la extensión del secularismo. Antiguos enfrentamientos por la dirección que debía tomar la Iglesia afloraban de nuevo a la superficie. En su centro se encontraba un desacuerdo fundamental sobre las causas y soluciones de la crisis. Los tradicionalistas (seguidores del *ressourcement* del Vaticano II) creían que la Iglesia debía mirar hacia el interior y elevarse por encima de la sociedad, dando a sus seguidores un objetivo más elevado por el que luchar. Los fieles, suponían, mirarían hacia la Iglesia en busca de verdades no cambiantes, clásicas, seguros de que una institución que está casada con el espíritu de la época es una viuda en la siguiente. Los reformistas (en favor del *aggiornamento*) estaban en desacuerdo. Sentían que tal aislamiento era la causa del problema, no su solución, y que la Iglesia debería ajustarse a las necesidades cambiantes de su rebaño y abrir las puertas con un espíritu amplio y sin juzgar a nadie, adaptándose a la sociedad moderna para asegurar su relevancia en las vidas de las personas, y por tanto su propia supervivencia.

Aunque los bandos eran polos opuestos, sin embargo, había algunas zonas de terreno común. Ambos lados estaban de acuerdo, como explicaba el eminente periodista vaticano y autor John Allen en *The New York Times*, en que necesitaban a alguien que pudiera «llevar esa idea de nueva evangelización, volver a encender los fuegos misioneros de la Iglesia y haciendo que funcionaran, y no dejándolo todo solo en teorías». Necesitaban un papa que fuera «el misionero jefe de la Iglesia, un *showman* y un vendedor de la fe católica, que pudiera tomar las riendas de su gobierno mucho más personalmente entre sus propias manos».[1]

Candidatos aparte, no había tiempo que perder. Se iniciaron los preparativos para la elección del sucesor de Benedicto, y el Vaticano anunció que el cónclave empezaría el 12 de marzo de 2013. Mientras los 115 cardenales de cuarenta y ocho países empezaban a hacer las maletas y pensar un poco, había empezado ya la carrera para el papa número 266.

Los asuntos, siete años después

A medida que se acercaba el cónclave para elegir un sucesor para Benedicto, John Allen, que hablaba con muchos cardenales en aquellos días turbulentos, escribió que los requisitos clave para el nuevo papa eran:

1. Un hombre con visión global, especialmente alguien que pudiera abrazar a los dos tercios de los 1,2 miles de millones de católicos del mundo que vivían fuera de occidente, un cuota que pronto sería de tres cuartos, a mediados de siglo.

2. Un papa para la «Nueva Evangelización», es decir, alguien que tuviera la capacidad de despertar un fervor misionero entre los católicos y tender la mano al mundo en general, invitando a la gente a mirar a la Iglesia de otro modo.

3. Un gobernante fuerte y capaz para llevar al siglo xxi las mejores prácticas de la dirección de empresas al Vaticano, consiguiendo que fuera más transparente y eficiente, y que la gente se responsabilizara de sus actos, si trabajaba mal.[2]

Esta vez, con tantas disputas sobre las causas y soluciones de unos problemas muy arraigados, no había ningún favorito de entrada. Pero sí que había muchos posibles candidatos.

Los corredores de apuestas ya empezaron a aceptarlas minutos después de que Benedicto hiciera el anuncio el 12 de febrero, pero los favoritos siguieron cambiando hasta el día del cónclave, exactamente un mes después.

En su año final como papa, Benedicto había nombrado veinticuatro cardenales, justo por debajo de una quinta parte del electorado total. Esto aumentaba su total hasta noventa, nada menos que doce por año, comparado con Juan Pablo, que nombraba anualmente unos nueve. Los comentaristas tenían la sensación de que el flujo exagerado de nombramientos indicaba que estaba preparando el papado para otro europeo: dieciocho de los recién nombrados venían de Europa, y diez de ellos tenían cargos dentro del Vaticano. Pero con tantas caras nuevas, y tan poco tiempo para que los miembros de la Curia se conocieran entre ellos antes de que empezara la reunión previa al cónclave, existía un número inusualmente alto de cardenales considerados «papables».

199

Los papables

Cambios de porcentaje de 115 cardenales electores en el cónclave de 2013, comparado con 2005

Europa Occidental	22 (19%) +4%	Europa del Este	10 (9%) –1%
Italia	28 (24%) +7%	África	10 (9%) –1%
Latinoamérica	19 (16.5%) –0,5%	Oriente Medio y Asia	11 (10%) +1%
Norteamérica	14% (12%) –0%	Australia y Nueva Zelanda	1 (0,5%) –0,5%

Con la «visión global» y el «nuevo evangelismo» en la cumbre de la agenda, quizá sea prudente considerar a los candidatos de 2013 no en términos de sus opiniones conservadoras o progresistas, sino más bien de su posición dentro del Viejo o del Nuevo Mundo. Los del Viejo Mundo se percibía que estaban cortados por el mismo patrón que el papa Benedicto. Los candidatos que venían del Nuevo Mundo eran lo contrario. La mayoría tenía un historial fantástico a la hora de atraer a los fieles, alardeando de grandes cifras de asistencia para probarlo. Pero la inmensa mayoría no tenía experiencia alguna del funcionamiento interior de la política del Vaticano, arrojando dudas sobre su capacidad de dirigir con éxito una Iglesia en crisis.

El Viejo Mundo

Comprendiendo cardenales de los países desarrollados, los candidatos del Viejo Mundo se enfrentaban a temas como el auge del secularismo, el declive de la asistencia a la Iglesia, y escándalos de abusos sexuales entre el clero. Sus sociedades eran ricas y dogmáticas, cosa que consecuentemente había disminuido la centralidad del estatus de la Iglesia y se dirigía hacia un mayor cuestionamiento político de doctrinas arcaicas de la Iglesia en el mundo moderno.

CARDENAL ANGELO SCOLA, ARZOBISPO DE MILÁN (71 AÑOS)

Aunque no había ningún favorito claro en el cónclave, muchos creían que el cardenal Angelo Scola sería un competidor fuerte. Teológicamente alineado con el saliente papa Benedicto, Scola también poseía un fuerte intelecto y gran comprensión y experiencia en la política vaticana. Sobrepasaba a Benedicto, sin embargo, en su experiencia pastoral y su popularidad entre seguidores y medios de comunicación, y muchos lo contemplaban como un diplomático hábil, capaz de tener unas relaciones más positivas con otras religiones.

Pero también era uno de los posibles sucesores que se veían demasiado parecidos a Benedicto, y por tanto incapaz de implementar cambios reales. Los cardenales electores de fuera de la Curia Romana creían que, como arzobispo de Milán, estaba demasiado embebido en la burocracia y las pequeñas luchas que tanto daño hacían a la Iglesia en su conjunto. También ocurría que la larga serie de papas italianos en tiempos pretéritos había provocado una fuerte resistencia a volver tan pronto a un sucesor doméstico para la silla de san Pedro.

CARDENAL GIANFRANCO RAVASI DE ITALIA (70)

Tremendamente inteligente, popular entre la gente, así como muy respetado en la Iglesia, Ravasi había tenido el cargo de presidente del Concilio Pontificial para la Cultura, responsable de las relaciones entre la Iglesia y otras culturas, y otros papeles fundamentales dentro de la Curia desde 2007. Había navegado con éxito por aguas traidoras políticas, dentro del Vaticano, y había escapado con su reputación intacta. Ravasi era muy versado tanto en tecnología como en los medios, atributos que beneficiarían claramente a cualquier nuevo pontífice en su intento de evangelizar a las masas en la era digital, y había recibido muchas alabanzas por haber reconocido los fallos de la Iglesia.

Sus oponentes, sin embargo, estaban preocupados por la falta de experiencia pastoral de Ravasi, y por su sesgo erudito les recordaba también a los fallos del papa saliente, y le cualificaba poco para tratar con los aspectos prácticos de la dirección de la Iglesia católica. A pesar de su popularidad entre la Curia, su negativa a verse atraído a la política curial significaba que tenía pocos apoyos sólidos que pudieran votar por él y no por otros candidatos más partidistas. Igual que ocurría con Scola, su origen italiano era una desventaja para Ravasi.

CARDENAL MARC OUELLET DE CANADÁ (68)

Jefe de la Congregación de Obispos, a cargo de seleccionar nuevos obispos, Ouellet estaba situado firmemente en el lado conservador de la división. Inteligente, experimentado y muy viajado, surgió rápidamente como favorito debido a su habilidad teológica, su dominio de las lenguas (hablaba seis con fluidez) y su experiencia de primera mano con distintas culturas.

Hay acuerdo entre los reporteros del Vaticano en el sentido de que la fuerza de las posibilidades de un candidato se puede medir inversamente a los muchos «susurros, rumores y difamaciones que genera una persona».[3] La posición de Ouellet como nominado se vio confirmada cuando empezaron a surgir historias sobre su pasado en los medios, pero sus posibilidades se vieron reducidas, como consecuencia. El cardenal franco canadiense se vio expuesto al fuego por su mala gestión de los casos de abusos sexuales en su Quebec nativo, su incapacidad para combatir el agudo declive de la asistencia a la Iglesia y su oposición al aborto incluso en los casos de violación. Como Ravasi, Ouellet era visto por muchos como demasiado parecido al papa Benedicto, y carente del valor necesario para abordar las crisis a las que se debía enfrentar la Iglesia.

CARDENAL CHRISTOPHE SCHÖNBORN, ARZOBISPO DE VIENA (68)

Antiguo alumno de Joseph Ratzinger en Regensburg durante los años setenta, el arzobispo de Viena era conde antes de ser cardenal, y descendía de la principesca Casa de Schönborn, una aristocrática familia austríaca que alardeaba de contar con «dos cardenales, 19 arzobispos, obispos, sacerdotes y religiosas».[4] Alabado por su franqueza en el diálogo sobre temas controvertidos, por sus habilidad para manejar las crisis, y por sus puntos de vista progresistas sobre la homosexualidad y el uso de condones para los que sufrían de sida, Schönborn era contemplado como un candidato valiente e inteligente. Había manejado públicamente la crisis de los abusos sexuales en su Austria nativa ya en los años 90, y como resultado era uno de los tres candidatos apoyados como más creíbles por la red de apoyo SNAP con base en Estados Unidos (red de supervivientes que sufrieron abusos de sacerdotes, por sus siglas en inglés).

Muchos encontraban su sinceridad muy refrescante en el contexto de la mentalidad vaticana, tradicional y cerrada, pero los oponentes de Schönborn citaban algunas instancias públicas en las que había intervenido abiertamente en materias curiales que estaban fuera de su jurisdicción, y había aireado desacuerdos con otros cardenales en los medios de comunicación. Esto, afirmaban, le convertía en un candidato peligroso para el papado.

CARDENAL PÉTER ERDŐ DE HUNGRÍA (60)

El cardenal Péter Erdő era uno de los cardenales electores más jóvenes que asistieron al cónclave de 2013. Su rápido ascenso a una posición prominente había impresionado a muchos dentro de la Curia, tanto que ahora se le consideraba un candidato serio. Como arzobispo de Budapest, era una figura central en los esfuerzos para construir puentes con las Iglesias ortodoxas, y se le había alabado mucho por desarrollar relaciones positivas con los líderes judíos de Hungría. Erdő era otro de los «papables» que había conseguido caminar con habilidad por la línea entre facciones conservadoras y liberales. Hablaba italiano, y había ocupado varios cargos de alto rango en el concilio durante su carrera, todo lo cual fortalecía su potencial a los ojos de Roma. Además, su apoyo no se limitaba al Vaticano. A través de su papel como presidente de los Obispos Europeos (el cuerpo que representa a los obispos de los cuarenta y cinco países de Europa), Erdő había construido unas relaciones muy fuertes con colegas de África y de otros países en desarrollo, cuando coordinaba conferencias y otros actos que fomentaban el diálogo ecuménico.

204

Aunque las cualificaciones de Erdő eran muchas, también algunos temían que su juventud (era solo dos años mayor que Juan Pablo II cuando ocupó su cargo) condujera a otro papado largo. También contaba en su contra que se le consideraba falto de carisma, y el siguiente papa tenía que trabajar mucho para atraer seguidores de nuevo hacia la Iglesia.

CARDENAL TIMOTHY DOLAN DE ESTADOS UNIDOS (63)

Evangelista con muy buena reputación y gran entusiasmo, John Allen describía a Dolan como «seguramente la personalidad más carismática, mediática y atractiva entre los 115 cardenales» que votaban en el cónclave de 2013.[5] El arzobispo de Nueva York era un diplomático consumado, que atraía tanto a conservadores como a moderados, y ciertamente había mostrado la garra necesaria para manejar bien todas las cargas del papado.

Aunque Dolan era considerado el cardenal americano con más posibilidades de éxito, sus atributos positivos se veían desmentidos por una larga lista de reservas. A pesar de su encanto fácil, era una fuerza dominante dentro del Colegio Cardenalicio. Esto, combinado con la idea de una figura dirigente de la superpotencia más grande del mundo dirigiendo la Iglesia católica, llenaba de horror a muchos en la Curia. Nunca había trabajado dentro del Vaticano, y su historial doméstico a la hora de manejar la crisis de los abusos sexuales en su diócesis era algo vago: estaba incluido en la lista de los «doce sucios» de la SNAP, o papables inadecuados. Muchos creían que no tenía las habilidades de organización requeridas para reformar el papado.

El Nuevo Mundo

Los cardenales del Nuevo Mundo estaban preocupados por sus naciones en desarrollo, con problemas como la pobreza a gran escala y la privación en sociedades a menudo corruptas e inestables. La evangelización era fácil, pero la Iglesia católica se enfrentaba a una dura competencia por parte de la Cristiandad Pentecostal y Evangélica, que iban incrementando rápidamente su número en varios países en desarrollo, tradicionalmente católicos, como Filipinas y Brasil, y todo esto combinado con el número menguante de sacerdotes creaba un escenario que suponía un gran desafío.

Cardenal Óscar Rodríguez Maradiaga de Honduras (70)

Campeón valeroso y encantador de los pobres, el cardenal Rodríguez Maradiaga había sido promocionado mucho tiempo «como candidato tan obvio para ser el primer pontífice del mundo en desarrollo, que podía empezar ya a tomar medidas para las cortinas de los apartamentos papales».[6] Sus partidarios alababan sus habilidades diplomáticas tanto por su cruzada personal contra el tráfico de drogas en Centroamérica (tuvieron que protegerlo los militares, después de recibir amenazas de muerte) como cuando representó al Vaticano en reuniones con el Fondo Monetario Internacional y el Banco Mundial. Otro de los «papables» políglotas, Rodríguez Maradiaga era una de las grandes esperanzas para los católicos en las naciones en desarrollo, y candidato ideal para volver a inflamar el programa de evangelización de la Iglesia. Además, sus puntos de vista teológicos conseguían satisfacer a los liberales, a través de su fuerte apoyo de la justicia social, el diálogo abierto sobre el uso de condones y el respeto por la Teología de la Liberación, tan temida por Benedicto y Juan Pablo, y a los conservadores, a través de su oposición incondicional al aborto.

Los críticos de Rodríguez Maradiaga creían que su falta de experiencia de trabajo con la Curia sería perjudicial para su papado. Aunque se le veía como posible sucesor del papa Juan Pablo en el cónclave de 2005, solo consiguió tres votos en la primera vuelta, antes de quedar a cero en la segunda. Al intensificarse la campaña para el cónclave de 2013, el SNAP emitió una declaración en la que le consideraban uno de los doce candidatos identificados con un mal historial a la hora de enfrentarse a los escándalos sexuales. Las dudas quedaron reforzadas al aparecer en los medios los comentarios que había hecho Rodríguez Maradiaga en 2002 comparando las críticas a las que se enfrentaba la Iglesia católica por la crisis de los abusos sexuales con la persecución a la que se enfrentaron bajo Hitler y Stalin. Rodríguez Maradiaga había sugerido que, gracias al lobby judío, los medios de comunicación americanos estaban intentando apartar la atención del conflicto israelí/palestino. No es de extrañar que todo esto causara furiosas protestas por parte de las víctimas de abusos sexuales y la Liga Antidifamación Judía.

CARDENAL PETER TURKSON DE GHANA (64)

Cuando llegó la noticia de la dimisión de Benedicto, el cardenal Peter Turkson fue promovido de inmediato como favorito. Su candidatura llevaba consigo un simbolismo significativo, debido a lo cual John Allen le describía como «la magia innegable» que rodeaba «la idea de lo que tradicionalmente se ve como la institución más definitiva del Primer Mundo dirigida por un hombre negro del hemisferio sur».[7] Apodado «Cruzado del conservadurismo del Cabo» (como referencia a su puesto en la costa del cabo de Ghana), Turkson era una figura carismática y popular en África.[8] Había ido ascendiendo entre los rangos de la Curia y ostentando varios puestos importantes dentro del Vaticano, y esto, combinado con su experiencia pastoral, sugería que estaba bien equipado tanto para hacerse cargo de la evangelización en los países en desarrollo como para capear las mil dificultades asociadas con el papado. Habitual en la televisión en su país de origen, el primer cardenal de Ghana hablaba varios dialectos locales, así como inglés, francés, italiano, alemán y hebreo, y entendía el latín y el griego también, por si esto fuera poco.

Después del inicial entusiasmo, sin embargo, las posibilidades de Turkson se fueron desvaneciendo. Ya fuera producto de la emoción o por arrogancia, cometió el error de novato de embarcarse en especulaciones sobre sus posibilidades, y en una entrevista con Associated Press, después de la dimisión del papa Benedicto, afirmó que él asumiría felizmente ese papel «si era la voluntad de Dios», y que creía que «de alguna manera, la Iglesia está y siempre ha estado preparada para un papa no europeo».[9] Aparte de esas indiscreciones, muchos creían que sus opiniones abiertamente en contra de la homosexualidad conducirían a enormes controversias en sociedades más pluralistas. En una entrevista precónclave con Christiane Amanpour, de la CNN, Turkson observaba que los escándalos de abusos sexuales no se extenderían a África porque «los sistemas tradicionales africanos protegen o han protegido a su población contra esa tendencia».[10] También despertó bastante indignación en un mitin de 2012 con miembros importantes de la Curia, cuando pasó un vídeo en el que se predecía que las tasas de nacimiento en alza de los musulmanes pronto conducirían a una toma de poder absoluta de los musulmanes sobre Europa.

Cardenal Jorge Bergoglio, arzobispo de Buenos Aires (76)

El cardenal Jorge Bergoglio había sorprendido a muchos de sus compañeros electores al recibir cuarenta votos en la tercera votación del cónclave de 2005, quedando como segundo detrás del cardenal Ratzinger. Una vez más en las listas de «papables», aunque no entre los cinco primeros de ningún comentarista, dada su edad y su incapacidad de conseguir el apoyo necesario la última vez, Bergoglio seguía siendo el favorito de aquellos que veían sus habilidades pastorales como una cualidad ideal para un futuro pontífice. Muchos alababan su rechazo de la vida lujosa que se permitía un arzobispo (limusinas con chófer, alojamiento palaciego, personal a su entera disposición) en favor de un alojamiento más sencillo y transporte en autobuses locales. Bergoglio también tenía el apoyo tanto de los lados más conservadores como de los más moderados de la Iglesia. Era uno de los pocos candidatos que abarcaba ambos lados de la división conservadores-progresistas.

De hecho, la fuerza de su candidatura en 2005 había dado origen a una campaña de difamación por parte de sus oponentes dentro de la Iglesia, y en su país natal, concerniente a su complicidad con la junta militar argentina durante la Guerra Sucia, y muchos de los mismos cardenales electores serían llamados a votar en 2013. Aunque había ostentado diversos cargos en concilios curiales, la falta de presencia de Bergoglio fuera de Argentina significaba que los votantes sabían sobre él tan poco como en el cónclave anterior. Nunca había habido un papa jesuita, y la edad de Bergoglio, setenta y seis años, era una preocupación también. Elegir a otro pontífice anciano podía llevar a otro papa en ejercicio aquejado de incapacidad por vejez.

Cardenal Luis Antonio Tagle de Filipinas (55)

El más joven de todos los candidatos que formaban la lista de «papables» era el cardenal Luis Antonio Tagle, que formaba parte de una generación nueva de cardenales. Tenía página de Facebook y presentaba programas en YouTube. Visto como la Gran Esperanza Asiática en la carrera por la silla de san Pedro, predicaba una visión equilibrada del catolicismo que podía satisfacer potencialmente a los lados opuestos de la Curia Romana.[11] Como otros cardenales de países en desarrollo, Tagle hacía una campaña intensa por temas de justicia social, y era gran defensor de los pobres. Intelectual considerado y compasivo, había estudiado en Estados Unidos y Roma antes de volver a la vida pastoral en su nación de origen. Como el argentino cardenal Bergoglio, evitaba el aislamiento en torres de marfil que abrazaban muchos miembros importantes del clero, prefiriendo por el contrario ir en autobús e invitar a sus parroquianos sin hogar a cenar a la Iglesia con él. El historial de buen manejo de casos de abusos sexuales en las Filipinas también le ganó un lugar en la lista de la SNP de los tres candidatos aceptables para el papado.

Sin embargo, la Curia Romana es muy tradicional, y muchos de los atributos que se consideraban ventajas, también

209

eran interpretados como carencias. En particular, y de forma similar a Bergoglio, la completa falta de experiencia de Tagle en el Vaticano le haría casi imposible encabezar la renovación burocrática que se requería tan desesperadamente, tras el escándalo del Vatileaks. Su edad también era causa de preocupación, porque cualquier reforma que Tagle pudiera intentar llevar a cabo como papa, tendría que ponerle frente a figuras de mayor edad dentro de la Iglesia, que tenían décadas de experiencia más que él, y que probablemente, en resumen, se lo comerían con patatas. Del mismo modo, igual que la renuncia de Benedicto había puesto en cuestión la tradición secular del servicio papal de por vida, la mayoría de los electores cardenales no verían con buenos ojos que un papa joven ocupase el cargo durante diez o quince años y luego dimitiese, o quizá se quedase en el cargo durante treinta años más, si había que tener en cuenta lo que habían vivido los papas anteriores.

Cardenal Odilo Pedro Scherer de Brasil (63)

El arzobispo de São Paulo era otro candidato respetado del Nuevo Mundo que se beneficiaba de sus vínculos con el Viejo. El cardenal Odilo Scherer venía de una familia de inmigrantes alemanes y fue educado en Roma. Habiendo ostentado cargos pastorales en su nación de origen y cargos importantes en el Vaticano, Scherer era visto como alguien que podía salvar fácilmente la división entre lo Viejo y lo Nuevo. Confiadamente directo, pero sin crear división, apoyaba con entusiasmo las reformas que llevasen a la Iglesia al siglo xxi, y los encuestadores del Vaticano recogían la creencia de que poseía las habilidades administrativas para conseguir que fuera así.

Sin embargo, a los críticos les preocupaba que ese cardenal más formal tuviera el atractivo suficiente para captar los corazones de 1,27 mil millones de seguidores. Muchos creían también que no había manejado adecuadamente el auge del secularismo y el pentecostalismo en Brasil, donde se encontraba la mayor población de católicos de todo el mundo.

Primer día: la primera votación

El primer día del cónclave siguió el mismo orden regimentado que en 2005. A las 9 de la mañana, los cardenales electores asistieron a la misa *pro eligedo romano pontifice* dentro de la basílica de San Pedro. A esto siguió la comida en Casa Santa Marta. Entonces los cardenales se pusieron sus brillantes sotanas de color escarlata y volvieron al Palacio Apostólico, dispuestos para la procesión de las 15.30.

Como antes, los cardenales fueron avanzando uno a uno y pronunciaron el juramento bajo la mirada del *Juicio final* de Miguel Ángel, declarando que nunca revelarían los secretos del cónclave. Sin duda les habían ordenado que jurasen aquello con mayor vehemencia, tras el escandaloso diario del cónclave que había filtrado a los medios italianos un cardenal parlanchín todavía desconocido en 2005. Cuando todo el mundo hubo jurado, y se dio la orden «*Extra omnes!*» (¡Todos fuera!), las puertas de la Capilla Sixtina se cerraron y a las 17.35 del 12 de marzo de 2013 empezó el cónclave para elegir al papa número 266.

La multitud que se había reunido en la plaza de San Pedro no se veía disuadida por las temperaturas gélidas y la lluvia torrencial, y esperaban pacientemente, mirando la chimenea en busca de señales de humo. Dentro de la capilla, los cardenales, habiendo observado un solemne periodo de meditación profunda, procedieron a escribir el nombre del candidato de su elección. Después de depositar todos los votos, los tres escrutadores elegidos empezaron su recuento.

Un poco más de dos horas después, a las 19.41 hora local, un hilillo de humo indiscutiblemente negro rápidamente se convirtió en una nube espesa, revelando al mundo que no se había elegido todavía ningún papa, y que el Vaticano «por fin» dominaba el funcionamiento de sus chimeneas.

Tristemente, debido al escándalo que rodeaba al diario secreto del cónclave de 2005, no hubo ningún cardenal dispuesto a filtrar el recuento de las votaciones a la prensa, de modo que los informes del número exacto variaban. El periódico italiano *La Repubblica* informaba de que el cardenal Scola iba en cabeza, con treinta y cinco votos, seguido por el cardenal Bergoglio, con veinte, y el cardenal Ouellet, con quince. Otros medios de comunicación decían que Scola y Ouellet iban codo con codo, seguidos de cerca por Bergoglio en tercera posición, y el cardenal brasileño Scherer en cuarta. En la última elección, Ratzinger había irrumpido en la primera votación con cuarenta y siete votos contra los diez de Bergoglio, pero este cónclave lo podía ganar cualquiera. Las noticias sugerían que las antiguas rencillas entre cardenales italianos no habían desaparecido, y que no había alianzas estratégicas entre nacionalidades.

Los resultados de Scola no sorprendían, y los de Ouellet eran excelentes, pero los comentaristas una vez más se habían quedado impresionados por los resultados tan potentes del modesto cardenal de Buenos Aires. Muchos habían incluido a Bergoglio en su lista de «papables» puramente sobre la base del segundo lugar que ocupó durante el cónclave de 2005; sentían que no era una elección obvia para los cardenales y la Curia italianos, que dominaban a la mayoría, y que había ganado solamente 40 votos de los 115, la última vez. En la campaña anterior a este cónclave estaba muy bajo en la lista de todo el mundo. Y sin embargo, ahí estaba de nuevo.

Entre un remolino de intrigas y especulaciones, los cardenales salieron de la Capilla Sixtina y volvieron a su residencia, cenaron mal y discretamente hicieron campaña, durante la cual el argentino Leonardo Sandri aconsejó a su compatriota: «Prepárate, querido amigo».[12] El alivio que había sentido Bergoglio cuando Ratzinger fue nombrado sucesor de Juan Pablo, ocho años antes, era un recuerdo distante al retirarse para pasar la que sería su última noche como humilde cardenal. Durmió mal, dando vueltas en la cabeza a la idea de que, al día siguiente, posiblemente se convertiría en el nuevo papa.

Segundo día: un día de cinco votaciones

Con tanto en juego, los cardenales se despertaron el 13 de marzo de 2013 tan poco seguros como el mundo en general de si al final del día tendrían un papa o no. La mañana de votaciones empezó a las 9.30, y a las 11.38 ya salió una nubecilla de humo de un blanco grisáceo, causando un frenesí de especulaciones salvajes. ¿Sería aquello humo blanco? Si era blanco, ¿significaba que se habían alcanzado ya dos tercios de la mayoría? ¡Tan pronto? Desde luego, era humo blanco... pero no. Al final, el humo se espesó y se volvió negro: aún no se había tomado ninguna decisión.

213

A la hora de comer, sin embargo, la situación en la capilla había cambiado, ciertamente. Los medios canadienses informaban de que la campaña de Scherer había fracasado y el apoyo al cardenal Scola había menguado «después de que muchos cardenales al parecer decidieran que no querían a nadie de dentro del Vaticano presidiendo la Santa Sede».[13] Ya era una competición entre dos hombres, con los votos divididos entre Ouellet y Bergoglio, que iba por delante con cincuenta votos más.

De vuelta a Casa Santa Marta, la comida estuvo lejos de ser un asunto relajado. El cardenal Sean O'Malley de Boston se sentó junto a su amigo, normalmente jovial, pero le pareció que Bergoglio «estaba muy agobiado por lo que estaba ocurriendo».[14] En una entrevista después del cónclave, el antiguo arzobispo de Buenos Aires recordaba que en ese momento empezó a darse cuenta de que le podían elegir, y «notó una paz profunda e inexplicable, y un consuelo interior le invadió, junto con una gran oscuridad, una profunda oscuridad que envolvió todo lo demás. Y esos sentimientos le acompañaron hasta su elección aquel mismo día».[15] Después de almorzar, se supo que Ouellet había estado reflexionando a su vez. Habiendo aumentado sus votos después de las tres votaciones, el canadiense decidió retirarse de la carrera, justo como había hecho Bergoglio durante el cónclave de 2005, cuando solicitó a sus partidarios que votaran por Ratzinger. La carrera ya había terminado.

Cuando se convocó otra votación aquella tarde, el recuento de Bergoglio subió a justo por debajo de los setenta y siete votos requeridos para asegurar el papado. La lluvia empezó a caer con fuerza sobre la multitud reunida en la plaza de San Pedro, y una gaviota solitaria se posó encima de la chimenea. Llegaron y pasaron las 18.15 y los comentaristas empezaron a asumir (correctamente) que la cuarta votación no había producido un papa. Lo que nadie sabía era que se había convocado otra quinta votación inmediatamente después de la cuarta, pero hubo un problema. El recuento fue erróneo: se habían emitido 116 votos, en lugar de 115. Alguien había devuelto su voto al altar, sin darse cuenta de que había otro papel en blanco pegado debajo. Se podría pensar que un error tan sencillo se podía rectificar eliminando el voto en blanco, pero aquello era el Vaticano, y se tomó la decisión de que se llevase a cabo una nueva votación.

Cuando se hizo el recuento de la sexta votación del cónclave, y se contó de nuevo, se leyeron los votos en voz alta: «Bergoglio, Bergoglio, Bergoglio». Cuando el recuento pasó el número mágico de setenta y siete, la tensión se rompió y los aplausos resonaron en toda la cámara. Se leyeron en voz alta los votos finales, y los partidarios del nuevo papa se pusieron se pie de un salto para felicitarle: como recuerda el cardenal Dolan, «no creo que hubiera nadie con los ojos secos en toda la sala».[16] Sentado junto al asombrado Bergoglio se encontraba su gran amigo, el cardenal franciscano de Brasil, Claudio Hummes, que se volvió y le abrazó diciéndole: «No olvides a los pobres».[17]

Todo había terminado. Se habían contado los 115 votos y Bergoglio había obtenido noventa. El decano del Colegio Cardenalicio, el cardenal Giovanni Battista Re, se acercó y le preguntó en latín: «¿Aceptas tu elección canónica como Supremo Pontífice?», a lo cual Bergoglio respondió: «Soy un pecador, pero confío en la infinita misericordia y paciencia de Nuestro Señor Jesucristo». Cuando se le preguntó qué nombre quería adoptar, y con las palabras que momentos antes le había dicho el cardenal Hummes todavía en su mente, Bergoglio replicó: «Elijo el nombre de Francisco, en honor de san Francisco de Asís».[18]

Y con eso, un pecador se convirtió en papa.

Pero la pregunta sigue siendo: ¿qué pecados eran esos que arrojaban una sombra tan larga sobre su alma?

215

7

Un sucio secreto

*P*ara comprender del todo las transgresiones de Jorge Bergoglio, debemos proporcionar primero un contexto. La década de 1970 y los primeros años de la de 1980 representaron un clímax de muchos años de lucha política violenta y golpes de Estado que habían costado la vida de miles de ciudadanos argentinos, desde que el país consiguió su independencia del Imperio español, al final de la Guerra de Independencia Argentina, en 1818. La violencia como medio de restablecer el orden se había convertido en parte endémica de la sociedad, y el golpe militar de marzo de 1976 no resultó distinto.

Estados Unidos fue informado del golpe que se avecinaba por los líderes de la junta, que tranquilizaron al embajador americano, Robert Hill, diciéndole que habían estudiado el exitoso golpe de Estado del general Augusto Pinochet, respaldado por Estados Unidos en 1973, y que este «no seguiría las mismas líneas que el suyo [el de Pinochet]». Durante los dos primeros meses de aquel golpe, 1.850 sospechosos de ser izquierdistas fueron asesinados, y 1.300 de los 40.000 arrestados «desaparecieron».[1]

Para un pueblo argentino cansado de la escalada de la violencia política y del desastroso gobierno de Isabel Perón, el golpe que se llevó a cabo el 24 de marzo trajo una sensación de alivio y optimismo. Los americanos quedaron impresionados por el resultado, que Hill describía como «probablemente el golpe mejor ejecutado y más civilizado en toda la historia de Argentina».[2] Dos días después de la toma de poder, el secretario de Estado Henry Kissinger establecía en una reunión de personal: «si quieren tener alguna oportunidad, ellos [la junta] necesitarán un poco de apoyo... y yo pienso apoyarles. No quiero dar la sensación de que Estados Unidos les acosa».[3]

El nuevo gobierno militar de Argentina estaba dirigido por el general Jorge Rafael Videla, que había sido seleccionado como presidente entre los tres líderes del golpe. Este ejercía el poder de una manera brutal. Los argentinos que tuvieron el valor de resistirse fueron sometidos a una campaña de violencia atroz, secuestros, torturas, y en el caso de los treinta mil «desaparecidos», asesinato.

Los subversivos que estaban en los primeros lugares de la lista incluían a comunistas, miembros de sindicatos y cualquiera que hubiese expresado antipatía por el régimen, pero ya de paso, al buscar esas cosas, la localización de subversivos se convirtió en una política indiscriminada de la policía del pensamiento. Por ejemplo, más de sesenta estudiantes de un instituto de Buenos Aires «desaparecieron» entre junio y septiembre de 1976 sencillamente porque habían sido miembros del consejo estudiantil.[4]

En noviembre de 1976, Amnistía Internacional despachó una delegación de observadores independientes a Argentina para examinar la situación, que iba empeorando. En su extenso informe de 1977, tras el cual aquel año Amnistía Internacional recibió el Premio Nobel de la Paz, se reveló que la junta admitía la «existencia de entre 2.000 y 10.000 presos políticos» (Amnistía cree que la cifra debía de ser de entre 5.000 y 6.000) y que «la capacidad total de las prisiones estaba entre 4.000 y 5.000».[5] Con el drástico aumento de la población reclusa, el régimen se vio obligado a pensar en maneras creativas de enmascarar sus actividades y esconder detenidos.

La solución que lo arregló todo fue el establecimiento de aproximadamente 520 centros de detención clandestinos en todo el país, el más notorio de todos la Escuela Mecánica de la Armada (ESMA), donde la antigua amiga de Jorge Bergoglio, Esther Ballestrino de Careaga, fue aprisionada y torturada, antes de su vuelo de la muerte final. Argentina había dado cobijo a muchos nazis exiliados, después de la Segunda Guerra Mundial, y la junta argentina no solo les copió la idea de una red de campos de concentración secretos, sino que adornó también las paredes con esvásticas y obligó a los prisioneros a gritar «*Heil Hitler*».[6] Según la hija de Esther, Ana María, que sobrevivió a su secuestro, «ponían cintas de discursos de Hitler para ahogar los gritos, mientras nos torturaban».[7]

219

El mundo vigilaba

Mientras la junta continuaba ocultando la escala de los crímenes que se estaban cometiendo, y destruyendo todas las pruebas físicas, el público argentino solo podía interpretar los rumores. A aquellos que estaban seguros de los crímenes, porque habían experimentado la pérdida de un amigo o un ser querido, a menudo se los desdeñaba cuando pedían información a los militares. Las autoridades o bien negaban todo conocimiento o a veces incluso decían que aquellos individuos habían huido del país.

Estos conflictos subyacentes dentro de la conciencia nacional se vieron exacerbados cuando Argentina fue anfitriona de la Copa Mundial de la FIFA, en 1978. En escenas que recuerdan extrañamente a los Juegos Olímpicos de 1936 en la Alemania nazi, el resto del mundo se convirtió en cómplice de un régimen asesino, asistiendo a un acontecimiento deportivo que estaba claro que había sido politizado para legitimar la posición del gobierno. La dictadura militar comprendió el potencial doméstico y la influencia global que el torneo podía llevar al régimen, y por lo tanto procedió a apropiarse de lo que se llamó «Copa Mundial de la Paz», como ejemplo brillante del éxito del gobierno a la hora de restablecer el orden.

La confianza del régimen estaba equivocada en lo que respecta a los periodistas extranjeros, la mayoría de los cuales, habiendo sido invitados a cubrir el fútbol, pasaron mucho más tiempo centrando su atención en los crímenes cometidos. Amnistía Internacional imprimió carteles en español, inglés y alemán que decían: Fútbol sí... Tortura no y tuvieron una cobertura especial las protestas de las Madres de la Plaza de Mayo, que hicieron coincidir su protesta semanal, durante la cual cientos de ellas marchaban por la plaza llevando pañuelos blancos, cada uno de ellos con la foto de sus hijos perdidos, con la ceremonia de inauguración, el 1 de junio de 1978. Fue un gesto simbólico que la prensa no se perdió.

En Estados Unidos, la administración presidencial de Jimmy Carter no sabía qué hacer con la situación argentina, e incluso pensó en acercarse al papa Juan Pablo II para que presionase a la junta. En un memorándum confidencial titulado «La táctica de la desaparición» de la embajada americana en Buenos Aires al secretario de Estado en Washington y la oficina del Vaticano de la embajada de Estados Unidos en Roma, se sugería que el Departamento de Estado «animase al Vaticano y a la Iglesia Argentina a intervenir ante las autoridades argentinas. El nuncio papal aquí comprende lo que pasa, y ya está implicado en tratar de conseguir que [el gobierno de Argentina] examine la moralidad y la sabiduría de la táctica de la desaparición... La Iglesia y el papa tienen mucha más influencia [que el gobierno de Estados Unidos] y pueden ser los defensores más efectivos de un pleno regreso a la ley».[8] La Iglesia hizo muy poco para presionar al gobierno, al menos públicamente, aunque más tarde aseguraron que los esfuerzos se hicieron a puerta cerrada. El nuncio papal de aquella época, el arzobispo Pio Laghi, era muy consciente de las desapariciones, ya que en diciembre de 1978, los militares le proporcionaron listas de los nombres de quince mil personas de los que se habían «ocupado». Pero ni él ni el Vaticano intentaron hacer pública esa información. La actuación de Laghi, por tanto, suscita división de opiniones: algunos le alaban por sus desvelos para obtener información de la junta sobre personas desaparecidas e incluso, en algunos casos, asegurar su liberación. Otros en cambio han sido muy críticos, acusándole de una complicidad plena con el régimen, e incluso se dice que jugaba habitualmente al tenis con uno de los líderes del golpe.

Pero Pio Laghi, por supuesto, no era el único sacerdote acusado de estar turbadoramente cerca de los gobernadores militares argentinos.

221

«Hice lo que pude»

Durante los primeros años de gobierno de la junta ocurrieron dos hechos principales que han puesto en cuestión los actos del hombre que, casi cuarenta años después, sería elegido 266º líder de la Iglesia católica: el secuestro y tortura de los sacerdotes jesuitas Orlando Yorio y Franz Jalics, y el secuestro y tortura de Esther Ballestrino de Careaga.

Durante una investigación criminal de los campos de concentración de la junta, en 2010, el arzobispo Bergoglio fue llamado como testigo de los hechos, y durante cuatro horas y media le interrogaron abogados de derechos humanos y tres jueces. Durante su testimonio (Bergoglio había rechazado previamente dos citaciones del juzgado) los abogados le acusaron de mostrarse evasivo y negarse repetidamente a dar nombres cuando se le preguntaba por la fuente de su información. Entre otras cosas, Bergoglio describió los hechos que rodeaban el secuestro de Esther Ballestrino de Careaga y detalló los intentos que hizo de reunir toda la información posible sobre su desaparición. Al acosarle los abogados, que le preguntaban si «dada su amistad, no debería haber hecho algo más por Ballestrino de Careaga», él respondió: «hice lo que pude».[9] Para muchas personas, lo que hizo no se acercaba siquiera a eso.

Las acusaciones más condenatorias se centraban en el caso de dos sacerdotes jesuitas, Orlando Yorio y Franz Jalics, antiguos profesores de teología del joven Bergoglio, que fueron arrestados el 23 de mayo de 1976 en la *villa miseria* de Buenos Aires conocida como Rivadavia del Bajo Flores, donde trabajaban. Como muchos jesuitas durante aquella época, habían abrazado las reformas del Vaticano II que los animaban a promover una Iglesia de los pobres, y eran conocidos como «sacerdotes de los suburbios». Había muchos puntos de contacto entre este trabajo de alcance y la formación de organizaciones como el Movimiento de Sacerdotes para el Tercer Mundo, izquierdista y ocasionalmente marxista. Y era exactamente esa zona gris la que ponía en peligro las vidas de muchos sacerdotes.

Después de ser arrestados, a Yorio y Jalics los encapucharon y encadenaron, y luego los llevaron al infame centro de detención de la ESMA. Allí los desnudaron y los torturó la policía militar por un periodo de cinco días, en un intento de sacarles una confesión de que estaban de acuerdo con las guerrillas de izquierdas, antes de trasladarlos a una casa en Don Torcuato, a treinta y cinco kilómetros de Buenos Aires. Mientras muchos prisioneros hacían falsas confesiones para ahorrarse más brutalidades, Jalics y Yorio mantuvieron que ellos no habían cometido ningún delito, incluso después de administrarles los llamados sueros de la verdad. Yorio recordaba que después de pasar muchos días insistiendo en que era inocente, su torturador le hizo un comentario escalofriante y revelador sobre la verdadera visión de la sociedad de Videla: «ya sabemos que no son violentos. Ustedes no son guerrilleros. Pero se han ido a vivir con los pobres. Vivir con los pobres hace que ellos se unan. Y unir a los pobres es subversión».[10]

El 23 de octubre, cinco meses después de su secuestro, después de tenerlos encadenados y con los ojos vendados, los drogaron, desnudaron del todo excepto las capuchas y los transportaron en helicóptero a un aeródromo, donde fueron arrojados. Tras recuperar la conciencia y quitarse las capuchas, horas más tarde, descubrieron que estaban solos... pero libres. Jalics y Yorio fueron andando hasta encontrar una granja, y poco después, según el testimonio de Bergoglio en el juicio de 2010 de la ESMA, Yorio le llamó por teléfono. Bergoglio dijo que «en aquel momento había que tomar todas las precauciones posibles», así que le dijo a los sacerdotes: «No me digas dónde estáis, y no os mováis de donde estáis. Enviadme a una persona a que me diga dónde podemos encontrarnos».[11]

No sabemos por qué no cargaron a los sacerdotes en uno de los vuelos de la muerte y los arrojaron desde el aire, como otros detenidos. Quizá sus captores no fueron capaces de matar a unos sacerdotes como parte de una guerra santa para purgar a la civilización cristiana de comunistas.

Cuando los dos volvieron a casa, empezaron a especular y pensar qué era lo que los había llevado a su secuestro y tortura. Sus sospechas recaían sobre todo en su superior provincial, el jefe de los jesuitas de Argentina, Jorge Mario Bergoglio. Una semana antes de su secuestro les habían retirado las licencias sacerdotales, y se les ordenó que cerrasen la comunidad religiosa que habían fundado en Bajo Flores, tres años antes. El fundamento filosófico de la empresa se consideraba demasiado cerca políticamente de la Teología de la Liberación, con su trasfondo marxista.

223

Los dos se habían enemistado ya anteriormente con Bergoglio por una purga anterior de asociaciones izquierdistas dentro de los jesuitas, hacia finales de 1974. Yorio y Jalics no se llevaban muy bien con el hecho de que el advenedizo superior provincial, antiguo alumno suyo, dictase qué trabajo se les permitía hacer en la comunidad, y se negaron a desmontar su proyecto, aun después de que la decisión de Bergoglio fuera respaldada por el superior general de los jesuitas, Pedro Arrupe, a principios de 1976. En febrero de 1976, Bergoglio les dijo a los dos sacerdotes que estaba bajo «una tremenda presión de Roma y sectores de la Iglesia argentina».[12] Arrupe había decidido que debían elegir si deseaban continuar como sacerdotes dentro de la Compañía de Jesús, y por tanto cerrar la comunidad, o abandonar los jesuitas. Según Yorio, «él [Bergoglio] le había dicho al general que su orden equivalía a expulsarnos de la Compañía, pero el general estaba firmemente decidido en ese asunto».[13] El ultimátum los dejó completamente deshechos, y Bergoglio les sugirió que pidieran un permiso de ausencia para darse un tiempo y considerar sus opciones.

Los batallones de la muerte ya habían abatido a tiros a otro cura de los suburbios, el padre Carlos Múgica, junto a su Iglesia, y las noticias de violencia contra el clero iban en aumento. Los partidarios de Bergoglio insisten en que no solo ayudó a cientos de personas a escapar de la persecución de la junta, sino que no fueron objeciones ideológicas las que le llevaron a cerrar la comunidad, sino más bien el temor por la seguridad de los sacerdotes. Estas noticias concordaban con el hecho de que el propio Bergoglio representase un papel fundamental en la exhumación de los restos de Múgica en abril de 1999 del cementerio de clase media donde se le había enterrado originalmente, y su transferencia a Villa 31, donde se le dejó descansar en el suburbio por el cual había dado la vida.

Sin embargo, otros niegan estos esfuerzos, veinte años después de los hechos, y creen que las motivaciones de Bergoglio no eran tan buenas. Los sacerdotes aseguraban que en la subsiguiente reunión entre ellos y Bergoglio, el 9 de marzo de 1976, cinco días antes del golpe, Bergoglio les informó de que se había decidido expulsarlos de la Compañía. El futuro papa Francisco recordaba la ocasión de una manera muy distinta, manteniendo que les sugirió que dimitieran y ellos aceptaron.

Al saber que Yorio y Jalics ya no eran miembros de la Compañía de Jesús, el arzobispo de Buenos Aires, Juan Carlos Aramburu, les retiró las licencias, para evitar que celebraran misa y llevaran a cabo actividades sacerdotales en la diócesis.

Unos días más tarde los secuestraron.

Bergoglio se enteró de que los dos hombres habían sido secuestrados cuando uno de sus vecinos le llamó, aquel mismo día. En la vista del tribunal federal en noviembre de 2010 declaró que se puso en marcha inmediatamente, informando al clero relevante argentino y romano y contactando con las familias de las víctimas. Entonces, tuvo lo que se calificaba como «un encuentro muy formal» con el presidente Videla, durante el cual, «él [Videla] tomó notas y le dijo que investigaría». Después de esta conversación tan insatisfactoria, Bergoglio decidió apelar a Videla por un camino distinto: «La segunda vez conseguí averiguar qué capellán militar iba a celebrar misa en la residencia del comandante en jefe. Le persuadí de que dijera que se encontraba enfermo y que me enviase en su lugar. Ese sábado por la tarde, después de misa, que di ante toda la familia Videla, hablé con él allí mismo. Allí tuve la impresión de que iba a hacer algo, y de que se iba a tomar las cosas más en serio».[14]

Por aquel entonces los rumores que corrían por Flores sugerían que una fuerza naval había secuestrado a Yorio y Jalics. Bergoglio se acercó al almirante Emilio Massera, jefe de la Marina, para preguntar por el caso de los sacerdotes. El tono de ese encuentro fue similar al de su primera conversación con

Videla. Bergoglio aseguró a Massera que los hombres no estaban implicados en nada subversivo, y este último accedió a investigar el asunto y volver a hablar con él. Tras varios meses
de silencio, Bergoglio estaba «casi seguro» de que la marina había sido responsable y por tanto se volvió a reunir con Massera
una vez más, en una entrevista que describía como «muy fea».[15]
El almirante hizo esperar diez minutos a Bergoglio, luego los
dos hombres tuvieron una acalorada discusión durante la cual
Massera intentó expulsarle, diciendo: «ya le he contado a Tortolo [arzobispo de Buenos Aires] todo lo que sé».[16] Furioso por
la respuesta evasiva de Massera, Bergoglio declaró que él sabía
dónde estaban los presos. Dijo: «mire, Massera, quiero que apa-
rezcan», y luego «me levanté y me fui».[17]

Durante el relato de los hechos por parte de Bergoglio, treinta y cuatro años después, los abogados le encontraron evasivo,
y en su alegato final ante el tribunal le describían como «uno
de los testigos más difíciles» que habían tenido nunca, a causa de las «docenas de referencias» que indicaban «un gran conocimiento de los hechos investigados, pero también muy poca
disposición a proporcionar toda la información».[18] Cuando explicaba que él creía que una fuerza naval había secuestrado a
los sacerdotes, Bergoglio no dio muchos detalles, y solamente
dijo que lo había oído a través de «radio macuto», o bien que era
«*vox populi*», como él decía. Luis Zamora, uno de los abogados
que interrogaban a Bergoglio, quedó muy frustrado por su falta de detalles, y le exigió una mayor claridad:

ZAMORA: Quizá pueda decirnos usted qué es lo que se conocía como
vox populi, porque la gente públicamente no podía saber eso.
BERGOGLIO: La gente a la que pregunté me dijo que fue la marina,
que era la infantería de marina.
ZAMORA: ¿Y a quién le preguntó?
BERGOGLIO: A gente que tenía influencia, gente a la que consulta-

bas, que tenía conexiones con jueces, con algún militar, con algún policía, con el ministerio del Interior. Todo señalaba hacia la marina.

ZAMORA: ¿Recuerda usted el nombre de alguna de esas personas que tenían un acceso tan fácil al poder?

BERGOGLIO: No.

ZAMORA: ¿Eran superiores eclesiásticos? ¿El cardenal?

BERGOGLIO: Era todo el mundo a quien podía recurrir en un momento de desesperación, ¿comprende? Eran amigos, conocidos. «Yo tengo un conocido, a ver si puede averiguarlo.» Ese tipo de cosas.

ZAMORA: Que hubieran sido secuestrados por la marina es una información muy importante. Procure pensarlo otra vez, señor Bergoglio. Es una información muy importante la que nos está dando, que nos puede ayudar a comprender el origen, para identificar a aquellos con los que habló, que usted cree que eran fiables, como le indicó a Massera, que eran fuentes serias, no cualquiera, ¿no?

BERGOGLIO: Se decía porque era *vox populi*. Todo el mundo estaba de acuerdo. No fue una sola persona quien lo dijo. Todo el mundo decía: «fue la infantería de la marina». No recuerdo si identificaron a los agentes que participaron en la operación como infantería naval, creo que fueron ellos mismos los que se identificaron como un grupo operativo de la marina.[19]

Bergoglio continuó con su testimonio, y contó que, cuando se reunió con Yorio y Jalics, después de que los liberasen, los sacerdotes expresaron su casi total certeza de que les habían tenido presos y torturados en la ESMA, y que oían despegar y aterrizar aviones muy cerca. El aeropuerto doméstico de Buenos Aires está situado junto al centro naval. Cuando le preguntó Zamora si hizo «alguna denuncia para ver dónde estaban esas personas», Bergoglio respondió: «Lo hicimos todo a través de la jerarquía eclesiástica».[20] Zamora insistió aún más: «¿Por qué no a través de la jerarquía legal, ya que era un delito?» Bergoglio replicó, sencillamente: «Debido a nuestra disciplina, preferimos hacerlo a través de la jerarquía eclesiástica».

En defensa de Bergoglio, se podría alegar que denunciar esos delitos a la «jerarquía legal» no era una opción realista, bajo el gobierno de la junta. Después de todo, los militares habían hecho considerables cambios en la constitución que «legalizaban» muchos de los brutales abusos contra los derechos humanos cometidos durante el proceso de reorganización, y habían asumido de forma efectiva el control del sistema de justicia también. Ese era un hecho con el que Alicia Oliveira, jueza y amiga íntima de Bergoglio, estaba demasiado familiarizada, después de que la junta la despidiera inmediatamente después de tomar el poder, el 24 de marzo de 1976. A pesar de haber sido castigada por los militares, siguió trabajando como abogada de derechos humanos y ostentaba la impresionante estadística de haber presentado ante los tribunales la mayor cantidad de recursos de *habeas corpus* para las personas detenidas y desaparecidas durante la Guerra Sucia.

Sin embargo, aunque fuera sin un sistema judicial justo y sin sesgo alguno en el que apoyarse, la decisión de Bergoglio de llevar los asuntos a través de la «jerarquía eclesiástica» era, y así se vería también en el futuro, una opción hueca.

La verdad se sabrá

En 2006, la Iglesia publicó una serie de documentos internos y correspondencia enviada durante la Guerra Sucia, titulada *La Iglesia y la democracia en Argentina*. Tales documentos los emitían esporádicamente varios sectores de la Iglesia católica, así que aparentemente estos no suponían una gran excepción. Los deberes de edición, escritura e introducción, y de su-

pervisar la selección de material, correspondían al presidente
de la Conferencia Episcopal Argentina, que en aquel momento no era otro que el cardenal Jorge Mario Bergoglio, arzobispo de Buenos Aires. Pero lo que llamaba la atención en particular de esa publicación era que incluía un memorándum fechado
el 15 de noviembre de 1976, detallando el acta de una reunión
entre la junta militar y el cardenal Juan Aramburu, arzobispo
de Buenos Aires, el cardenal Raúl Primatesta, presidente de la
Conferencia Episcopal Argentina, y monseñor Vicente Zazpe,
arzobispo de Santa Fe, en la cual la Iglesia mostraba su preocupación por el estado del país. La reunión se describía en el libro
de 2006 de esta manera: «el 15 de noviembre de 1976, representantes de la Conferencia Episcopal Argentina, hablando con representantes de la junta militar, expresaron que aunque la Iglesia tiene mucho cuidado de no dejarse manipular por nadie en
las campañas políticas, con ocasión de la defensa de los derechos
humanos, no puede ceder nada en este campo».[21]

Lo que no resultó aparente inmediatamente a los lectores
solo quedaría claro cuando el periodista investigador de Argentina y antiguo guerrillero montonero Horacio Verbitsky publicó todo el memorándum original en un artículo de 2010 para el
periódico argentino *Página/12*. La verdad era particularmente
condenatoria para el cardenal Bergoglio, porque revelaba que
el documento había sido muy manipulado para su publicación
en 2006. Verbitsky publicó las dos copias una junto a la otra en
respuesta a un comentario hecho por Bergoglio en el libro de
2010 *El Jesuita*, en el cual afirma: «Contrariamente a lo que indican algunos periodistas malintencionados, está completo, sin
omisión alguna. La Iglesia se manifestó públicamente».[22]

Y esto era, sencilla y llanamente, una mentira. En los documentos sin corregir están las pruebas de lo que la Iglesia siempre había negado: que en realidad había actuado en connivencia con el régimen y había hecho oídos sordos a las brutalidades

que estaban cometiendo para salvarse a sí misma de un enfrentamiento con la junta.

Los extractos que aportamos a continuación están tomados del original:

Objetivo de la reunión

Primero de todo, aclarar la postura de la Iglesia.

No pretendemos adoptar una postura crítica de los actos del gobierno, una actitud que no nos corresponde, sino solo advertir de los peligros que hemos llegado a ver.

¿Cuál es el objetivo de la Iglesia?

En primer lugar, no mezclarse en política: al enfrentarse con esto, los obispos son conscientes de que si [la junta] fracasa, muy probablemente esto llevaría al marxismo, y por tanto, acompañamos el proceso de reorganización del país que se halla en curso, que llevan a cabo las fuerzas armadas, con comprensión, y a la vez con adhesión y aceptación...

Lo que tememos:

Vernos obligados a un dilema.

– O bien un silencio consciente de nuestras conciencias, que, sin embargo, no serviría al proceso [de reorganización].

– O una confrontación, que sinceramente no queremos.

– En ambos casos el país pierde.

Propuesta:

– Un canal de comunicación que pueda servirnos como consulta autorizada, extraoficialmente.[23]

Aunque el memorándum expresa preocupación por los secuestros, torturas y represión general de las libertades, racionaliza que esos crímenes probablemente los cometieron algunas manzanas podridas en el «nivel intermedio», e incluso alaba a la junta por los «notables esfuerzos» hechos hasta el momento para una aceptable «reorganización». El memorándum como conjunto contradice firmemente la afirmación de Bergoglio de 2010: «Al principio se sabía poco o nada; nos fuimos dando cuenta gradualmente. Yo mismo, como sacerdote, sabía que algo grave estaba ocurriendo, y que había muchos presos, pero me di cuenta después de que había algo más».[24]

Si la reunión tuvo lugar el 15 de septiembre de 1976, como establece el memorándum original de la Iglesia, Yorio y Jalics todavía seguían desaparecidos, pero Bergoglio había informado ya con toda seguridad a sus superiores de que se sospechaba la implicación de la marina y de sus reuniones con Videla y Massera. Si ocurrió el 15 de noviembre de 1976, entonces casi diez sacerdotes y seminaristas habían sido asesinados ya, incluyendo a un obispo, y la Iglesia habría sido muy consciente de la liberación de los dos sacerdotes tres semanas antes, y de la creencia de los dos sacerdotes de que los habían retenido y torturado en el campamento naval de la ESMA. Sea como sea, la información que tenía la Iglesia en su posesión era altamente incriminadora, aunque no se discutió con la junta ninguno de esos aspectos.

Una adenda en la publicación de 2006 declara que la Iglesia no podía «ceder nada» en lo referente a derechos humanos. ¿Si era este realmente el caso, por qué, entonces, eliminó grandes fragmentos del documento original? ¿Qué pensar de la propuesta de la Iglesia de un canal directo no oficial de comunicación, que más tarde no impidió el asesinato de 150 sacerdotes católicos, así como «cientos de monjas y catequistas laicos» al final de la Guerra Sucia?[25] Que los líderes de la Iglesia mantuvieron su «canal de comunicación» abierto a lo largo de todo el gobierno de la junta resulta probado por otro documento filtrado, fechado el 10 de abril de 1978, detallando una reunión entre los tres mismos clérigos de alto rango, pero esta vez con el mismo presidente Videla en persona. Mientras comían, el presidente reconoció con toda franqueza que las personas desaparecidas en realidad habían sido asesinadas, pero descartó la sugerencia de la Iglesia de que su gobierno publicara una lista de los nombres de las víctimas, porque «daría origen a una serie de preguntas, como por ejemplo, ¿dónde estaban enterrados, en una fosa común? Y en ese caso, ¿quién los metió ahí?»[26] Ni que decir tiene que la transcripción de esta conversación no aparece en la publicación de la Iglesia de 2006.

La Iglesia católica ha negado la existencia de cualquier documentación que pudiera ayudar a la investigación criminal en contra de los perpetradores de la Guerra Sucia. De nuevo, ese documento fue descubierto por la infatigable campaña de Verbistky en busca de justicia, y la incansable presión a la Iglesia para que reconozca sus auténticos crímenes durante esa época. Esa prueba no se había perdido, sino que estaba cuidadosamente conservada en los archivos episcopales bajo el número de registro 10.949. No podemos sino imaginar qué pueden contener los otros 10.948 documentos, que todavía siguen encerrados en los archivos, a pesar del anuncio del Vaticano, en octubre de 2016, de que había digitalizado los registros de la Iglesia argentina y los entregaría a las víctimas y parientes de los implicados, a petición del papa Francisco. Los documentos todavía no se han publicado, dos años después.

Cuando el drama de su liberación se fue apagando, Yorio y Jalics finalmente empezaron a considerar su secuestro a la fría luz del día. A medida que pasaba más tiempo, sus pensamientos se dirigieron a la inquietante posibilidad de que alguien de dentro de la Iglesia los hubiera entregado a las autoridades, y sus sospechas recaían sobre todo en Jorge Bergoglio. Según Vallely, Yorio confió a algunos amigos que «los interrogadores le habían hecho preguntas basadas en información teológica y confesiones espirituales que pensaba que solo podía haber conocido su provincial».[27] Sus especulaciones no hicieron más que aumentar cuando, en 1977, el almirante Massera fue recompensado con un doctorado honoris causa por la Universidad de El Salvador, la misma institución que Bergoglio había purgado de jesuitas izquierdistas en 1973, reemplazándolos con una Guardia de Hierro. Casualmente, era más o menos la misma época por la cual Yorio mandó un detallado informe de veintisiete páginas al Vaticano indicando todo esto y el suplicio que había sufrido Jalics. No se llevó a cabo ningún acto oficial como respuesta a estas quejas. En una entrevista de 1999 con Verbitsky, Yorio dijo: «no tengo pruebas para pensar que Bergoglio quisiera liberarnos, sino más bien lo contrario».[28] Murió un año después, todavía convencido de la culpabilidad de Bergoglio.

Jalics, que era de origen húngaro, siguió siendo jesuita, pero abandonó Argentina casi inmediatamente después de su liberación y la de Yorio. Tras una breve temporada en Estados Unidos, se estableció en Alemania y empezó a dirigir unos retiros basados en el Acto de Contricción (Señor mío Jesucristo, Dios y hombre verdadero, Creador, Padre y Redentor mío...) «porque había sobrevivido psicológicamente en cautividad recitando esa oración una y otra vez».[29] Jalics tenía la ciudadanía argentina, pero cuando expiró su pasaporte argentino, en 1979, se sintió aterrorizado al pensar en tener que volver a renovarlo, y por tanto pidió a Bergoglio que actuara en su favor, a pesar de sus sospechas. El provincial superior le envió debidamente la carta oficial que pedía al Ministerio de Asuntos Exteriores de Argentina, pero la solicitud de pasaporte fue denegada, debido al historial previo de Jalics.

El motivo no se habría sabido de no ser por los esfuerzos de Verbitsky, que descubrió un memorándum oficial fechado el 4 de diciembre de 1979, y firmado por el director del culto católico en el Ministerio de Exteriores. En él explicaba que se le

233

había negado la renovación basándose en información transmitida personalmente a él por el padre Bergoglio, que había hecho especial hincapié en que se rechazara la petición. La prueba presentada incluía los conflictos de obediencia de Jalics.

El 15 de abril de 2005, poco después de que Verbitsky publicase esta nueva prueba, se presentó una denuncia criminal contra Bergoglio por su supuesta implicación en el secuestro y tortura de los padres Orlando Yorio y Franz Jalics. Esto fue justo tres días antes del cónclave en el que Joseph Ratzinger venció en apretada competencia con el cardenal Bergoglio para convertirse en papa. Un contingente muy fuerte y ruidoso de católicos, tanto del cónclave como de Argentina, se oponía con fuerza a que ganara el hombre a quien veían como un colaboracionista. Alicia Oliveira creía que el expediente filtrado que consiguió aparecer en los buzones de los cardenales electores en el cónclave de 2005 venía de los enemigos de Bergoglio dentro del Opus Dei, y otros en cambio creían que fue obra de jesuitas argentinos de alto rango, entre los cuales Bergoglio había caído en desgracia durante su época como provincial superior.

Los motivos y nombres de esos sacerdotes siguen siendo un misterio hasta el día de hoy, y la denuncia acabó por ser archivada, pero las acusaciones de complicidad de Bergoglio continuarían persiguiéndole, incluso antes de que saliera a la superficie otro caso que sugería su complicidad.

Votos de silencio

«El silencio de Bergoglio es estruendoso y vergonzoso. ¿Dónde está Bergoglio? ¿Es que no tiene nada que decir sobre este juicio?»[30]

Estas preguntas se las hacía la testigo Estela de la Cuadra de Fraire durante su testimonio en el juicio de un capellán de la policía, el reverendo Christian von Wernich. Lo encontraron culpable el 10 de octubre de 2007 de complicidad en cuarenta y dos secuestros, treinta y un casos de tortura y siete asesinatos durante la Guerra Sucia. Von Wernich fue condenado a cadena perpetua por sus crímenes.

El juicio duró varios meses, durante los cuales los testimonios de cientos de víctimas y testigos describieron en detalle cómo Von Wernich trabajaba junto con la policía en sesiones de tortura que se llevaban a cabo en varios de los campos de concentración secretos. Después de ganarse la confianza de los detenidos, les extraía confesiones y luego les presionaba para que revelasen información sobre otros posibles «subversivos». El sacerdote también estableció relaciones con los familiares de cuatro jóvenes guerrilleros de izquierdas secuestrados, y recogió considerables sumas de dinero (quinientos dólares por familia, en 1977) con la promesa de que les compraría así su salida de prisión y los sacaría del país de contrabando. Los padres, desesperados, le entregaron sus ahorros; nunca se les ocurrió que un sacerdote pudiera conspirar con los militares. Cuando el capellán les dijo que sus hijos estaban ya escondidos, le creyeron. Los familiares descubrieron después que aquellos jóvenes habían sido ejecutados, y que el padre Von Wernich había presenciado las ejecuciones.

Otra de sus víctimas fue la hermana de Estela de la Cuadra de Fraire, Elena, que fue secuestrada junto con su marido, Héctor Baratti, en febrero de 1977. Tenía veintitrés años y estaba embarazada de cinco meses. Como miembros militantes del Partido Comunista Marxista-Leninista, y defensores de los derechos humanos, ellos y otros miembros de su familia habían sido identificados por la junta como enemigos del Estado. El hermano de Elena, Roberto José, ya había «desaparecido» en septiembre de 1976, y sus padres estaban destrozados ante la perspectiva de perder a otra hija y a su nieto.

Los de la Cuadra buscaron información infatigablemente, y

235

al final tuvieron un respiro en mayo de 1977, cuando una serie de llamadas telefónicas anónimas y de notas deslizadas por debajo de la puerta de la casa familiar les empezaron a ofrecer esperanza. Varios de los mensajes les transmitieron lo mismo, a lo largo de un periodo de dos meses: los dos miembros de la pareja estaban vivos, y Elena seguía embarazada. En julio, la familia recibió la noticia de que Elena había dado a luz a una niña el 16 de junio, pero se la habían llevado solo cuatro días después. Era un golpe agridulce, pero saber que la niña estaba viva espoleó a la familia para continuar investigando, y empujó a la madre de Elena, Alicia, a empezar a protestar junto a las Madres de la Plaza de Mayo, donde cofundó el grupo hermano Abuelas de la Plaza de Mayo, con otras mujeres cuyos nietos habían sido secuestrados al dar a luz sus hijas en la cárcel.

Los De la Cuadra dejaron de recibir noticias, y como muchas familias de los desaparecidos, se volvieron hacia la Iglesia en busca de ayuda. Su sacerdote local les sugirió que hablasen con monseñor Emilio Grasselli, secretario privado del director de la capellanía militar, el arzobispo Adolfo Servando Tortolo, que les dijo que no había noticias de su hijo, Roberto José, porque había desaparecido «hacía mucho tiempo», pero que Elena estaba detenida cerca de La Plata.

Eso fue lo único que pudieron conseguir de Grasselli. Más tarde se sabría que él tenía una lista de desaparecidos para la capellanía, con cruces marcadas junto a los nombres de los que estaban muertos, según confirmaban los militares.

La familia entonces envió a Soledad, otra de las hermanas De la Cuadra, que vivía exiliada en Italia, la información que tenían, y le pidieron que visitara el despacho del superior general de los jesuitas en Roma, Pedro Arrupe, con quien la familia tenía una antigua relación. Arrupe accedió y pasó su caso al provincial superior de Argentina, Jorge Bergoglio.

El padre de Elena, Roberto, se reunió con Bergoglio para

explicarle la situación, y Bergoglio sugirió que Mario Picchi, obispo auxiliar de La Plata, igual podía ayudarle, porque estaba bien conectado con los militares de aquella zona. Bergoglio dio a De la Cuadra una breve nota manuscrita de presentación para que se la llevara a Picchi. Decía: «Él [De la Cuadra] te explicará de qué se trata, apreciaría mucho cualquier cosa que pudieras hacer».[31]

Enviado de una oficina a otra, hasta la náusea, Roberto (el padre) viajó a La Plata y una vez más explicó los detalles de sus hijos perdidos. Picchi le aseguró que «no hay problema. Voy a ver a Tabernero». Este era el coronel Reynaldo Tabernero, jefe diputado de la policía de Buenos Aires. Su jefe era el coronel Ramón Camps, por el cual se conocía la red de centros de tortura como Circuitos Camps, y para el cual trabajaba como jefe confesor Christian von Wernich.[32]

Cuando Picchi informó a la familia, no tenía buenas noticias. Tabernero le había informado de que la niña de Elena se la habían dado a «una buena familia», que la educaría bien. Cuando le preguntó por Roberto Júnior, le dijeron que no volviera a preguntar. Picchi también lo comprobó con Enrique Rospide, un contacto de la inteligencia, que le confirmó lo que Tabernero había dicho, añadiendo que la situación de los adultos, incluyendo a Elena y a Héctor, era «irreversible».

En 2010, la Comisión Nacional por el Derecho a la Identidad y las Abuelas de la Plaza de Mayo recibieron información de una joven que podría ser la hija de una persona desaparecida. Tras una investigación, el caso fue enviado a una unidad especializada de la oficina del fiscal general, que se ocupaba de la apropiación de niños durante la Guerra Sucia. La joven, que vivía en el extranjero, se ofreció voluntariamente para someterse a un análisis de ADN, y el 21 de agosto de 2014 se confirmó que era la hija de Héctor Baratti y Elena de la Cuadra.

Más tarde se reveló que Elena había dado a luz en el suelo

de la cocina de una comisaría de policía, el 16 de junio de 1977. Testigos presenciales que sobrevivieron a los campos de tortura recordaban que Elena y Héctor suplicaron a Von Wernich que perdonaran a su hija, a lo cual este replicó: «Los pecados de los padres deberán recaer sobre los hijos».[33] La realidad estaba clara. No podían soltar a la pareja de ninguna manera, y pronto serían ejecutados. En los últimos momentos con su niñita, pusieron todas las esperanzas de que se salvara en la última elección que les quedaba: el nombre de su hija. Le pusieron Ana Libertad.

Los restos del padre se descubrieron en una fosa común sin marcar, y fueron identificados por los antropólogos forenses en 2009. Había sido arrojado al mar en un vuelo de la muerte.

El cuerpo de la madre no se encontró nunca.

238

El reverendo Rubén Capitano, un sacerdote que había estudiado con Von Wernich cuando era un joven seminarista, dio quizá uno de los testimonios más honrados que jamás haya dado un sacerdote al decir: «La actitud de la Iglesia estaba escandalosamente cercana a la dictadura, hasta tal punto que yo diría que fue pecadora. [La Iglesia] fue como una madre que no vela por sus hijos. No mató a nadie, pero tampoco salvó a nadie».[34] Tales ideas siempre fueron compartidas por la familia De la Cuadra, después de acudir a Jorge Bergoglio para que les ayudara a localizar a su hija.

Aparentemente, el caso no es más que otro ejemplo de Bergoglio usando la «jerarquía eclesiástica» para solucionar las investigaciones de las personas desaparecidas. Esta habría sido la opinión que habría prevalecido, de no ser por un segundo testimonio que se vio obligado a dar en 2010, en el tribunal federal de investigación, sobre la muerte de Elena de la Cuadra y muchos otros que estaban presos en la ESMA. Igual que se había enredado en una telaraña de mentiras cuando declaró fervientemente que los documentos católicos internos se habían publicado completos y sin censura, Bergoglio una vez más había mentido sobre la verdadera cronología de los hechos, y lo que sabía y cuándo lo descubrió. Al interrogarle los abogados y preguntarle cuándo oyó hablar por primera vez de que la junta les quitaba los bebés recién nacidos a las madres detenidas y se los vendía a familias ricas, replicó: «Recientemente, hace unos diez años [2000]», pero luego se corrigió y dijo: «No, debió de ser por la época del juicio de la junta militar [que empezó en 1985]».[35]

Es cierto que una nota escrita a mano por Bergoglio y dirigida a Picchi no da detalles del embarazo de Elena, solo de que su padre informaría al sacerdote de la situación, cuando se reunieran. La familia De la Cuadra insiste, sin embargo, en que Roberto seguramente informó a Bergoglio del estado de Elena, igual que informó a Picchi, antes de recibir las horribles noticias.

239

El camino a Córdoba

Las acusaciones que se hacen contra Jorge Mario Bergoglio están inextricablemente unidas con la gente a la que está acusado de perjudicar, y mientras los vivos que pueden hablar sientan todavía ese dolor, para él no habrá borrón y cuenta nueva. Siempre ha habido y habrá sospechas sobre lo que hizo o no hizo durante la Guerra Sucia. En situaciones como esta, lo de que uno es «inocente hasta que se demuestra su culpabilidad» no sirve, quizá en parte porque el secreto con el cual la junta llevó a cabo su campaña de genocidio en el pueblo argentino ha creado una cultura de sospechas dentro de la sociedad en su conjunto. La falta de respuestas siempre conduce a las especulaciones. Pero lo que es especialmente notable es que de las cenizas, Bergoglio fue capaz de surgir renacido y seguir adelante.

Mientras el dolor todavía persistía en los corazones de muchos padres e hijos, Bergoglio estaba en Roma y lo elegían papa. Así que debemos preguntarnos: ¿cómo alguien con un pasado tan accidentado consigue triunfar en el cargo más importante de toda la Iglesia católica?

Hay un periodo en la vida de Bergoglio que sobresale de todos los demás como un verdadero camino de Damasco, digno del propio san Pablo. Este ocurrió en 1990, cuando le apartaron de su puesto de enseñanza en Buenos Aires y le exiliaron a la residencia jesuita en la ciudad de Córdoba.

Varios sacerdotes más fueron exiliados también al mismo tiempo, a otras provincias e incluso a Europa, mientras el nuevo provincial superior, Víctor Zorzín, llevaba a cabo su «purga» de jesuitas. Pero esta vez, en lugar de eliminar a los izquierdistas, como había hecho Bergoglio, Zorzín estaba expulsando a los bergoglianos. En cuanto al propio Bergoglio, existía la teoría de que eliminando al hombre considerado por muchos como la causa de los rumores internos y la fricción creciente desde la conferencia de Medellín, los jesuitas podrían volver a ser una Compañía unificada y pacificada. Por tanto, los que eran leales con el que estaba recién etiquetado como «persona non grata» recibieron instrucciones de no tener ningún contacto con él. Según su biógrafa y amiga Elisabetta Piqué, «censuraron las llamadas telefónicas de Bergoglio y controlaron su correspondencia», y se propagaron rumores maliciosos sobre el motivo de su destierro.[36] El padre Ángel Rossi, joven jesuita aceptado en la Compañía por Bergoglio en 1976, recordaba que se enteró de que Bergoglio había caído espectacularmente en desgracia, y que «el hombre que había sido provincial de la Compañía tan joven, y que era tan brillante, había acabado en Córdoba porque estaba enfermo, loco».[37]

Bergoglio no sufría, como los rumores habían hecho creer, ningún tipo de crisis nerviosa, pero le invadió la oscuridad en los dos años que pasó en Córdoba. Cuando reflexionaba sobre ese periodo cinco meses después de convertirse en papa, explicaba: «Viví un tiempo de grave crisis interna cuando estuve en Córdoba».[38] En un intento de explicar lo que le pasaba, dijo en una entrevista en 2010: «Lo que más me duele son las muchas ocasiones en que no he sido más comprensivo, más imparcial... Pero debo poner de relieve que Dios me ha querido siempre. Me ha levantado cuando he caído por el camino. Me ha ayudado a pasar por todo, especialmente en los periodos más duros, y he ido aprendiendo».[39]

Escuchar los problemas y los pecados de los parroquianos normales era la cura ideal para la autocompasión que podría haber sentido con respecto a sus propias circunstancias. Se comprometió a un nivel más significativo y personal con la población local, un giro algo irónico del destino, considerando los años que pasó reprimiendo a los sacerdotes de las *villas miseria* en Buenos Aires. Sin embargo fue sobre todo, como recordaba Bergoglio, «un tiempo de purificación que Dios permite a veces. Es un tiempo oscuro, en el que uno no ve demasiado. Recé mucho, leí, escribí un poco y viví mi vida. Era algo relacionado con la vida interior. Aparte de ser un confesor o un director espiritual, lo que hice en Córdoba tenía que ver más bien con la vida interior».[40]

El máximo exponente de la expiación

Día tras día se fue reconstruyendo, pero a medida que lo iba haciendo, empezó a comprender que las piezas ya no cuadraban con el hombre que había sido antes; los lados que antes eran rectos, ahora eran curvados, y viceversa. Sus reflexiones teológicas publicadas de ese tiempo están profundamente conectadas con la sensación de exilio y de dolor, soledad y marginación. Aunque mantenía la etiqueta bastante victoriana, tan propicia-

241

da por la Iglesia católica, de que no es de buena educación hablar de uno mismo, su posterior insistencia en que esas obras se produjeron con una visión general de la fe, en lugar de ser una reflexión personal sobre su propio sufrimiento, se ven desmentidas por el tono de algunos fragmentos como: «Entre los sentimientos y la insensibilidad, entre la gracia y el pecado, entre la obediencia y la rebelión, nuestra carne siente el exilio al que se la ha condenado, el camino que se ve obligada a tomar, y lucha por sí misma, para defender su esperanza».[41]

Desgarrado entre esas emociones en conflicto, Bergoglio volvió a sus raíces jesuitas y se comportaba casi como si una vez más fuese un joven que estudiaba para formarse. Barría suelos, atendía a los enfermos, los lavaba y les cambiaba las sábanas de la cama; andaba entre la gente de la calle y presidía muchos retiros espirituales, y al hacerlo, estableció una humildad que, como él mismo decía, no sabía que hubiese existido. Años más tarde, en una entrevista con el padre Antonio Spadaro, Bergoglio, ahora el papa Francisco, reflexionaba sobre el razonamiento de aquellos que habían querido castigarle, y admitía: «Mi autoritarismo y mi manera rápida de tomar decisiones me condujeron a tener graves problemas y a ser acusado de ultraconservador… Lo cierto es que nunca he sido como la Beata Imelda [una proverbial buena-buena], pero tampoco he sido nunca de derechas. Era mi forma autoritaria de tomar decisiones la que me creaba problemas».[42]

El silencio que se le concedió durante los dos años que pasó en Córdoba cambió a Bergoglio de una manera decisiva, y esto se vio reflejado en los recuerdos de los que le conocieron durante aquel tiempo. Una imagen se repite una y otra vez: la del padre Jorge preguntando siempre a la gente si necesitaban algo. Entonces ya tenía cincuenta y cinco años, y se había liberado por fin de la presión de la política eclesiástica que tanto había dominado su vida. Con una nueva perspectiva, era capaz de ver lo alejada de la sociedad que estaba la Iglesia, lo pequeño y aislado que era su mundo, y escribió que «la falta de pobreza propugna la división [entre hombres y comunidades]».[43] El hombre humilde, que vive en simplicidad y pobreza, es mucho más rico en sus experiencias del mundo.

El sonido de los pasos de Jorge Mario Bergoglio en Córdoba resuena con gran eco a lo largo de sus años como obispo y luego arzobispo, cardenal y luego papa. En su periodo de expiación confesó sus pecados a Dios, y mientras tanto, revitalizó completamente su visión del mundo y su compromiso con el nuevo papel que estaba destinado a representar. Pero los momentos de expiación y la confesión de los pecados dentro de la Iglesia católica siempre han sido un hacer las paces silencioso con Dios: «La gracia del silencio».[44] Son privados, y seguirán siéndolo siempre, en la vida de un pecador. Por tanto, lo que frustraba y enfurecía a los que esperaban un reconocimiento o una disculpa y que escucharon su escueto testimonio durante los juicios de 2010 («hice lo que pude», y «debido a nuestra disciplina, preferí hacerlo a través de la jerarquía eclesiástica») es precisamente el concepto que la Iglesia ha seguido desde su inicio: tú confiesas tus pecados a Dios y estás perdonado. Y aunque los pecadores lleven ese conocimiento en lo más profundo de sus corazones (el conocimiento del dolor causado a otros, o de acciones no emprendidas), eso es lo que queda. No hay declaraciones públicas, solo la oferta de una posibilidad de continuar la vida, una vez bendecidos por la absolución.

Y eso es exactamente lo que hizo Jorge Bergoglio.

243

8

Habemus Papam... Iterum

$\mathcal{L}$as papeletas de votación estaban ya dentro de la estufa, junto con el nuevo cartucho de *fiumo bianco* del Vaticano para evitar la confusión de colores, y a las 19.06, inconfundiblemente, el humo blanco se arremolinó desde la chimenea y subió al lluvioso cielo nocturno. Las campanas de San Pedro que empezaron a repicar se mezclaron con los gritos de júbilo de la empapada multitud en la plaza.

Mientras las emociones se desbordaban fuera, Francisco estaba sentado en silencio en la Sala de las Lágrimas. Considerando la magnitud de la elección, se le concedía muy poco tiempo para la reflexión al nuevo papa, y los sastres, impacientes, ya esperaban nerviosamente junto a la puerta, con las agujas preparadas para ajustar la sotana papal. Mientras los miembros de la familia Gammarelli se atareaban en torno a Francisco, el maestro de Ceremonias Litúrgicas Pontificas entró para ayudarle a ponerse la *mozzetta* de terciopelo rojo bordeada de armiño blanco que tanto gustaba a Benedicto, junto con la cruz pectoral de oro y con gemas incrustadas, los gemelos papales y los zapatos de piel roja. Pero Francisco no era Benedicto. Era un hombre que había rechazado el lujo toda su vida, y abrazarlo ahora sería una pura hipocresía. Por el contrario, los medios italianos informaron de que él (aunque se cree que la cita es falsa), dando las gracias al asistente que le ayudaba a vestirse, dijo: «no estamos en carnaval».[1]

Volvió a la capilla vestido con toda sencillez con una sotana blanca, sus zapatos negros ortopédicos normales y corrientes y la cruz pectoral de cardenal, de plata. Su modesto aspecto fue una sorpresa, por no decir más, y luego vendrían otras. Cuando Francisco volvió a la Capilla Sixtina, le dieron instrucciones de que debía recibir a sus compañeros cardenales en el mismo trono ornamentado donde se había sentado Benedicto, ocho años antes. De nuevo declinó la formalidad: prefirió quedarse de pie, y en lugar de permitir a sus hermanos que besaran el anillo y le declarasen su lealtad, los desarmó una vez más besando sus manos. Fue un gesto conmovedor. El cardenal Dolan recordaba: «nos recibió a nuestro mismo nivel. Es difícil de explicar. Obviamente, llegas a conocer a un hermano cardenal. Pero de repente, la identidad es distinta».[2]

Una vez terminadas las felicitaciones, era el momento de que Francisco se revelase al mundo. Pero tenía que hacer un gesto importante antes. De camino hacia el balcón, hizo una pausa en un teléfono y le pidió que le pusieran con Castel Gandolfo. Deseaba hablar con Benedicto. No hubo respuesta, pero Francisco insistió en que lo intentaran otra vez. Resultó que el papa emérito y su personal estaban todos reunidos en torno al televisor, ansiosos por echar un vistazo al sucesor. Al final consiguieron contactar con Benedicto y los dos hombres hablaron con gran cordialidad, «intercambiando buenos deseos y se aseguraron que rezarían el uno por el otro».[3]

Había pasado más de una hora desde que empezó a surgir el humo blanco. La plaza de San Pedro estaba rebosante de gente, y las multitudes de personas que esperaban ver al nuevo papa se amontonaban en las calles adyacentes. Hubo gritos de deleite cuando se movieron las cortinas de terciopelo rojo. Salió el cardenal Jean-Louis Tauran, y pronunció las palabras que todo el mundo había esperado: «*Habemus papam!*». Tan rápido como habían surgido los vítores se apagaron. Tauran anunció que el cardenal Jorge Mario Bergoglio había sido elegido papa.

—¿Y ese quién es? —preguntaron muchos. Tras un frenético *googleo*, que reveló la noticia escueta de que se había elegido a un jesuita argentino, la multitud coreó alegremente: «¡FRANCISCUM! ¡FRANCISCUM! ¡FRANCISCUM!» durante diez minutos largos.

Finalmente, a las 20.22, las cortinas se retiraron y la cara sonriente pero nerviosa del papa Francisco les saludó desde el balcón. Su saludo fue titubeante y breve. Francisco bajó los brazos, y su sonrisa se desvaneció. Durante un minuto entero se quedó allí, inmóvil. Como si estuviera en trance, miraba por sus gafas redondas y pequeñas la multitud envuelta en una oscuridad solo puntuada por miles de parpadeos de los flashes de las cámaras. Cuando se le colocó un micrófono delante, el nuevo papa se despertó de su ensoñación y dijo en italiano: «Hermanos y hermanas, ¡buenas noches!». Los vítores resonaron por toda la plaza. Rompiendo la tensión con una broma, Francisco continuó: «Ya sabéis que el deber del cónclave es dar un obispo a Roma. Parece que mis hermanos cardenales han tenido que ir a los confines de la tierra para encontrar uno... pero aquí estamos... os doy las gracias por vuestra bienvenida».[4]

Consciente de que Benedicto les estaba mirando, el nuevo papa empezó su discurso con una oración por el antiguo papa: «Antes que nada, me gustaría pedir una oración por nuestro obispo emérito, Benedicto XVI. Roguemos juntos por él, para que el Señor le bendiga y Nuestra Señora le guarde».[5] Siguieron a esto unas palabras generales sobre el viaje que estaban a punto de iniciar todos juntos. Según la tradición vaticana, el pontífice recién elegido bendice a su gente, pero Francisco, como habían descubierto ya sus hermanos los cardenales, era cualquier cosa menos tradicional, así que por el contrario, dijo:

247

«Y ahora me gustaría daros mi bendición, pero antes... antes tengo que pediros un favor: antes de que el obispo bendiga a su pueblo, os ruego que recéis al Señor para que Él me bendiga a mí. La oración del pueblo pidiendo la bendición para su obispo. Recemos en silencio, recemos para que me bendiga».[6]

Estaba claro que la petición abrumadora era para que hubiese cambio. Pues ahí tenían el cambio. Un papa que se confesaba abiertamente «pecador», que bajaba la cabeza con humildad y pedía a su rebaño que rezara por él. En la plaza reinaba un silencio fascinado. Ya habían desaparecido los modales pontificios principescos; como el cardenal Óscar Rodríguez Maradiaga recordaría desde su puesto junto a Francisco aquella noche: «no se pueden imaginar la respuesta que hubo en la enorme multitud que estaba en la plaza de San Pedro, porque esperaban un mensaje teológico, y se encontraron con alguien que es cálido, que está ahí, que es uno de nosotros».[7] Era una declaración de principios muy potente al mundo, pero también al Vaticano, e ilustraba que Francisco se proponía ser fiel no solo a sus humildes orígenes y principios, sino también a los de su tocayo.

248

La importancia de un nombre

Jorge Mario Bergoglio era un papa con muchos «primeros»: el primer papa jesuita, el primer papa de Latinoamérica, el primer papa no europeo en más de mil doscientos años, el primer papa que no había estudiado ni trabajado en Roma, y, significativamente, el primer papa que elegía el nombre de Francisco. Y el primer papa desde hacía muchísimo tiempo que tenía a un papa anterior todavía vivo por ahí. La elección de nombre fue un movimiento muy atrevido, cargado de simbolismo, y dependiendo de qué lado de la división del Vaticano se sentase uno, podía ser interpretado como esperanzador u ominoso para el futuro de la Iglesia católica.

San Francisco de Asís nació en una familia rica en la ciudad de Asís, en Umbría, en 1181, y disfrutó de una juventud lujosa y sin preocupaciones, en la que nunca le faltó de nada. Pero a los veinticinco años, se había cansado de fiestas y de lo que describió más tarde como vivir en pecado, y cuando Asís declaró la guerra a la vecina ciudad de Perugia, aprovechó la oportunidad para demostrar que era un caballero noble. Salió de Asís a caballo, resplandeciente con su armadura decorada con oro. Al cabo de un día de camino, sin embargo, Dios se le apareció en sueños y le ordenó que volviera a su casa. Así lo hizo, y se burlaron de él por su cobardía. Humillado, Francisco empezó a retirarse de su vida anterior y a entregarse a la oración. Durante un peregrinaje a Roma, se sintió tan conmovido por la pobreza que presenció que intercambió su ropa con la de un mendigo junto a la basílica de San Pedro, y pasó un día entero entre los pobres, pidiendo limosna.

Al ir recorriendo las colinas, buscando la guía de Dios, tuvo una visión que se acercó a él y le dijo tres veces: «Francisco, ve y arregla mi casa, que como ves, está en ruinas». Francisco volvió a Asís cubierto de harapos, fue repudiado por su padre y renunció a su vida anterior, dedicándose a partir de entonces a mendigar. Se entregó a la pobreza y la penitencia, pasó dos años ayudando a construir iglesias locales, antes de fundar la Orden Franciscana, en 1208. Esta solo tenía una norma: «seguir las enseñanzas de Nuestro Señor Jesucristo y sus pasos».[8]

Los seguidores continuaron aumentando en número después de su muerte en 1226, y fue canonizado en 1228. Francisco, «uno de los santos más queridos en los tiempos modernos», seguía siendo reverenciado por su «generosidad, su fe sencilla y sin afectación, su devoción apasionada de Dios y el hombre, su amor a la naturaleza y su profunda humildad».[9]

Cuando el nuevo papa declaró que deseaba recibir el nombre de Francisco, aquellos que le conocían pensaron que era una elección perfecta para el cardenal que ya había rechazado un estilo de vida lujoso en el arzobispado. Pero para los miembros de la Curia que vivían como reyes dentro de los muros del Vaticano era un movimiento preocupante que suscitaba más de una mirada intrigada de soslayo.

Fundamentalmente, el boato de la oficina papal no podía ser más distinto de la vida de pobreza que llevó san Francisco. Es pompa y ceremonia, zapatos de cuero rojo y terciopelo con bordes de piel; son intentos de asesinato y coches blindados, es gobierno y poder; es gestión y administración, y también es una jaula de oro agobiante desde la cual la paloma de la paz mira al mundo desde arriba, incapaz de volar entre la gente. Una cosa es que un papa rechace las limusinas en favor del autobús, pero otra muy distinta es que deseche la tradición y la institución que justamente le acaba de nombrar para que dirija.

Como cardenal, Jorge Bergoglio no había sido nada tímido a la hora de expresar sus opiniones sobre los excesos mundanos:

> El cardenalato es un servicio, no es una recompensa de la que se pueda alardear. La vanidad, la presunción, es una actitud que reduce la espiritualidad a una cosa mundana, que es el peor pecado que podría cometerse en la Iglesia… Un ejemplo que uso a menudo para ilustrar la realidad de la vanidad es este: miremos al pavo real, es bello cuando lo miras por delante. Pero si lo miras por detrás, descubrirás la verdad… Quienquiera que caiga en una vanidad tan ensimismada, tiene una gran miseria escondida en su interior.[10]

Estas palabras, tomadas de una entrevista en febrero de 2012, ahora parecen premonitorias. Se pueden interpretar fácilmente como caracterización del papa o del Vaticano como el pavo real, detrás del cual se agazapan los escándalos turbios de abusos sexuales y corrupción de Vatileaks. Cuando se comparan con la decisión de san Francisco de Asís de «ir y arreglar la casa [de Dios], que, como podéis ver, está en ruinas», indican que la Iglesia al final tenía una oportunidad de efectuar grandes cambios. La única cuestión ahora era cómo se los tomarían los que vivían dentro de sus muros.

Y la polvareda se acabó asentando

Lágrimas y celebraciones continuaron fluyendo toda la noche en la Ciudad del Vaticano. Cuando un Francisco un poco apabullado bajó del podio y lo condujeron hacia la limusina papal oficial que lo llevaría a cenar, se negó de nuevo, diciendo que prefería ir en el autobús con sus hermanos cardenales: «Hemos venido juntos, volveremos juntos».[11] De vuelta en Casa Santa Marta, finalmente pudo relajarse. Durante la cena de celebración, que incluía helado y vino espumoso, hizo una broma durante su brindis: «Que Dios os perdone por lo que habéis hecho». El cardenal recuerda que «casi se viene abajo la sala por los aplausos».[12]

251

Cuando los invitados se hubieron retirado a dormir, Francisco, que padecía de insomnio, se cambió la ropa papal blanca y volvió a ponerse los pantalones negros normales y el chaquetón, y bajó al piso de abajo. Según el biógrafo Paul Vallely, «los funcionarios sobresaltados se encontraron con que les preguntaba si había algún coche disponible. El nuevo papa quería salir a dar una vuelta, dijo. Trajeron un conductor y, en un coche pequeño y sin marcas, el hombre que unas horas antes se había señalado a sí mismo solo como obispo de Roma dio una vuelta por las calles de la ciudad viendo cómo lo celebraba la gente.[13]

Quizá Francisco tuviera la sensación de que aquella iba a ser su última oportunidad de moverse por la vida sin que nadie se fijara en él, y estaba intentando asimilar la perspectiva que se le permitía cuando era un sencillo cardenal en las calles de Buenos Aires. O quizá tuviera curiosidad de experimentar el natural desahogo de alegría, ahora que las cámaras habían dejado de filmar. Sea cual sea el motivo, se bebió esas últimas horas de libertad como un hombre que está sufriendo lo que su predecesor había descrito como una condena a muerte.

A la mañana siguiente, Francisco se despertó temprano. Después de las oraciones, hizo una visita a la basílica de Santa Maria Maggiore, para rendir homenaje a la Virgen María. Multitud de gente se agolpó a su alrededor, pero el nuevo papa pidió a su equipo de seguridad que no les impidieran entrar en la capilla con él. De vuelta al Vaticano, pidió otra parada no planeada, esta vez en el hostal donde se había alojado las dos semanas anteriores al cónclave. Declinando la oferta de que un ayudante le hiciera las maletas, Francisco explicó que deseaba recoger él mismo sus pertenencias y dar las gracias al personal por su ayuda. Y lo más asombroso de todo: insistió en pagar la cuenta, explicando que él, más que nadie, tenía que «dar buen ejemplo».[14]

A las 17 h Francisco volvió a la Capilla Sixtina para celebrar una misa con los cardenales electores. No leyó la homilía preparada en latín que le ofrecían, sino que habló desde el corazón en italiano. Ni tampoco hizo el discurso desde el trono papal. Por el contrario, se quedó de pie junto al atril, igual que un sacerdote de parroquia que pronunciase un sermón a su congregación. En su discurso, señaló tres componentes básicos que estarían en el centro de su pontificado:

1. Viajes

Nuestra vida es un viaje, y cuando dejamos de movernos, las cosas se ponen feas.

2. Construcción

Hablamos de piedras: las piedras son sólidas, pero son piedras vivas, piedras ungidas por el Espíritu Santo. Construir la Iglesia… sobre la piedra angular que es el Señor mismo. Ese es otro tipo de movimiento en nuestras vidas: la construcción.

3. Profesión de fe

Podemos andar todo lo que queramos, podemos construir todo tipo de cosas, pero si no profesamos fe en Jesucristo, las cosas nos irán mal. Nos convertiremos en una ONG caritativa, pero no en la Iglesia... Cuando no andamos, dejamos de movernos. Cuando no construimos sobre las piedras, ¿qué ocurre? Lo mismo que ocurre a los niños en la playa, cuando construyen castillos de arena: que todo acaba desmoronado, cuando no hay solidez.[15]

Luego, Francisco resumió su mensaje:

Viajar, construir, profesar. Pero las cosas no son tan sencillas, porque a la hora de viajar y de profesar, siempre hay sobresaltos, movimientos que no forman propiamente parte del viaje: movimientos que nos echan atrás... mi deseo es que todos nosotros, después de estos días de gracia, tengamos el valor, sí, el valor, de andar en presencia del Señor, con la Cruz del Señor; de construir la Iglesia con la sangre del Señor que se vertió en la Cruz, y de profesar la única gloria: la de Cristo crucificado. Y de este modo, la Iglesia irá hacia delante.[16]

La elección del papa Francisco fue en sí misma una inconfundible señal de que una gran mayoría de cardenales deseaban una auténtica reforma dentro de la Iglesia. Francisco era enormemente consciente de esto y, a través de las palabras de su primera homilía, estaba señalando a aquellos que habían votado por él que los había escuchado, alto y claro. Ningún miembro de la Curia, ni siquiera de las naciones occidentales de la antigua guardia, podía soñar siquiera con instigar alguna forma de remodelación cuantificable. Tenía que venir del Nuevo Mun-

253

do. Ahora, para muchos en aquella sala, había llegado por fin. Francisco era el hombre que traería el cambio y la esperanza.

El efecto Francisco

El posible impacto de la elección de un papa latinoamericano no debería subestimarse. El simbolismo de la elección del nombre papal de Francisco y su dedicación a luchar contra la injusticia social y los abusos de los derechos humanos le ponía a años luz de muchos papas antes que él. Como jesuita, su libertad de pensamiento y su aguda comprensión del evangelismo en las sociedades en desarrollo abría un nuevo mundo de oportunidades en la lucha de la Iglesia contra el auge global del secularismo.

Estados Unidos en particular continuaba tambaleándose bajo el impacto del secularismo. En una investigación llevada a cabo por el Pew Research Center en 2014, casi un tercio de todos los americanos adultos (un 31,7 por ciento) afirmaban que les habían educado como católicos, pero de esa cifra, un 41 por ciento, equivalente al 12,9 por ciento de la población total, ya no se identificaba con la religión. Eso convierte a los católicos no practicantes en el cuarto grupo «religioso» de América, detrás de los protestantes (46,5 por ciento), los católicos practicantes (20,8 por ciento) y los que se identifican como «nada en particular» (15,8 por ciento). En términos reales, por cada persona que se une a la Iglesia católica de América, la asombrosa cantidad de seis personas la abandonan. Entre los años 2007 y 2014, el número de personas no asignadas a ninguna religión creció el 6,7 por ciento de la población total: unos cincuenta y seis millones de personas. Ya sobrepasaban tanto a los católicos como a los protestantes, con solo los cristianos evangélicos manteniendo una cuota más elevada de la población.[17]

En Gran Bretaña, la mayor parte de las personas por debajo de los cuarenta años dicen que no tienen religión. De hecho, «sin religión» es una respuesta mucho más común en las encuestas que «cristiano». Esa pérdida de la fe es una preocupación no solo para los cristianos: el secularismo está también en alza dentro de los países con mayoría musulmana. Como informaba Ahmed Benchemsi en el *News Statesman*, según una investigación de 2012, el 5 por ciento de los ciudadanos saudíes (más de un millón de personas) se identificaban como «ateos convencidos», el mismo porcentaje que en Estados Unidos. El diecinueve por ciento de los saudíes (casi seis millones de personas) piensan en sí mismos como «personas no religiosas».[18] (En Italia, el porcentaje es del 15 por ciento). Estas cifras son mucho más asombrosas considerando que en muchos países árabes, incluyendo Arabia Saudí, los Emiratos Árabes Unidos, Sudán y Yemen, impera la ley de la sharia, que castiga la apostasía con la muerte.

Este aumento de la no creencia en el mundo desarrollado ha sacudido la Iglesia hasta sus cimientos; sin embargo, la solución no es fácil de ver. Al elegir a un hombre tan claramente cortado por un patrón papal distinto, la sensación de esperanza era palpable. Francisco al parecer había conseguido lo imposible, y se las había arreglado para satisfacer tanto a las alas tradicionales como las progresistas de la Iglesia. En su biografía *Pope Francis: Untying the Knots (Papa Francisco: desatar los nudos)*, Paul Vallely lo describe como hombre de múltiples contradicciones:

255

> Jorge Mario Bergoglio es un tradicionalista doctrinal, pero un reformador eclesiástico. Es radical, pero no es liberal. Busca empoderar a los demás, pero sigue teniendo una veta autoritaria. Es conservador, y sin embargo, estaba en el ala más izquierdista de la reaccionaria Conferencia Episcopal de su país. Combina la sencillez religiosa con la astucia política. Es progresista y abierto, y sin embargo austero y severo... Se ha opuesto al matrimonio del mismo

sexo y a la adopción de los gays, pero ha besado los pies de homosexuales con sida. Es del sur, y sin embargo tiene profundas raíces en el norte: un latinoamericano cuya ascendencia es italiana, y que ha estudiado en España, Irlanda y Alemania. Es un sacerdote diocesano, y sin embargo también es miembro de una orden religiosa. Es profesor de teología, pero también pastor con el toque común. En él, humildad y poder vienen juntos.[19]

Es muy posible que precisamente gracias a esas contradicciones Francisco parezca haberse beneficiado de un cierto sesgo a la hora de buscar confirmación por parte de los cardenales electores durante el cónclave de 2013. Basándose en sus propios deseos para el futuro de la Iglesia, veían el lado de Francisco que querían ver... algo imposible cuando se eligió al papa Benedicto, incuestionablemente archiconservador. El comportamiento enigmático y humilde de Francisco, combinado con su virtual invisibilidad durante el periodo previo a la elección, permitió a los votantes individuales suponer qué tipo de papa sería.

En cuanto se hubo apagado el furor de su elección, sin embargo, quedó claro que al haber elegido a un hombre tan paradójico, la Iglesia no sabía descifrar exactamente cómo resultaría Francisco. Los cardenales y los medios, todos por un igual, se vieron obligados a convertirse en detectives, y todos los movimientos que hacía y todas las palabras que pronunciaba se estudiaban con un detalle microscópico, en busca de posibles pistas. Había una palabra en particular que se había incrustado en la mente de muchos de los que estaban sentados en la Capilla Sixtina, cuando el maestro de ceremonias le preguntó a Francisco si quería hacerse cargo del papado: «pecador».

El papa superstar

Quizá fuera una combinación de la mística de la llegada de Francisco, como cardenal virtualmente desconocido de Latinoamérica, sus pasos de una humildad radical, y su reconocimiento del pecado en su primer año, lo que estableció unas expectativas tan elevadas en el público, y alborotó a los conservadores dentro de la Iglesia católica. ¿Cómo iba a poder mantener luego un comienzo tan brillante?

Ya hemos visto que su decisión de eliminar los lujos de los apartamentos papales, limusinas y ropas extravagantes como las que preferían sus predecesores tocó la fibra de inmediato a muchos de sus seguidores, pero lo que realmente le distinguió en su primer año fue su confianza con la gente, que era claramente visible. Ya el primer mes de papado preservó la tradición de «obispo de los suburbios», lavando los pies a doce personas marginadas en Semana Santa. Esta vez fue a una cárcel, y no solo incluyó a dos mujeres entre los doce, sino también a dos musulmanes. La rigidez de las relaciones de Benedicto con la gente de repente no era más que un recuerdo remoto, y el nuevo papa era todo sonrisas y calidez natural. Francisco se aprovechó del foco brillante bajo el cual se encontraba y mostró una decisión sin rival para atraer la atención del mundo hacia temas que creía acuciantes. Había uno en particular que le pesaba mucho, y por eso en su primera visita oficial fuera de la Ciudad Santa, en julio de 2013, Francisco viajó a la diminuta isla siciliana de Lampedusa. Situada a ciento doce kilómetros de la costa de Túnez, esta pequeña roca, de solo seis kilómetros de largo, con sus playas de arena blanca y sus aguas color turquesa, se había convertido en uno de los puntos focales de la crisis creciente, en la cual cientos de miles de refugiados arriesgaban su vida en peligrosos viajes por mar para llegar a las costas de Europa, una travesía a la que muchos nunca sobrevivirían.

En una dolorosa ilustración de esta catástrofe implacable, un barco que llevaba a más de 160 eritreos había atracado en un puerto poco antes de la llegada del papa, y los guardacostas italianos, el día anterior, habían rescatado un barco que llevaba a 120 personas, incluyendo cuatro mujeres embarazadas, después de que les hubieran fallado los motores, justo al llegar a la costa.

Francisco viajó en un barco de rescate para depositar una corona de flores blancas y amarillas por aquellos que habían perdido su vida en el mar. Luego se dirigió a una multitud de mil quinientas personas, locales y migrantes, y pronunció una homilía conmovedora y potente:

> Sentí que tenía que venir aquí hoy, a rezar y a ofrecer una señal de mi cercanía, pero también para sacudir nuestras conciencias, para que esta tragedia no se repita...
>
> ¿No hemos llorado todos por la muerte de estos hermanos y hermanas? ¿No hemos llorado todos y cada uno de nosotros por esas personas que iban en el barco...?
>
> Tenemos una sociedad que ha olvidado cómo llorar, cómo experimentar compasión... «padecer con» otros: la globalización de la indiferencia nos ha quitado la capacidad de llorar.[1]

Francisco repitió la acusación de «indiferencia globalizada» cuatro veces durante su discurso, que pronunció llevando ropa color morado, de luto, y de pie ante un altar improvisado hecho con madera traída por la marea, de barcos de refugiados naufragados. En todos los aspectos fue una exhibición política de enorme fuerza para un papa que, mientras expresaba su afecto por los musulmanes presentes, que estaban empezando a ayunar para el Ramadán, también rogaba el perdón «para aquellos que por sus decisiones a nivel global han creado situaciones que conducen a estas tragedias».[2] Pero no fue ningún truco publicitario, y la crisis de los refugiados ha seguido siendo una de las causas más célebres del papa en todo el tiempo que lleva de mandato. Cada año ha hecho múltiples apelaciones a la acción, y ha viajado a numerosas ubicaciones en el centro de la crisis, para continuar atrayendo la atención del mundo sobre el tema. También ha criticado públicamente la explotación de África y sus recursos naturales por parte de la élite global, y ha etiquetado la política del presidente Donald Trump de separar a los niños migrantes de sus padres como «inmoral» y «contraria a nuestros valores católicos».[3] Ha expresado una «profunda preocupación» tras los violentos enfrentamientos que surgieron cuando Estados Unidos trasladó su embajada israelí de Tel Aviv a Jerusalén.[4] Y ha descrito al presidente de Estados Unidos como «no cristiano», en su deseo de construir un muro en la frontera mexicana.[5]

La compasión que ha demostrado por los refugiados y los pobres también ha conducido a una ferviente crítica del capitalismo mundial. En un año en que el Banco Mundial estimaba que 767 millones de personas están viviendo con menos de 1,90 dólares al día, Francisco emitió su primera exhortación apostólica, titulada *Evangelii Gaudium* (*La alegría del evangelio*) en noviembre de 2013, y no se amilanó a la hora de identificar la incapacidad de las sociedades capitalistas de luchar contra la pobreza y las injusticias.[6] En un estilo no distinto del de Juan Pablo II al centrarse en el comunismo, Francisco lanzó un ataque furibundo hacia las economías de la «exclusión y la desigualdad», en las cuales «todo cae bajo las leyes de la competencia y la supervivencia del más apto, donde el poderoso se alimenta del indefenso».[7] Pero no solo habló en tonos orwellianos de «grandes poderes malos, gente pequeña buena». No, había hecho los deberes y había identificado ejemplos específicos de modelos económicos que creía que estaban paralizando a la población mundial.

> Algunas personas siguen defendiendo teorías de «economía de goteo» que suponen que el crecimiento económico, estimulado por el libre mercado, tendrá éxito inevitablemente a la hora de conseguir una mayor justicia e inclusividad en el mundo. Esta opinión, que nunca se ha visto confirmada por los hechos, expresa una confianza cruda e ingenua en la bondad de los que ostentan el poder económico, y en el proceder sacralizado del sistema económico vigente. Mientras tanto, los excluidos siguen esperando... Este desequilibrio es el resultado de unas ideologías que defienden la autonomía absoluta del mercado y la especulación financiera... La deuda y la acumulación de intereses también hacen difícil que los países se den cuenta del potencial de sus propias economías y eviten que los ciudadanos disfruten de su verdadero poder de compra.[8]

El papa siguió arremetiendo contra la corrupción, la evasión de impuestos y «la nueva idolatría del dinero», como causa del abismo cada vez más amplio entre ricos y pobres. Declaró que la gente debería decir «que no a un sistema financiero que gobierna, en lugar de servir», y apeló a los líderes políticos para que pusieran en marcha «un cambio de enfoque decidido», para llevar a cabo reformas financieras.[9]

Igual que con su campaña para los refugiados, no se trataba de retórica populista y efímera. Estos temas han seguido en el primer lugar de su agenda, y han actuado como cimientos para la implementación de las reformas del Banco Vaticano, expuesto por su propia y profunda corrupción en el escándalo Vatileaks. A pesar de alguna reacción inevitable, su postura sobre el capitalismo y las profundas preocupaciones por los impactos del cambio climático le han conseguido un apoyo considerable entre las personas de ideología liberal fuera de la Iglesia, así como de los reformistas en su interior. Los medios informan ampliamente de él y dicen que es el papa más universalmente popular que ha habido jamás (Juan Pablo II era una figura muy querida, desde luego, pero su popularidad se veía más limitada a los fieles católicos), y algunos creen que es mucho más popular incluso «fuera» de la Iglesia que entre su propio clero.

¿Un papa solo de nombre?

Ya desde su primer discurso en el balcón ante las exultantes multitudes de la plaza de San Pedro, el papa Francisco se ha esforzado mucho por reformar el papado, no solo a través de reformas externas, sino también mediante una redefinición del propio estatus del papa y su papel. Por ejemplo, en las cinco ocasiones en que Francisco se ha referido a sí mismo, durante su bendición apostólica *Urbi et Orbi*, en marzo de 2013, se ha llamado simplemente «obispo de Roma». El papa Benedicto XVI, por otra parte, usó una amplia gama de apodos grandilocuentes en sus primeros discursos: Sucesor del apóstol Pedro, Pontífice, Obispo de Roma, Pastor de la Iglesia Universal, entre otras. Finalmente confirmó su preferencia por utilizar un máximo de ocho, y abandonó algunas en marzo de 2006 cuando publicó su *Annuario Pontificio*, la guía estadística anual de la Iglesia católica, y un «quién es quién» de su jerarquía, que sale cada marzo.

La supremacía del papa ha sido una parte muy polémica de la historia cristiana y católica en estos tiempos, cuando se contempla como una posición de autoridad que no rinde cuentas.

En la época moderna, el concepto de infalibilidad papal quedó cimentado con los decretos de los papas Pío IX, en 1870, y Pablo VI, en 1964, junto con la carta apostólica *Laetamur Magnopere* del Catecismo de la Iglesia católica, emitida por Juan Pablo II en 1997. Francisco es muy consciente del asunto de la infalibilidad, pero la paradoja sigue siendo que si intenta llevar a cabo algún tipo de reforma doctrinal, en efecto, estaría declarando que todos los papas que gobernaron antes que él estaban equivocados. También se le presenta otro desafío: el estatus ambiguo del antiguo papa, ahora papa emérito, Benedicto XVI.

Si un papa dimite, ¿sigue siendo infalible? Como observa el eminente periodista del Vaticano, Sandro Magister, «el papa está investido con su poder de primacía… directamente desde Cristo, a través de la aceptación de su elección legítima, hecha por el órgano del colegio cardenalicio».[10] Pero ¿qué ocurre si el papa se retira? ¿Se le quitan los poderes divinos? La respuesta a este enigma teológico causó un vivo debate entre académicos, y algunos, como Enrico Maria Radaelli, incluso declararon que era «un golpe asesino al dogma», en su artículo de trece páginas sobre la renuncia de Benedicto.

> Dimitir significa perder el nombre universal de Pedro y volver al ser privado de Simón, y eso no puede ser, porque el nombre de Pedro, de Cefas, de Roca, se le dio en un plano divino a un hombre que, al recibirlo, no solo se hace a sí mismo, sino que «hace Iglesia». Sin contar el hecho de que ya que el papa que ha dimitido no puede dejarlo en realidad, el papa entrante, a pesar de sí mismo, no será otra cosa que un antipapa. Y reinando será él el antipapa, y no el verdadero papa.[11]

Cuando Francisco publicó su propio *Annuario Pontificio*, dos meses más tarde de lo esperado, en mayo de 2013, hubo mucha especulación sobre la causa de ese retraso. Se dijo que había habido un intenso debate sobre cómo manejar exactamente la situación de tener dos papas vivos. Muchos se sorprendieron al descubrir que el nuevo papa había reformado completamente su propia situación y se había despojado de los ocho títulos que Benedicto XVI publicó en su propia edición final, menos de un año antes. En la misma página del nuevo *Annuario Pontificio*, el nuevo papa se refiere simplemente a sí mismo, en dos líneas de texto en la página entera, como «Francisco, obispo de Roma».[12] La información biográfica de la página siguiente incluye los otros títulos, pero es un movimiento altamente simbólico, y muchos creen que es una clara afirmación de que se propone marcar una diferencia con su predecesor, al que se refiere como «supremo pontífice emérito».[13] Lo que también resulta intrigante, como señala Magister, es que en público Francisco siempre se ha referido a Benedicto como «obispo emérito», de modo que «por tanto, se puede presumir que el título de "supremo pontífice emérito" era algo que deseaba personalmente Joseph Ratzinger, y el actual papa sencillamente decidió no oponerse a él».[14]

Francisco quizá haya decidido no oponerse a la petición del papa saliente, pero decidió no utilizar personalmente ese título. Eso sugiere que a pesar del deseo del Vaticano de proyectar ante el público una imagen de una relación cálida y respetuosa entre ambos papas, la coexistencia no ha sido tan armoniosa como la Iglesia quiere que creamos. Tal conclusión no puede resultar sorprendente, sin embargo, considerando la decisión del auto proclamado supremo pontífice emérito de seguir viviendo en el Vaticano y continuar llevando su sotana blanca papal, aunque ya sin la *mozzetta* blanca.

Y no son solo los títulos, ropas y alojamientos lo que ha alimentado los rumores de una disputa. En dos ocasiones Benedicto ha escrito cartas de apoyo a cardenales con los cuales Francisco ha tenido enfrentamientos públicos.

263

En la primera, el papa emérito escribió un cariñoso tributo para el cardenal Joachim Meisner, en julio de 2017, a pesar de que Meisner fue el coautor de una carta criticando al papa en ejercicio por su exhortación apostólica de la familia de abril de 2016, *Amoris Laetitia* (La alegría del amor), que permitía que las personas divorciadas y vueltas a casar recibieran la comunión. Francisco no respondió a la carta, ni tampoco a la subsiguiente petición de audiencia, pero dos de los cardenales autores del escrito han muerto ya, y la respuesta sigue pendiente.

Siempre conocido por su enfoque político dado al gafe, Benedicto consiguió despertar una fuerte controversia una vez más al escribir un prólogo muy elogioso para la edición alemana del libro del cardenal Gerhard L. Müller *Dogmática católica para el estudio y práctica de la teología*, seis meses después de que el cardenal no fuese renovado en su papel de prefecto de la Congregación para la Doctrina de la Fe por el papa Francisco, en julio de 2017, un papel para el cual le había nombrado Benedicto, y fuese reemplazado por el jesuita español adjunto, el arzobispo Luis Ladaria. El conservador Müller se había opuesto ferozmente a la propuesta de Francisco de permitir a los católicos divorciados y vueltos a casar que recibieran la comunión, y había sido crítico con el papa desde que le apartaron de su cargo.

Pero los incidentes molestos no terminaron ahí. Habiéndole solicitado monseñor Dario Viganò, director de comunicaciones del Vaticano, que escribiera otro prólogo, en esta ocasión para una colección de libros en once volúmenes titulada *La teología del papa Francisco*, Benedicto respondió el 7 de febrero de 2018 con una carta marcada como «privada y confidencial» en la cual declinaba. Tras recibir esta respuesta, Viganò decidió pasar una versión editada de la declaración del papa emérito a la prensa el 12 de marzo, pero no hizo mención alguna de la petición original de que le escribiese un prólogo, quizá para atajar cualquier posible especulación que pudiera surgir de la publicación del libro «sin» la introducción de Benedicto. O quizá fuera un intento de nivelar el campo de fuego, teológicamente hablando, y reafirmar los talentos de Francisco, en comparación con los de su predecesor, incluyendo un cumplido encendido de un teólogo tan eminente como Benedicto:

> Gracias por su amable carta del 12 de enero y la carta adjunta de once volúmenes pequeños editados por Roberto Repole.
>
> Aplaudo esta iniciativa, que quiere oponer y reaccionar contra el absurdo prejuicio según el cual el papa Francisco es solo un hombre práctico, sin formación particular teológica o filosófica, mientras que yo solo he sido un teórico de la teología, con poca comprensión de la vida concreta de un cristiano de hoy.
>
> Los pequeños volúmenes demuestran, con toda justicia, que el papa Francisco es un hombre de una formación filosófica y teológica profunda, y por tanto, ayuda a ver la continuidad interna entre los dos pontificados, a pesar de todas las diferencias de estilo y temperamento.[15]

Cuando los medios respondieron con peticiones de una copia de la carta completa para poderla publicar entera, el Vaticano dijo que no podía enviar la carta original escaneada, pero que sí tenía una fotografía, que podía enviar como «prueba» de que que aquellas palabras venían, efectivamente, de Benedicto.

Desgraciadamente, cuando llegó la foto de la carta, cuidadosamente manipulada, la prensa denunció de inmediato la falsedad, porque en esta se veía un segundo párrafo que había sido emborronado intencionadamente para hacerlo ilegible, y además también se entreveía la firma de Benedicto a mitad de una segunda página, el texto de la cual estaba totalmente oscurecido por la pila de los once volúmenes, convenientemente colocados encima para evitar que la prensa lo leyera. Fue una decisión muy extraña, que indignó mucho a los medios. La Associated Press afirmaba: «La manipulación cambiaba el sentido de la imagen de una forma que violaba los estándares de la industria del fotoperiodismo... Esas citas sugerían que Benedicto había leído el volumen, estaba de acuerdo con él y le daba todo su apoyo y su valoración».[16]

Acorralado, el Vaticano se vio obligado, dos días después, a confesar la manipulación y revelar el texto del párrafo emborronado, que se describía como «la carta en su totalidad».[17] Lo que antes parecía un mensaje positivo de apoyo se había convertido en otra cosa totalmente distinta. De hecho, Benedicto declinaba amablemente escribir nada del libro, explicando:

> No quiero escribir un pasaje teológico breve y denso sobre ellos, porque a lo largo de mi vida siempre me ha quedado claro que yo solo escribiría y me expresaría a través de libros que había leído realmente bien. Desgraciadamente, aunque solo sea por motivos físicos, no puedo leer los once volúmenes en un futuro cercano, especialmente dado que me aguardan otros compromisos que ya tenía de antemano.[18]

Pero aún hay más. No solo Benedicto estaba demasiado ocupado para leer y recomendar los libros sobre la teología de Francisco, sino que también trascendió que Sandro Magister había descubierto una página más de la carta, y esta contenía comentarios altamente críticos sobre uno de los escritores que se habían elegido para que fuera autor de un volumen, y que Benedicto consideraba que era crítico con la autoridad papal. Fue muy humillante para el Vaticano. Primero, había seleccionado pasajes y engañado a la prensa, y luego había mentido al asegurar que la publicación anterior era «la carta íntegra». Todo ello resultó doblemente embarazoso cuando el Vaticano finalmente publicó la carta completa... otra vez.

Solo como acotación al margen, me gustaría hacer constar mi sorpresa ante el hecho de que entre los autores esté también el profesor Hünermann, que durante mi pontificado se distinguió por dirigir iniciativas antipapales. Representó un papel importante en la publicación de la *Kölner Erklärung* [*Declaración de Colonia*], que en relación con la encíclica *Veritatis Splendor* [*La verdad resplandece*], atacaba virulentamente la autoridad magistral del papa, especialmente en cuestiones de teología moral. También la *Europaische Theologengesellschaft* [Sociedad Teológica Europea], que fundó, fue concebida inicialmente por él como organización en oposición al magisterio papal. Más tarde, el sentimiento eclesial de muchos teólogos impidió esa orientación, permitiendo que la organización se convirtiera en un instrumento normal de encuentro entre teólogos.[19]

Una vez más encontramos a una Iglesia que parece incapaz de asumir que las pequeñas mentiras pueden conducir a otras mayores, que luego obligan a encubrimientos y, en el mayor de los casos, acaban descubiertas y provocan vergüenza. Ya sea por arrogancia o por estupidez, la publicación de una fotografía claramente manipulada era un insulto a la inteligencia tanto de los medios como de los mil millones de católicos, una burda violación de la confianza de Benedicto y un ejemplo patente de un engaño deliberado. Y no lo olvidemos, no era la primera vez que habían pillado a Bergoglio manipulando documentos para que coincidieran con una narración determinada, un hecho que convirtió su homilía del Domingo de Ramos, ocho días más tarde, en algo más asombroso aún. En lugar de aprovechar esta oportunidad para corregir el daño públicamente, y ofrecer una disculpa, Francisco lanzó un ataque escasamente velado hacia los que consideraba responsables de un alud de comentarios negativos con respecto a su pontificado y su relación con Benedicto. Magister lo describía como una denuncia «estruendosa» de las *fake news*.[20] Lo que dijo el papa fue esto:

267

Es un grito que surge al apartarse de los hechos e ir a un relato de los hechos; viene de esta «historia». Es la voz de aquellos que retuercen la realidad y se inventan historias para su propio beneficio, sin preocuparse en absoluto por el buen nombre de los demás. Es un relato falso. Es el grito de aquellos que no tienen problema en buscar formas de conseguir poder, y silenciar las voces disonantes. El grito que procede de «sesgar» los hechos y pintarlos de tal manera que desfiguren el rostro de Jesús y lo conviertan en un «criminal». Es la voz de aquellos que quieren defender su propia posición, especialmente desacreditando a los indefensos.[21]

El discurso era una continuación del mensaje emitido por el papa Francisco el 24 de enero de 2018, con respecto a las «noticias falsas y el periodismo para la paz», como un adelanto del Día Mundial de las Comunicaciones, en mayo de 2018. En la carta, Francisco comparaba lo que describía como «tácticas de la serpiente» de aquellos que extendían la desinformación y las falsas noticias con las que usaba Satán en el Jardín del Edén, quien, según declaraba, había «creado, en el amanecer de la humanidad, las primeras noticias falsas (cf. Génesis 3:1-15), que empezaron la trágica historia del pecado de la humanidad».[22] En la era de la guerra con los medios de Donald Trump, el tema era muy oportuno y atrevido para que lo expresara un papa; también era algo que preocupaba claramente a Francisco. Sin embargo, el hecho de que el escándalo de las «cartas» estuviera flanqueado por esas dos virulentas críticas del periodismo malicioso y las falsas noticias dejó a muchos confusos, porque parecía una hipocresía flagrante.

Habían pasado más de cinco años desde que Francisco fue elegido papa, y algunos empezaron a preguntarse si esto era prueba de que empezaban a aparecer algunas grietas. Hasta el momento había capeado la multitud de temporales que habían soplado en su camino, pero no sería sorprendente que sus fuerzas empezaran a flaquear bajo las inmensas presiones, tanto positivas como negativas, que le habían rodeado desde el mismísimo inicio de su papado.

«¿*Quién soy yo para juzgar?*»

Esas cinco palabras se han convertido en sinónimo del papado de Francisco. En una de sus famosas conferencias de prensa informales y relajadas en sus viajes de avión, en la cual dijo que estaba completamente abierto a cualquier pregunta, y donde mostró un ingenio agudo y afilado como una navaja, cuando le preguntaron de dónde sacaba la energía para manejar esa agenda tan agotadora, bromeó: «Lo que quería preguntarme en realidad es: ¿qué droga toma?».[23] Francisco respondió a las acusaciones de que había un «*lobby* gay» dentro de la Iglesia y de que monseñor Battista Ricca, a quien el papa personalmente había nombrado como su hombre fuerte en el Banco Vaticano, entre otras cosas tuvo una relación homosexual declarada con un capitán de la Guardia Suiza mientras vivió en la nunciatura de la Santa Sede en Uruguay.

269

> Se ha escrito mucho sobre el *lobby* gay. Yo todavía no he encontrado a nadie con una tarjeta de visita en el Vaticano en la que ponga «gay». Dicen que hay algunos. Yo creo que cuando estás tratando con una persona así, debes distinguir entre el hecho de que una persona sea gay y el hecho de que alguien forme un *lobby*, porque no todos los *lobbies* son buenos. Este no es bueno. Si alguien es gay y busca al Señor, y tiene buena voluntad, ¿quién soy yo para juzgarle?[24]

La compasión expresada por Francisco fue considerada por muchos como un verdadero hito en las enseñanzas de la Iglesia sobre el asunto de la homosexualidad. Hubo más alabanzas cuando, en abril de 2018, el papa Francisco se reunió con Juan Carlos Cruz, víctima de abusos sexuales por parte de un sacerdote chileno, y dijo de su homosexualidad: «¿Sabes, Juan Carlos? Eso no importa. Dios te hizo así. Dios te ama tal y como eres. El papa te ama también así, y tú deberías amarte a ti mismo y no preocuparte de lo que diga la gente».[25]

Cuando se compara con las enseñanzas de su predecesor, ciertamente, todo esto resulta rompedor. El papa Benedicto había afirmado en 2010 que la homosexualidad era «contraria a la esencia de lo que quería originalmente Dios».[26] De hecho era una postura algo suavizada con respecto a su época de la CDF, en la que la etiquetaba como «un mal moral intrínseco».[27] El propio Benedicto posteriormente contradijo a Francisco en una entrevista en 2016 con Peter Seewald para el libro *Last Testament: In His Own Words (Último testimonio: con sus propias palabras)*, cuando confirmó la existencia de un «*lobby* gay» y alardeó de que él y otros habían desmantelado aquel grupo con éxito. Pero para los que están familiarizados con las enseñanzas católicas, las palabras de Francisco no eran reformas de doctrina reveladoras, sino que simplemente se adherían al catecismo de la Iglesia católica de 1992 aprobado y promulgado por el papa Juan Pablo II. Este colosal documento se refiere a la homosexualidad como «actos de gran depravación... contrarios a la ley natural... [y] bajo ninguna circunstancia se pueden aprobar», pero también establece que las personas homosexuales deben ser «aceptadas con respeto, compasión y sensibilidad. Se debe evitar cualquier señal de discriminación injusta con respecto a ellos».[28]

La diferencia entre el obispo de Roma y el supremo pontífice emérito, por tanto, quizá sea solo de grado, y no de tipo.

En un artículo de 2013, el periodista del *New Yorker* James Carroll planteaba la cuestión de que «muchos observadores insisten en que en una Iglesia entendida como *semper ídem* (siempre la misma), lo máximo que puede hacer una figura como Francisco, aparentemente innovadora, es hacer ajustes «pastorales» en la disciplina o en la práctica: un relajamiento más misericordioso de las normas, sin derogarlas. Aunque quisiera hacerlo, el papa Francisco no podría alterar las creencias básicas de la Iglesia.[29]» Pero existe también la posibilidad de que, si quisiera sacudir las cosas de verdad, Francisco pudiera ir por la ruta del Vaticano II y organizar otro concilio global sobre el futuro de la Iglesia. Lo que se decidió en el Segundo Concilio Ecuménico fue ciertamente revolucionario sobre el papel, pero la interpretación de las conclusiones oficiales difería ampliamente, y el Vaticano II todavía consigue polarizar al clero a día de hoy. Además, pasó casi un siglo entre el primer y el segundo Concilio Vaticano, y es muy poco probable que muchos accedieran a realizar otro solo cincuenta años después de que concluyera el último, en 1965.

Desde que se escribió el artículo de Carroll, Francisco, sin embargo, ha utilizado su posición para efectuar cambios en la doctrina que han demostrado ser fuertes y aguantar bien contra la respuesta eclesiástica, como en el caso de la exhortación apostólica *Amoris Laetitia*, sobre la vida familiar, en la cual explícitamente contradecía las enseñanzas de sus predecesores y abogaba por el fin de condenas que describen «a todos aquellos en cualquier situación "irregular" diciendo que viven en un estado de pecado mortal y... están privados de la gracia santificante».[30]

La tarea de unir tanto las visiones conservadoras como las liberales bajo su estandarte, por supuesto, es imposible. Los conservadores encuentran sus reformas demasiado radicales, y los liberales las encuentran demasiado poco radicales. Pero parece que Francisco es muy consciente de que jamás podrá satisfacer a todo el mundo, y por tanto debe tomar las decisiones que tome sin tener en cuenta su popularidad, basándose solo

271

en lo que cree que es más justo. Esto, inversamente, deja a algunas personas decepcionadas por las opiniones esencialmente tradicionales del papa en temas como el matrimonio del mismo sexo, la ordenación de mujeres sacerdotes, el aborto y la homosexualidad, ya que ahora saben que si cree en algo con fuerza suficiente, defenderá los cambios necesarios. La ambigüedad de los primeros tiempos del papado de Francisco ha desaparecido ya, y con ella, la esperanza de muchos que apoyan reformas en ese sentido.

Su predecesor, el papa Benedicto, luchó contra las reformas de la Iglesia que querían adaptarla a las realidades de la sociedad moderna: que la gente es gay, que las mujeres abortan, la gente se divorcia y así sucesivamente. Pero los fieles de la Iglesia esencialmente sabían lo que se esperaba de ellos, y no se sorprendieron cuando él se atuvo rígidamente a los principios tradicionales. Como los cardenales electores del cónclave de 2013, sin embargo, los medios y el público han desarrollado una forma de sesgo de confirmación hacia la superestrella papa Francisco, y eso ha dado lugar a una mayor decepción cuando él se ha mantenido fiel a las políticas más conservadoras de la Iglesia.

Por otra parte, Francisco parece comprender mejor que la mayoría el impacto perjudicial que ha sufrido la Iglesia debido al escándalo de los abusos sexuales por el clero, un impacto que no se puede exagerar. La gente no solo quiere que la Iglesia sea mejor, sino que también «necesitan» que lo sea. No ha ocurrido mayor prueba para la fe en la historia moderna o, se podría aducir incluso, en toda la historia de la Iglesia. La libertad y facilidad de la sociedad moderna significa que muchos seguidores del catolicismo están en una posición sin precedentes: se sienten lo bastante confiados para poder ser críticos con la Iglesia. Y así, el dilema moral de una institución que dicta cómo deben vivir su vida sus seguidores, y sin embargo, al mismo tiempo, se ve enfrentada con lo que el cardenal Ratzinger incluso reconoció como «suciedad» dentro de sus propias paredes, pone a la Iglesia en una posición extremadamente vulnerable. La respuesta de Francisco, su apertura y compasión, ha encontrado una sinergia con las críticas envalentonadas de los seguidores, y al mismo tiempo se ha encontrado con acusaciones de herejía por parte de los miembros más conservadores del clero. En resumen: mal si haces algo, mal si no lo haces.

Tal y como observa el biógrafo y periodista Andrea Tornielli, «uno de sus rasgos más interesantes es que... cuanto más retratan los medios de comunicación la figura del papa como superstar, como Papa pop, más intenta él demostrar lo contrario».[31] El deseo de Francisco de separarse del concepto de la infalibilidad y supremacía papal le ha dejado expuesto a la insurrección y a una condena que pocos se habrían atrevido a emitir públicamente, y mucho menos en una carta abierta de veinticinco páginas como la que se le entregó el 11 de agosto de 2017 en la cual sesenta y dos miembros conservadores del clero declaraban que las enseñanzas y conducta del papa eran heréticas, e incluso de aspecto luterano.[32]

Pero como señala Tornielli, «son los críticos conservadores los que gritan más fuerte».[33] Quizá eso explique el tono mucho más moderado utilizado por Francisco en marzo de 2018 en su exhortación apostólica *Gaudete et exultate* (Disfrutad y alegraos). No contiene cambios de doctrina ni expresiones de consternación, fuera de sus causas favoritas. El mensaje general es de amor, santidad, compasión y amabilidad. Pero aunque nadie podría afirmar que esos pronunciamientos son débiles, ciertamente hay poca profundidad en su mensaje, y es difícil no sentir decepción al ver que la presión de sus oponentes antiliberales podría poner fin a la lucha prometeica de Francisco.

Cuánta presión puede soportar un papa sigue siendo objeto de grandes especulaciones, en gran medida porque Francisco, como el propio Benedicto antes que él, no quería ser elegi-

273

do papa, ya de entrada. Quería retirarse y había hecho todos los preparativos necesarios para hacerlo. Deseos como ese son muy hondos y no se pueden desplazar fácilmente, por muy importantes que sean los honores concedidos a una persona.

Dos meses después de emitirse la *Gaudete et exultate*, el 15 de mayo de 2018, el papa Francisco, de ochenta y un años de edad, habló en una misa un martes por la mañana en su residencia de Santa Marta. Aunque el Vaticano no ha publicado toda la transcripción de la misa, parece que ha aprendido la lección y no oculta más cosas. Después de su homilía, la audiencia se preguntaba si el papa habría empezado a considerar su propia «gran negación». Cuando leía los Hechos de los Apóstoles, Francisco se refirió a la historia de la decisión de Pablo de dejar Éfeso e ir a Jerusalén diciendo:

274

> Es un movimiento decisivo, un movimiento que llega al corazón, es también un movimiento que señala el camino para todos los obispos, cuando llega el momento de despedirse y retirarse a un lado... Cuando leía esto pensaba en mí mismo, porque soy obispo, y porque debo despedirme y retirarme a un lado... Pienso en todos los obispos. Que el Señor nos otorgue a todos la gracia para ser capaces de despedirnos y hacernos a un lado de esa forma [como Pablo], con ese espíritu, con esa fortaleza, con ese amor por Jesucristo y esa fe en el Espíritu Santo.[34]

En todo el mundo se pudo oír un «oh, no» con un sobresalto: «¡Otra vez lo mismo!». ¿Dejará también su solideo y se retirará, convirtiendo así el asunto del retiro papal de crisis en convención? No se puede descartar.

Pero antes de asumir que Francisco está preparando al mundo para el día en que utilice el camino que preparó Benedicto, una lectura más atenta de sus palabras sugiere también que podría renunciar solo si recibe instrucciones de hacerlo por parte del Espíritu Santo. Debemos asumir, en este momento, que tal instrucción no se ha buscado ni se ha recibido.

Aun así, está con nosotros una nueva era de la fe en la que todo parece vacante. En tales tiempos, la Iglesia católica se encuentra con dos piedras angulares papales vivientes. Uno retirado, pero con muchos seguidores secretos todavía, está dedicado a sus estudios eruditos y la contemplación; el otro, casi exageradamente social, capaz de inspirar y retener a más de 1,28 miles de millones de seguidores, guiándolos, con demostraciones de humildad, empatía y falibilidad, y razonamientos que ocupan titulares de prensa, de vuelta a la fe que ha ardido durante más de dos mil años, la fe de san Francisco, que se apartó de sus ricos atavíos y abrazó la desnudez de la pobreza.

Ser papa es un trabajo que nadie quiere. Especialmente es una pesadilla para un anciano enfrentado a problemas que parecen irresolubles, y reductos de oposición irredenta. Francisco, al hablar de retiro, sugiere que se ha establecido un precedente que alivia mucho y que está disponible para él. Aunque se retirase mañana, su legado sería profundo. Ya ha conmocionado las enseñanzas de Cristo, buscando el fin de los días de juicios duros y de inquisiciones, exigiendo más tolerancia, humildad y transparencia, y recordando a los creyentes que todos somos pecadores, incluyendo a los dos papas de Roma.

275

La extraña pareja

Antes de despedirnos de estos dos ancianos, que viven ahora como extraños vecinos, unas pocas palabras sobre cómo, en el momento de escribir esto, pasan sus días, revelando un poco de lo que se sabe sobre sus reuniones privadas a lo largo de los años siguientes, desde los primeros días del papado de Francisco, en 2013.

Los dos papas se abrazaron por primera vez como tales cuando el helicóptero papal que llevaba a Francisco, que hacía diez días que era papa, aterrizó en los terrenos de Castel Gandolfo, donde estaba recluido Benedicto desde que se retiró.

Benedicto estaba en el helipuerto para saludar y felicitar a su compañero papa. Ambos llevaban las sotanas blancas y los solideos del cargo papal. Se besaron y se abrazaron cálidamente, y se miraron profundamente a los ojos, sonriendo, mientras las cámaras del mundo grababan el momento. ¿Qué farragoso destino compartían ahora los dos, qué extraña hermandad, con sus destinos ligados (o, si quieren, el plan de Dios) y adónde los llevaría a ambos? ¿Hacia qué aguas desconocidas?

Francisco llevaba un regalo aquel día, un icono de la Madonna, y le dijo a Benedicto que era conocida como la Madonna de la Humildad.

—He pensado en ti —dijo Francisco—. Nos has dado muchas señales de humildad y amabilidad en tu pontificado.

¿Y qué respondió Benedicto?

—*Grazie. Grazie.*

Y se retiraron de las cámaras y entraron.[35]

Cuando fueron a rezar a la capilla, Benedicto le ofreció el lugar de honor, un reclinatorio ante el altar, a Francisco. Pero Francisco, viendo que Benedicto se retiraba hacia atrás, le siguió y se arrodilló junto al pontífice más anciano, diciendo:

—Somos hermanos, rezaremos juntos.

Los dos rezaron en el mismo banco.

Benedicto entonces ofreció su voto de obediencia al nuevo papa, mientras Francisco le daba las gracias a Benedicto por su ministerio.

Después se fueron al palacio a comer.

Mientras hablaban, «papa a papa», Francisco quizá dejó caer la bomba de que no pensaba usar el magnífico palacio como retiro de verano, porque ya tenía el plan de abrirlo al público por primera vez en sus casi 420 años de historia, acabando así con una antigua tradición. Quizá mencionase también que tampo-

276

co usaría los apartamentos papales del Vaticano iluminados con arañas, prefiriendo limitarse al concurrido Hotel Santa Marta, iluminado con fluorescentes, que se usaba para el cónclave. (Ambas promesas las ha cumplido.) Y quizá usara las mismas palabras que dijo a un periodista, algo después: «No puedo vivir solo, rodeado por un pequeño grupo de gente. Necesito vivir con la gente, reunirme con la gente».[36]

Al principio, el Vaticano dijo que lo que pasó entre ellos nunca se sabría, pero esto fue hasta que en una entrevista de 2016 con el arzobispo Georg Gänswein, que ahora sirve como secretario personal de ambos papas, reveló que Benedicto le pasó a Francisco un expediente secreto aquel día. Se sospechaba que era la reforma de la Curia, erróneamente, cuando de hecho era el informe sobre el escándalo Vatileaks que Benedicto había encargado.[37]

Si el retiro y enclaustramiento de Benedicto tras los muros de la Mater Ecclesiae tenía el aire de una sentencia de prisión, quizá pudo parecerle así al papa emérito. Rápidamente se esfumaron sus esperanzas iniciales de poder volver a Baviera y vivir sus últimos días con su hermano, al darse cuenta de que allí no le podrían proteger: allí podía encontrarse hablando con una cantidad de gente ingobernable, y le podían arrastrar a decir cosas que podían colisionar con Francisco. No. Ningún papa podía vagar por ahí libremente. Y de ese modo, los muros del jardín se cerraron a su alrededor, ocultándolo de ojos curiosos.

En las vacaciones religiosas, Pascua y Navidad, así como en celebraciones personales como su cumpleaños, es más probable que se celebren visitas entre los dos hombres. La prensa mundial a menudo está invitada a registrar el amable saludo antes de que los dos se retiren al interior. La Oficina de Prensa de la Santa Sede a menudo suplica después que le den algo de información: cuando Francisco cumplió los ochenta, el 17 de diciembre de 2016, entre los setenta mil mensajes por correo

277

electrónico deseándole un feliz cumpleaños, así como llamadas telefónicas y telegramas de líderes mundiales y figuras religiosas, recibió un mensaje «muy afectuoso» por escrito, tres pequeños regalos y una llamada telefónica personal de su predecesor, que fueron «especialmente apreciados» por el actual pontífice.[38]

Y cuando Benedicto cumplió los noventa, el 16 de abril de 2017, pasó el día en el monasterio con su hermano Georg, que entonces tenía noventa y tres años. Bebió un poco de cerveza, mordisqueó unos pretzels y vio las noticias en la televisión en alemán. Cuatro días antes, Francisco le había visitado para desear un feliz cumpleaños al nonagenario.[39]

Benedicto todavía disfruta de sus vacaciones de verano en Castel Gandolfo. Las monjas le preparan una cajita pequeña con pan junto al borde del estanque con peces dorados, para que pueda dar de comer a los peces. Le encanta.

En febrero de 2018, Benedicto, en una rara declaración pública, dijo que está frágil, pero en paz con la perspectiva de la muerte. Gänswein confirma esto. En una reciente entrevista con el periódico italiano *Il Messaggero*, Gänswein decía que Benedicto habla de ello ocasionalmente, describiendo su viaje como «un peregrinaje hacia el hogar»,[40] pero sin obsesionarse. «Se podría decir —añade Gänswein— que es una persona serena. Tiene el alma en paz, y el corazón feliz.»[41]

Ahora Benedicto, ciego de un ojo y con dificultades también para andar, disfruta aparte de eso de una buena salud. «Ciertamente, es un hombre viejo ya —dice Gänswein—. Le resulta duro andar, y usa un andador. No puede trabajar en los textos eruditos como solía hacer, pero aún escribe, y mucho. Tiene una enorme cantidad de correspondencia de todo el mundo. Recibe libros, artículos y cartas, y los responde.»[42]

¿Los responde? ¿Como qué? ¿En calidad de qué? ¿Como papa? ¿Compartiendo puntos de vista infalibles? ¿Fue ese el prometido *silenzio incarnato*? Lo que podría mantener en marcha al anciano Ratzginger, según Gänswein, es la regularidad con la que divide cada día: empieza, como ha hecho siempre, con la celebración de la misa matutina. Y cada domingo, el papa Benedicto todavía lee una homilía en una misa para su pequeño entorno doméstico, a veces cuatro personas nada más, Gänswein y algunos miembros femeninos de Memores Domini, una comunidad de mujeres laicas consagradas y asociadas con el movimiento Comunión y Liberación. Como antiguo líder de la religión más extendida de la tierra, Benedicto ahora dirige sus palabras a cuatro rostros amigos. Pero no lamenta la vertiginosa reducción del tamaño de su público. Más bien le encanta.

El papa Francisco, al mismo tiempo, también pronuncia cada día una pequeña homilía en la misa de la mañana en su residencia de Santa Marta, en el Vaticano, donde reside. Las transcripciones de sus sermones se publican, porque se consideran divinamente inspirados. Su público sigue siendo gigantesco, pero la homilía es breve. Ningún sermón debería durar más de diez minutos, ha ordenado. Explica lo que quieres explicar, claramente, con rapidez, y luego apártate de escena: deja que la gente, que tiene sus propios problemas, vuelva a su vida, con ciertos apetitos satisfechos, es de esperar.

Epílogo

El amanecer de la edad de la no creencia

Cuando el genetista Francis Crick descifró el código genético de la vida, el ADN, estaba tan seguro de que la ciencia había derrotado finalmente a la religión que ofreció un premio para el que imaginara el mejor uso futuro para las capillas de la universidad de Cambridge. ¿Qué uso ganó el concurso? Piscinas. Pero la presunción de Crick en 1953 de un destino acuático era prematura, porque sigue siendo imposible darse un chapuzón en los Baños Tibios de la Capilla de St. Catherine. Pero ¿estaba equivocado?

En la ciudad de Nueva York, junto a la calle Cuarenta y cuatro y la Sexta Avenida, existe una señal digital, del tamaño de un anuncio gigante, que se ha llegado a conocer como el Reloj de la Deuda Nacional. Muestra la deuda nacional de Estados Unidos, que va en aumento cada vez, y los números brillantes corren tan deprisa que las columnas de la derecha son indescifrables, casi un simple borrón. Su efecto es alarmar, dar vida a un asunto tan grave (más grave cada segundo) que solo una representación visual podría empezar a transmitir la enormidad del problema.

Imaginemos un reloj similar, un Reloj Internacional de la Fe, calibrado para seguir el estado actual de la «creencia»: la creencia en que hay un Dios, una deidad que preside, y provista de emociones humanas; Dios como operador de centralita para todas las comunicaciones universales, como fuente de todo amor, como engendrador de todas las cosas que son hermosas, autor e ideador del universo. Imaginemos un reloj semejante colgando por encima de Times Square, o la plaza de San Pedro, o la plaza Roja, o la de Trafalgar, o la de Tiananmen: ¿qué noticias nos daría?

En el mundo desarrollado al menos, el número creciente de personas que se apartan de la fe cristiana o que simplemente no se comprometen con ella convertiría al menos la columna de la derecha en un verdadero borrón, el número de los creyentes cayendo, cayendo, cayendo...

Ahora está claro: cada vez más personas exigen ser libres para decidir ellos mismos en asuntos de fe y de moralidad. Cada vez más no requieren que ningún templo les diga qué hacer, o que les dé respuestas finales. Se guían por otras estrellas que el *axis mundi* tan amado por el papa Benedicto. Los ángeles ya no bastan; el infierno no consigue disuadir.

En tales tiempos, que no tienen rival en la historia humana, ¿qué papel le queda a la Iglesia católica, o a cualquier Iglesia, y cuál es la mejor aproximación que deben hacer sus líderes para seguir siendo relevantes, vitales y necesarios?

Al concluir este libro, lo que más me sorprende ahora mismo, y que no era tan evidente para mí al principio, no es lo distintos que son esos dos hombres, sino las muchas cosas que comparten. Ambos se criaron bajo regímenes autoritarios de asesinos dictadores, ambos han sido acusados de permanecer indiferentes ante la brutalidad. Sus respuestas, en común, han sido muy alejadas del mea culpa que en tiempos se podía esperar, con el beneficio de la visión retrospectiva y la reflexión, y ofrecen sobre todo un muro familiar de silencio, un muro en el que se mira la propia Iglesia católica, a la hora de manejar los casos de abusos sexuales. ¿Fueron esos dos hombres moldeados en este sentido por la cultura velada de la Iglesia que ambos adoran? ¿O bien la vida real les atrapó primero, enseñándoles, en tiempos de terror, que un poco de secretismo funciona muy bien, a la hora de manejar los asuntos humanos?

Aunque ambos utilizaran el *silenzio incarnato* en estos temas, se les ve haciendo el esfuerzo de liberarse de sus votos. La renuncia de Benedicto, para mí, es un reconocimiento sonoro (y se podría decir que honrado) de culpa, complicidad e incapacidad; en el caso de Francisco, el argentino se acercó mucho a un reconocimiento pleno cuando el entonces cardenal Bergoglio presidió la ceremonia de «reenterramiento» del padre Carlos Múgica. Todavía no papa, más libre de hablar con libertad, dio un discurso apasionado y sentido desde el púlpito del difunto sacerdote, en su iglesia de los suburbios. Sus palabras están lo más cerca que ha llegado nunca a reconocer explícitamente su culpa por el papel que representó durante la Guerra Sucia: «De la muerte del hermano Carlos, de sus asesinos físicos, de aquellos que planearon su muerte, del silencio que guardó la mayor parte de la sociedad, actuando como cómplices, y de todas las oportunidades que tuvimos nosotros, como miembros de la Iglesia, de denunciar su asesinato, pero que no hicimos por falta de valor, el Señor tenga misericordia».[1]

En el caso de Benedicto tenemos el acto de su dimisión, que normalmente hablaría con más intensidad que las propias palabras, si él no hubiera pronunciado personalmente las propias palabras recónditas, situadas en su libro de 2009, *Caritas in Veritate*: «La verdad puede ser vital, pero sin amor, puede resultar también insoportable.»

El Señor tenga misericordia.

Los escritores de todos los textos sagrados eran poetas. Si contuvieran esos textos (la Biblia, el Corán, los Vedas, la Torah,

los Upanishads, las Sutras…) solo una verdad divinamente ins-
pirada, y por tanto puramente literal, no deberían haber provocado nunca un debate, ni una sola guerra. (Las guerras san-
tas, vistas de ese modo, no son sino violentos desacuerdos sobre
quién tiene el mejor poema). Pero lo que inspiró los poemas sigue existiendo: odas a lo desconocido, los textos más duraderos
y amados de la historia humana. Si pudiéramos mirar al futuro lejano de la Iglesia católica y saber que su destino es convertirse en nada más que un club de un libro sagrado, donde los
fans se reúnen una vez a la semana para discutir sus personajes
y capítulos favoritos, debatir apasionadamente los temas y ex-
traer enseñanzas para la vida de las lecturas compartidas, pues
bueno, podría ser mucho peor. La lección que nos enseñan todos esos textos nunca se desvanecerá, ni perderá su relevancia,
porque esa lección es sencilla: sé bueno, sé amable, sé sensible,
sé justo y respetuoso, y cuidaos todos entre vosotros… por el
amor de Dios.

284

El poeta británico Philip Larkin, que era ateo, interrum-
pió una vez un encantador paseo en bicicleta por un pequeño
pueblo inglés para entrar en una pequeña iglesia, un «grane-
ro añejo y decorado», y escribió sus impresiones en su poema
«Church Going» («Ir a la iglesia). Encuentra la Iglesia sumi-
da en un «silencio tenso, mohoso e insoslayable», inspecciona
brevemente el altar, el facistol, la pila bautismal, y más tarde
el cementerio, donde tantos muertos yacían, y concluye que en
aquel antiguo lugar no vale la pena detenerse, pero luego admite que a menudo lo hace. ¿Por qué sigue yendo? ¿Qué es lo que
busca? ¿Qué persiste aquí que sea agradable todavía? ¿La nos-
talgia de lo que fue en tiempos? ¿Un vacío en sí mismo, que el
viejo instinto dice que podría llenarse allí? A Larkin no le inte-
resa la religión como tal: «La superstición, como creencia, debe
morir / ¿Y qué queda cuando desaparece hasta la ausencia de
creencia?» Y sin embargo reconoce que esos lugares nunca que-

darán obsoletos: «Porque siempre habrá alguien que sorprenda / en sí mismo un hambre por lo serio / y gravite con él hasta este suelo / que según oyó una vez, era adecuado para adquirir sabiduría / aunque solo fuera por los muchos muertos que yacen aquí».[2]

¿Qué queda realmente, en esta época escéptica, cuando la falta de creencia falla? Porque la falta de creencia, frente a la maravilla, también requiere un esfuerzo mantenerla. La maravilla y la magia todavía pueden sorprendernos, atraparnos, tirar de los hilos de nuestro cinismo. Mucho más a menudo de lo que queremos reconocer, nos encontramos maravillados en la contemplación de un momento encantado e inexplicable, momentos que la palabra más adecuada que tiene nuestra lengua para describir es «Dios».

Solo el actual papa emérito sabe si los beneficios de la Iglesia tras su partida sobrepasan, en su mente y su alma, al daño que seguramente siente que ha hecho al estatus inmemorial del papado. Sea cual sea la razón que se esconde detrás, parece natural concluir que el papa Benedicto era consciente de las probables consecuencias, al menos en el asunto de su sucesor. Después de todo, el cardenal Bergoglio había quedado segundo tras Benedicto en su propia elección papal, y existían muchas posibilidades de que el argentino ganase en la nueva competición. Lo que es más, las cartas de renuncia de Bergoglio, enviadas dos veces a Benedicto y archivadas, sin firmar, sin responder, sugerían que Benedicto podía haber eliminado fácilmente al argentino de la consideración papal si hubiese querido, y por tanto hubiera reducido significativamente la posibilidad de un cambio radical dentro de la Iglesia: cambio al que, según nos dicen los registros de Ratzinger, se resistía fuertemente. ¿Por qué esas cartas de renuncia que fueron enviadas a Ratzinger quedaron sin firmar por parte de él? Parece posible que Benedicto, después de decidir que lo dejaba, también decidió que haría al menos «posible» la candidatura de Bergoglio, dejando la elección del segundo papa a los cardenales y, por supuesto, a Dios.

De modo que, ¿qué pensamientos ocupan a Benedicto, ahora que es (en su mayor parte) *silenzio incarnato*? ¿Qué tiene que reprocharse, mientras se pasea por el jardín de su monasterio, hace la siesta como los abuelos y escribe en su despacho hasta muy tarde por la noche? ¿Contempla y se maravilla del culto de Francisco, que se mueve con tanta confianza entre los millones? ¿Se asombra del carisma de ese hombre, de las campañas transformadoras y las declaraciones asombrosas? ¿O bien, por el contrario, se culpa a sí mismo por crear la posibilidad de un cambio innecesario y dañino, por un pensamiento libre y sin asegurar, cuando, de un plumazo, unos años antes, podía haberse asegurado de que el cardenal Bergoglio ahora mismo fuera inofensivo y estuviera metido en la habitación 13 de la residencia de retiro para sacerdotes, en la calle Condarco 581, en Flores, Buenos Aires?

Mi conjetura es que Joseph Aloisius Ratzinger debatió durante largo tiempo y con dureza las implicaciones del tipo de cambio que su dimisión podía provocar, y solo se retiró cuando hubo hecho las paces con la idea de Bergoglio, con la realidad de Bergoglio, con la necesidad de Bergoglio, los peligros de Bergoglio. Ese debate todavía es posible que ocupe al frágil papa emérito; quizá esté representando en secreto ambos papeles en los debates teológicos que siempre le han gustado tanto, defendiendo y atacando el hecho de una Iglesia «sin cambio alguno» que predica unas verdades sencillas, intemporales; a favor y en contra de una Iglesia «dinámica», que adapta sus normas para responder a las necesidades complejas y cambiantes de su gente. La insignia del papado son dos llaves cruzadas, una para cerrar, la otra para abrir y liberar, para definir lo que es pecado y lo que está permitido. Mientras Ratzinger ha ostentado y usado durante mucho tiempo la primera, debió de parecerle que el papa Francisco había huido con la segunda y ahora está en un frenesí de aperturas. (Hoy en día, mientras escribo, Francisco acaba de cambiar las enseñanzas católicas sobre la pena de muerte, diciendo que es «inadmisible».) ¿Quién tiene razón? ¿Será la Iglesia, casada con el espíritu de la edad, una viuda en la siguiente? ¿Será su perdición la flexibilidad de Francisco, o bien será su salvación, y se convertirá, con su atractivo y su alcance modernizador, en madre de nuevos millones, inspirando a los desafectos para que vuelvan a sus brazos? La línea de argumentación conservadora puede verse reducida a una simplificación: que, finalmente, la gente anhela un amo monolítico, y que no doblará la rodilla por menos. La gente reverencia lo que sabe que es mayor que ella misma. El pensamiento liberal toma el camino opuesto: la gente se cansa de los amos que no parecen conmoverse por ningún ruego.

Interiormente veo a Benedicto dando peso a ambas partes del razonamiento, antes de dejar la pluma, vacía de tinta ya. Imagino en su escritorio las cartas de renuncia de Bergoglio todavía allí, tan astutamente carentes de firma por parte de Benedicto, y solo entonces me doy cuenta de que este anciano inteligente realmente llegó a esta decisión hace mucho tiempo, cuando nadie en el mundo estaba mirando.

Francesco, reconstruye mi Iglesia.

Agradecimientos

*M*is continuas gracias a Rebecca Cronshey, cuya habilidad de investigación raya lo milagroso, y a Jane Parkin, por sus tempranas aportaciones editoriales. Estoy en deuda también con Alexander Lucie-Smith por echar un ojo sabio a estas páginas.

Notas

Prólogo

1 Dante Alighieri, traducido por Allen Mandelbaum, *The Divine Comedy: Inferno*, University of California Press, 1980, Canto III, pp. 22-23.

2 Edward Pentin, «Ex-Nuncio Accuses Pope Francis of Failing to Act on McCarrick's Abuse», Registro Católico Nacional, 25 de agosto de 2018.

3 «Benedict affirms continuity with Pope Francis», *The Tablet*, 13 de marzo de 2018, https://www.thetablet.co.uk/news/8716 /benedict-affrms-continuity-with-pope-francis.

4 Edward Pentin, «Pope Francis on Pope Emeritus: "The Wise Grandfather at Home"», Registro Católico Nacional, 27 de junio de 2016, http://www.ncregister.com/blog/edward-pentin/pope-francis-on-pope-emeritus-the-wise-grandfather-at-home/.

1. Cónclave

1 Declaración oficial del portavoz del Vaticano, Joaquín Navarro-Valls, citado en «Pope John Paul rushed to hospital», BBC, 2 de febrero de 2005, http://news.bbc.co.uk/1/hi/world/europe/4228059.stm.

2 John Hooper, «Pope Blesses Easter Faithful but Is Unable to Speak», *Guardian*, 28 de marzo de 2005.

3 Declaración oficial del portavoz del Vaticano, Joaquín Navarro-Valls, Oficina de Prensa de la Santa Sede, Libreria Editrice Vaticana, 1 de abril de 2005.

4 John Allen Jr., *The Rise of Benedict XVI: The Inside Story of How the Pope Was Elected and What It Means for the World*, Londres, Penguin Books, 2005, p. 38.

5 Stanislaw Dziwisz, Czeslaw Drazek, Renato Buzzonetti, Angelo Comastri, *Let Me Go to the Father's House: John Paul II's Strength in Weakness*, Pauline Books and Media, 2006, p. 86. [*Dejadme ir a la casa del Padre: la fuerza en la debilidad de Juan Pablo II*, Editorial San Pablo, Madrid, 2008].

6 *Ibíd.*

7 Relato oficial de los últimos días de Juan Pablo II, Libreria Editrice Vaticana, 2005.

8 Francesca Prescendi (Ginebra), «Novendiale sacrum», en el *Brill's New Pauly*, volúmenes de la antigüedad editados por Hubert Cancik y Helmuth Schneider, edición inglesa de Christine F. Salazar; volúmenes de la tradición clásica editados por Manfred Landfester, edición inglesa de Francis G. Gentry, http://dx.doi.org/10.1163/1574-9347_bnp_e825640 (publicado *online* en 2006).

9 Juan Pablo II, Celebración eucarística para el descanso del alma del papa Juan Pablo II: Regina Caeli, Librería Editrice Vaticana, 3 de abril de 2005.

10 Los Cardenales de la Santa Iglesia Romana [del Código en Latín de la Ley Canónica de 1983]—Can. 352 §1., en la Documentación General del Colegio de Cardenales, Libreria Editrice Vaticana, 17 de febrero de 2014.

11 Allen, *The Rise of Benedict XVI*, p. 59.

12 Hermana Mary Ann Walsh, RSM, ed., con cobertura del Servicio Católico de Noticias, *From Pope John Paul II to Benedict XVI: An Inside Look at the End of an Era*, Oxford, Sheed and Ward, 2005, p. 23.

13 Juan Pablo, Constitución Apostólica Universi Cominici gregis, Libreria Editrice Vaticana, 1996.

14 George Weigel, «The Pignedoli Principle», *The Catholic Difference*, 3 de mayo de 2001, https://web.archive.org/web/20151031122412/http://eppc.org/publications/the-pignedoli-principle/.

15 Michael J. Lacey y Francis Oakley, *The Crisis of Authority in Catholic Modernity*, Oxford, Oxford University Press, 2011, pp. 15-16.

16 Joaquín Navarro-Valls, Conferencia de Prensa Vaticana, Libreria Editrice Vaticana, 25 de abril de 2014.

17 David Gibson, *The Rule of Benedict: Pope Benedict XVI and His Battle with the Modern World*, Harper San Francisco, 2006, p. 32.

18 Allen, *The Rise of Benedict XVI*, p. 80.

19 Paul Collins, *God's New Man: The Election of Benedict XVI and the Legacy of John Paul II*, Londres, Continuum, 2005, p. 13.

20 *Ibíd.*

21 *Ibíd.*, p. 36.

22 Papa Benedicto XVI, *Light of the World: The Pope, the Church, and the Signs of the Times: A Conversation with Peter Seewald*, San Francisco, Ignatius Press, 2010, pp. 4-5. [*Luz del mundo: el Papa, la Iglesia y los signos de los tiempos: una conversación con Peter Seewald*, Herder Editorial, Barcelona, 2010].

23 http://www.vatican.va/roman_curia/congregations/cfaith/documents/rc_con_cfaith_pro_14071997_en.html.

24 Collins, *God's New Man*, p. ix.

[25] Joseph Ratzinger, Discurso en Subiaco, Italia, 1 de abril de 2005, en *Ibíd.*, p. 122.

[26] Joseph Ratzinger, Meditaciones sobre la Cruz, Viernes Santo, 25 de marzo de 2005, en John Thavis, *The Vatican Diaries*, p. 292, Nueva York, Penguin Books, 2013.

[27] Walsh, ed., *From Pope John Paul II to Benedict XVI*, p. 82.

[28] John L. Allen Jr., *Conclave: The Politics, Personalities, and Process of the Next Papal Election*, Nueva York, Doubleday, 2002, p. 201.

[29] Collins, *God's New Man*, p. 48.

[30] Allen, *Conclave*, p. 169.

[31] Embajada de EE.UU. en el Vaticano, «Toward the Conclave Part III: The Candidates», WikiLeaks, 15 de abril de 2005, 05VATICAN466_a, https://wikileaks.org/plusd/cables/05VATICAN466_a.html.

[32] Allen, Conclave, p. 176; Walsh, ed., *From Pope John Paul II to Benedict XVI*, p. 81.

[33] Sandro Magister, «Progressives, Moderates, Neocons: Notes Before the Conclave», *L'Espresso*, 14 de abril de 2005, http://chiesa.espresso.repubblica.it/articolo/28458%26eng%3dy.html.

[34] Allen, *Conclave*, p. 176.

[35] Allen, *The Rise of Benedict XVI*, pp. 82-83.

[36] *Ibíd.*, p. 104.

[37] Gibson, *The Rule of Benedict*, p. 99.

[38] Allen, *The Rise of Benedict XVI*, pp. 94-95.

[39] Paul Vallely, *Pope Francis: Untying the Knots*, Londres, Bloomsbury, 2014, p. 1.

[40] *Ibíd.*, p. 3.

[41] Gibson, *The Rule of Benedict*, p. 103.

[42] Anónimo a Lucio Brunelli, *Limes*, http://www.limesonline.com/cosi-eleggemmo-papa-ratzinger/5959 (publicado originalmente en septiembre de 2005).

[43] *Ibíd.*

[44] *Ibíd.*

[45] *Ibíd.*

[46] *Ibíd.*

[47] Gibson, *The Rule of Benedict*, p. 105.

[48] Anónimo a Lucio Brunelli.

[49] Cardenal Cormac Murphy O'Connor, entrevista con la BBC, 1 de marzo de 2013, http://www.bbc.co.uk/news/world-europe-21624894.

[50] Magena Valentié, «El hogar que ya no espera al padre Jorge», *La Gaceta* (Argentina), 16 de marzo de 2013, https://www.lagaceta.com.ar/nota/536881/mundo/hogar-ya-no-espera-al-padre-jorge.html.

2. Francisco

1 Austen Ivereigh, *The Great Reformer: Francis and the Making of a Radical Pope*, Sydney, Allen and Unwin, 2014, p. 13. [*El gran reformador: Francisco, retrato de un Papa radical*, Ediciones B, Barcelona, 2015].

2 *Ibíd.*

3 Paul Vallely, *Pope Francis: Untying the Knots*, pp. 21-22.

4 Ivereigh, *The Great Reformer*, p. 14.

5 Vallely, *Pope Francis: Untying the Knots*, p. 22.

6 Omero Ciai, «Pope Francis as a Child», *La Repubblica* (Italia), 17 de marzo de 2013.

7 Andrea Tornielli, *Francis: A Pope of a New World*, San Francisco, Ignatius Press, 2013, p. 74.

8 Ivereigh, *The Great Reformer*, p. 17.

9 Los Salesianos de Don Bosco en Gran Bretaña, http://www.salesians.org.uk/.

10 «Father Bergoglio's 1990 Recollection of His Salesian Education», *Zenit*, 4 de febrero de 2014, https://zenit.org/articles/father-bergoglio-s-1990-recollection-of-his-salesian-education/.

11 Tornielli, *Francis: A Pope of the New World*, p. 77.

12 *Ibíd.*

13 *Ibíd.*, p. 78.

14 Philip Sherwell y Aislinn Laing, «Pope Francis: Amalia, the Childhood Sweetheart Whose Snub Created a Pope», *Telegraph* (UK), 14 de marzo de 2013.

15 *Ibíd.*

16 *Ibíd.*

17 Sergio Rubin y Francesca Ambrogetti, *Pope Francis: Conversations with Jorge Bergoglio*, traducidos al inglés por Laura Dail Literary Agency Inc., Londres, Hodder and Stoughton, 2013, p. 14. Originalmente publicados como *El Jesuita: Conversaciones con Jorge Bergoglio*, Ediciones B, Argentina, 2010. [*Papa Francisco: conversaciones con Jorge Bergoglio*, Ediciones B, Barcelona, 2013].

18 *Ibíd.*

19 *Ibíd.*

20 Javier Cámara y Sebastián Pfaffen, *Understanding Pope Francis: Key Moments in the Formation of Jorge Bergoglio as Jesuit*, Luis Fernando Escalante, CreateSpace, an Amazon.com Company, 2015, p. 31.

21 *Ibíd.*, p. 32.

22 John L. Allen Jr., *The Francis Miracle: Inside the Transformation of the Pope and the Church*, New York, Time, 2015, pp. 121-22.

23 Uki Goñi, «Pope Francis and the Missing Marxist», *Guardian* (UK), 11 de

diciembre de 2013, https://www.theguardian.com/world/2013/dec/11/po-pe-francis-argentina-esther-careaga.

[24] Ivereigh, *The Great Reformer*, p. 32.

[25] *Ibíd.*

[26] *Ibíd.*, p. 33.

[27] *Ibíd.*, pp. 35-36.

[28] Rubin y Ambrogetti, *Pope Francis: Conversations with Jorge Bergoglio*, p. 34.

[29] *Ibíd.*

[30] Ivereigh, *The Great Reformer*, p. 36.

[31] Vallely, *Pope Francis: Untying the Knots*, pp. 30-31.

[32] Ivereigh, *The Great Reformer*, p. 28.

[33] *Ibíd.*, p. 29.

[34] Vallely, *Pope Francis: Untying the Knots*, p. 30.

[35] Cámara y Pfaffen, *Understanding Pope Francis*, p. 34.

[36] Rubin y Ambrogetti, *Pope Francis: Conversations with Jorge Bergoglio*, p. 37

[37] Carta del P. Jorge Bergoglio al P. Cayetano Bruno, 20 de octubre de 1990, publicada en el P. Alejandro León, ed., *Francis and Don Bosco*, Quito, Ecuador, CSPP José Ruaro/CSRFP, 2014, p. 16. [*Francisco y Don Bosco*, Editorial CCS, Madrid, 2014].

[38] *Ibíd.*

[39] Rubin y Ambrogetti, *Pope Francis: Conversations with Jorge Bergoglio*, p. 37.

[40] Ivereigh, *The Great Reformer*, p. 39.

[41] Rubin y Ambrogetti, *Pope Francis: Conversations with Jorge Bergoglio*, p. 14.

[42] Ivereigh, *The Great Reformer*, p. 48.

[43] Jorge Bergoglio y Rabino Abraham Skorka, *On Heaven and Earth*, traducción de Image, una división de Random House, Inc., Londres, Bloomsbury, 2013, p. 47. [*Sobre el cielo y la tierra: las opiniones del papa Francisco*, Editorial Debate, Barcelona, 2013].

[44] *Ibíd.*, pp. 47-48.

[45] *Ibíd.*, p. 47.

[46] Rubin y Ambrogetti, *Pope Francis: Conversations with Jorge Bergoglio*, pp. 35-36.

[47] Jimmy Burns, *Francis: Pope of Good Promise*, Londres, Constable, 2015, p. 94.

[48] Rubin y Ambrogetti, *Pope Francis: Conversations with Jorge Bergoglio*, p. 23.

[49] *Ibíd.*, p. 24.

[50] *Ibíd.*, pp. 24-25.

51 Ivereigh, *The Great Reformer*, p. 57.

52 Rubin y Ambrogetti, *Pope Francis: Conversations with Jorge Bergoglio*, p. 158.

53 Ivereigh, *The Great Reformer*, p. 36.

54 *Ibíd.*, p. 70.

55 León, ed., *Francis and Don Bosco*, p. 17.

56 *Ibíd.*

57 John W. O'Malley, S.J., *What Happened at Vatican II*, Cambridge, Massachussetts, Harvard University Press, 2010, p. 1. [*¿Qué pasó en el Vaticano II?*, Editorial Sal Terrae, Bilbao, 2015].

58 *Ibíd.*, p. 74.

59 Elisabetta Piqué, *Pope Francis: Life and Revolution*, Londres, Darton, Longman and Todd, 2014, p. 55. [*Francisco: Vida y revolución. Una obra esencial para entender al Papa que quiere transformar la Iglesia según las nuevas exigencias del siglo XXI*, La Esfera de los Libros, Madrid, 2014].

60 Declaración de la relación de la Iglesia con las religiones no cristianas, Nostra Aetate, proclamada por su Santidad el papa Pablo VI, el 28 de octubre de 1965 (Libreria Editrice Vaticana).

61 Papa Juan XXIII, «Radio Message to All the Christian Faithful One Month Before the Opening of the Second Vatican Ecumenical Council», Libreria Editrice Vaticana, 11 de septiembre de 1962.

62 «Encyclical of Pope Paul VI on the Development of Peoples», Libreria Editrice Vaticana, 26 de marzo de 1967.

63 Vallely, *Pope Francis: Untying the Knots*, p. 43.

64 Ivereigh, *The Great Reformer*, pp. 95-96.

65 Jorge Bergoglio, transcripción de la investigación judicial de 2010, Bergoglio Declara ante el TOF, https://www.yumpu.com /es/document/ view/14836117/declaracion-bergoglio-esma-abuelas-de-plaza-de-mayo. Traducción inglesa en Ivereigh, *The Great Reformer*, p. 95.

66 Padre Antonio Spadaro, «Interview with Pope Francis», Libreria Editrice Vaticana, 19 de agosto de 2013.

67 Allen, *The Francis Miracle*, p. 20.

68 Burns, *Francis: Pope of Good Promise*, p. 135.

69 *Ibíd.*, p. 151.

70 Marchak, *God's Assassins*, p. 155.

71 F. Allen Harris a Mr. Bumpus, Mr. Floor — Disappearance Numbers—memorándum AT056, 27 de diciembre de 1978, ed. Carlos Osorio, 2006 Departamento de Estado de EE.UU., Proyecto desclasificación de Argentina 2002, Número de acceso al Archivo Digital de Seguridad Nacional NSAEBB185, https://nsarchive2.gwu.edu//NSAEBB/NSAEBB185/19781227%20Disappearance%20Numbers%200000A8B1.pdf.

72 Marchak, *God's Assassins*, p. 236.

[73] Burns, *Francis: Pope of Good Promise*, p. 171.

[74] Ivereigh, *The Great Reformer*, p. 136.

[75] *Ibíd.*, p. 137.

[76] *Ibíd.*

[77] *Ibíd.*, p. 187.

[78] *Ibíd.*, p. 173.

[79] Rubin y Ambrogetti, *Pope Francis: Conversations with Jorge Bergoglio*, p. 158.

[80] Vallely, *Pope Francis: Untying the Knots*, pp. ix–xii.

[81] *Ibíd.*, p. 54.

[82] *Ibíd.*, p. 164.

[83] *Ibíd.*

[84] P. Tello, citado en «El Papa Villero», *Qué Pasa* (Chile), 20 de febrero de 2014, http://www.quepasa.cl/articulo/actualidad/2014/02/1-13835-9-el-papa-villero.shtml/.

[85] Ivereigh, *The Great Reformer*, p. 244.

[86] *Ibíd.*

[87] Documentación General del Colegio Cardenalicio, Oficina de Prensa de la Santa Sede, Libreria Editrice Vaticana, actualizado el 17 de febrero de 2014.

[88] Juan Pablo II, Sexto Consistorio Extraordinario, Observaciones del Santo Padre, Libreria Editrice Vaticana, 21 de mayo de 2001.

[89] Jorge Bergoglio, «Report After the Discussion, X Ordinary General Assembly of the Synod of Bishops», Oficina de Prensa de la Santa Sede, 12 de octubre de 2001 (Libreria Editrice Vaticana), http://www.vatican.va/news_services/press/sinodo/documents/bollettino_20_x-ordinaria-2001/02_inglese/b21_02.html.

[90] Sandro Magister, «Bergoglio in Pole Position», Chiesa, *L'Espresso* (Italia), 28 de noviembre – 5 de diciembre de 2002, wwwespresso.repubblica.it.

[91] Eduardo Duhalde, «Aquel Hombre Que Estuvo en las Horas Más Difíciles», *La Nación* (Argentina), 18 de marzo de 2013, https://www.lanacion.com.ar/1564280-aquel-hombre-que-estuvo-en-las-horas-mas-dificiles.

[92] Marco Tosatti, «Ecco Come Andó Davvero il Conclave del 2005», *La Stampa* (Italia), 3 de octubre de 2013, http://www.lastampa.it/2013/03/07/esteri/ecco-come-ando-davvero-il-conclave-del-3TekbdbFe00nzWPyxlJSSP/pagina.html.

[93] Luca Brunelli, «Così Eleggemmo Papa Ratzinger», *Limes* (Italia), 23 de septiembre de 2005, http://www.limesonline.com/cosi-eleggemmo-papa-ratzinger/5959.

[94] Ivereigh, *The Great Reformer*, p. 285.

[95] Guzmán M. Carriquiry Lecour, «La Revolución de la Gracia», *Tierras de América*, 18 de febrero de 2014, http://www.tierrasdeamerica.com/2014/02/18/la-revolucion-de-la-gracia-asi-preparo-la-providencia-el-nuevo-pontifcado/.

[96] Burns, *Francis: Pope of Good Promise*, p. 234.

[97] Cardenal Bergoglio a las monjas carmelitas de Buenos Aires, en «La Carta Completa de Bergoglio», 8 de julio de 2010, *Todo Noticias* (Argentina), https://tn.com.ar/politica/la-carta-completa-de-bergoglio_038363.

[98] Anthony Failoa, «Jorge Mario Bergoglio, Now Pope Francis, Known for Simplicity and Conservatism», *Washington Post*, 13 de marzo de 2013.

[99] Ivereigh, *The Great Reformer*, pp. 302-3. Obviamente se trata de una fuente confidencial que ha pedido que no se la nombre, ya que Ivereigh se refiere a él solamente como «un sacerdote anciano».

[100] Lucas 10:33.

[101] Ivereigh, *The Great Reformer*, p. 305.

[102] *Ibíd.*, p. 340.

[103] Vallely, *Pope Francis: Untying the Knots*, p. 125.

3. Cónclave

[1] Allen, *The Rise of Benedict XVI*, p. 116.

[2] Cardenal Cormac Murphy-O'Connor, entrevista con la BBC, 1 de marzo de 2013, http://www.bbc.co.uk/news/world-europe-21624894.

[3] Papa Benedicto XVI, Audiencia General, 27 de abril de 2005 (Libreria Editrice Vaticana), http://w2.vatican.va/content/benedict-xvi/en/audiences/2005/documents/hf_ben-xvi_aud_20050427.html.

[4] Papa Benedicto XVI, *Light of the World*, op. cit., p. 4.

[5] Thavis, *The Vatican Diaries*, op. cit., p. 23.

[6] Allen, *The Rise of Benedict*, op. cit., p. 117.

[7] Cardenal Joseph Ratzinger con Vittorio Messori, *The Ratzinger Report: An Exclusive Interview on the State of the Church*, San Francisco, Ignatius Press, 1985, p. 9.

[8] Joseph Ratzinger, *Milestones: Memoirs 1927-1977*, San Francisco, Ignatius Press, 1997, p. 8. [*Mi vida: recuerdos (1927-1977)*, Ediciones Encuentro, Madrid, 2005].

[9] *Ibíd.*, p. 7.

[10] *Ibíd.*, p. 9.

[11] *Ibíd.*, p. 8.

[12] *Ibíd.*, p. 12.

[13] *Ibíd.*, p. 14.

[14] *Ibíd.*

[15] *Ibíd.*, p. 16.

[16] *Ibíd.*, p. 22.

[17] *Ibíd.*, p. 17.

[18] *Ibíd.*, pp. 17-18.

[19] Joseph Ratzinger, *Salt of the Earth: An Interview with Peter Seewald*, San Francisco, Ignatius Press, 1997, p. 53. [*La sal de la tierra: quién es y cómo piensa Benedicto XVI*, Ediciones Palabra, Madrid, 2007].

[20] *Ibíd.*, p. 20.

[21] *Ibíd.*, p. 54.

[22] *Ibíd.*, pp. 24-25.

[23] «A Black Day for Germany», *Times*, Londres, 11 de noviembre de 1938.

[24] John L. Allen Jr., *Cardinal Ratzinger: The Vatican's Enforcer of the Faith*, Nueva York, Continuum, 2000, p. 15.

[25] *Ibíd.*, p. 32.

[26] *Ibíd.*, p. 25.

[27] Georg Ratzinger y Michael Hesemann, *My Brother the Pope*, San Francisco, Ignatius Press, 2011, p. 102.

[28] Ratzinger, *Milestones*, pp. 25-27.

[29] *Ibíd.*, p. 27.

[30] *Ibíd.*

[31] *Ibíd.*

[32] Ratzinger, *Salt of the Earth*, p. 52.

[33] Ratzinger, *Milestones*, p. 28.

[34] *Ibíd.*, p. 31.

[35] *Ibíd.*, p. 33.

[36] Laurence Rees, *War of the Century: When Hitler Fought Stalin*, Londres, BBC Books, 1999, p. 14.

[37] Ratzinger, *Milestones*, p. 33.

[38] *Ibíd.*, p. 36.

[39] *Ibíd.*, p. 37.

[40] David Gibson, *The Rule of Benedict: Pope Benedict XVI and His Battle with the Modern World*, Harper San Francisco, 2006, p. 138.

[41] Allen, *Cardinal Ratzinger*, p. 15.

[42] George Santayana, *The Life of Reason: Reason in Common Sense*, Nueva York, Scribner, 1905), p. 284. [*La vida de la razón o fases del progreso humano*, Tecnos, Madrid, 2005].

[43] Gibson, *The Rule of Benedict*, p. 137.

[44] Ratzinger, *Milestones*, p. 42.

[45] *Ibíd.*

[46] *Ibíd.*, p. 47.

[47] *Ibíd.*, p. 48.

[48] *Ibíd.*, p. 57.

[49] *Ibíd.*

[50] *Ibíd.*, p. 99.

[51] *Ibíd.*

[52] *Ibíd.*, pp. 99-100.

53 *Ibíd.*, p. 101.
54 *Ibíd.*
55 *Ibíd.*, p. 102.
56 Allen, *Cardinal Ratzinger*, p. 35.
57 *Aeterni Patris*: Encíclica del papa León XIII sobre la restauración de la filosofía cristiana, Librería Editrice Vaticana, 4 de agosto de 1879.
58 Allen, *Cardinal Ratzinger*, p. 35.
59 Ratzinger, *Salt of the Earth*, p. 33.
60 Allen, *Cardinal Ratzinger*, p. 35.
61 Ratzinger, *Milestones*, pp. 107-9.
62 Gibson, *The Rule of Benedict*, pp. 161-62.
63 Ratzinger, *Milestones*, p. 112.
64 Allen, *Cardinal Ratzinger*, p. 50.
65 *Ibíd.*, p. 52.
66 *Ibíd.*
67 *Ibíd.*, p. 57.
68 Richard N. Ostling, «Keeper of the Straight and Narrow: Joseph Cardinal Ratzinger», *Time*, 6 de diciembre de 1993.
69 Ratzinger, *Milestones*, p. 134.
70 *Ibíd.*, p. 136.
71 *Ibíd.*, p. 137.
72 Allen, *The Rise of Benedict XVI*, p. 151.
73 Ratzinger, *Salt of the Earth*, p. 78.
74 Gibson, *The Rule of Benedict*, p. 172.
75 *Ibíd.*
76 Hans Küng, *My Struggle for Freedom: Memoirs*, traducción al inglés de John Bowden, Londres, Continuum, 2003, p. 457. [*Libertad conquistada: memorias*, Editorial Trotta, Madrid, 2007].
77 Allen, *Cardinal Ratzinger*, p. 50.
78 *Ibíd.*, pp. 137-40.
79 Ralph M. Wiltgen, *The Rhine Flows into the Tiber: The Unknown Council*, Nueva York, Hawthorn, 1967, p. 285.
80 Ratzinger, *Milestones*, p. 149.
81 Gibson, *The Rule of Benedict*, p. 173.
82 Ratzinger, *Milestones*, p. 151.
83 *Ibíd.*, p. 152.
84 Allen, *Cardinal Ratzinger*, p. 120.
85 Ratzinger, *Milestones*, p. 152.
86 Allen, *Cardinal Ratzinger*, p. 121.
87 *Ibíd.*
88 *Ibíd.*
89 Collins, *God's New Man*, p. 167.

[90] Allen, *Cardinal Ratzinger*, p. 122.

[91] Jason Evert, *Saint John Paul the Great: His Five Loves*, Lakewood, CO: Totus Tuus Press and Lighthouse Catholic Media, 2014, p. 54.

[92] *Urbi et Orbi*, mensaje de radio de Su Santidad el Papa Juan Pablo I, 27 de agosto de 1978, Libreria Editrice Vaticana.

[93] Evert, *Saint John Paul the Great*, p. 54.

[94] Allen, *Cardinal Ratzinger*, p. 130.

[95] *Ibíd.*

[96] *Ibíd.*, p. 51.

[97] Allen, *The Rise of Benedict XVI*, p. 155.

[98] Joseph Ratzinger, Prefecto, Instrucción sobre determinados aspectos de la «Teología de la Liberación», Sagrada Congregación para la Doctrina de la Fe, XI.1, 6 de agosto de 1984 (Libreria Editrice Vaticana), http://www.vatican.ca/roman_curia.congregations/cfaith/documents/rc_con_cfaith_doc_19840806_theology-liberation_en.html.

[99] Gibson, *The Rule of Benedict*, p. 197.

[100] Collins, *God's New Man*, p. 177.

[101] Allen, *Cardinal Ratzinger*, p. 260.

[102] Ratzinger, *Salt of the Earth*, p. 92.

[103] Gibson, *The Rule of Benedict*, p. 207.

[104] *Ibíd.*, p. 210.

[105] Collins, *God's New Man*, p. 68.

[106] Papa Pablo VI, Carta Apostólica, *Apostolica Sollicitudo*, 15 de septiembre de 1965, Libreria Editrice Vaticana.

[107] Allen, *Cardinal Ratzinger*, p. 57.

[108] *Ibíd.*, p. 63.

[109] *Ibíd.*, pp. 43, 45.

[110] Nicholas P. Cafardi, *Before Dallas: The U.S. Bishops' Response to Clergy Sexual Abuse of Children*, Mahwah, NJ, Paulist Press, 2008), p. 63.

[111] Cardenal Joseph Ratzinger, Carta a los obispos de la Iglesia Católica para el cuidado pastoral de las personas homosexuales, 1 de octubre de 1986, Roma, Congregación para la Doctrina de la Fe, Oficina de Prensa del Vaticano, http://www.vatican.va/roman_curia/congregations/cfaith/documents/rc_con_cfaith_doc_19861001_homosexual-persons_en.html. Heng Sure, «Pope Benedict XVI's Buddhist Encounter», Dharma Forest (blog), http://paramita.typepad.com/dharma_forest/2005/04/pope_benedict_x.html.

4. EL PAPA REACIO

[1] Walsh, ed., *From John Paul II to Benedict XVI*, p. 102.

[2] Gibson, *The Rule of Benedict*, p. 217.

[3] Cita en Sandro Magister, «The "Reform of the Reform" Has Already Begun», Chiesa, *L'Espresso* (Italia), 28 de abril de 2005, http://chiesa.espresso.repubblica.it/articolo/29626%26eng%3Dy.html). Se cita al papa Benedicto XVI diciéndoselo al maestro de ceremonias.

[4] Papa Benedicto XVI, Homilía de su Santidad Benedicto XVI, Libreria Editrice Vaticana, 24 de abril de 2005.

[5] Collins, *God's New Man*, p. 198; Gibson, *The Rule of Benedict*, p. 218.

[6] «"Santa Pope" Woos Vatican Crowds», *BBC News*, 22 de diciembre de 2005, http://news.bbc.co.uk/1/hi/world/europe/4551348.stm; Jonathan Petre, «Pope Delights Crowds with Santa Look», *Telegraph* (UK), 22 de diciembre de 2005, https://www.telegraph.co.uk/news/worldnews/europe/italy/1506119/Pope-delights-crowds-with-Santa-look.html.

[7] Papa Benedicto XVI, Homilía de Su Santidad Benedicto XVI, 24 de abril de 2005 (Libreria Editrice Vaticana), http://w2.vatican.va /content /benedict-xvi /en /homilies/2005/documents/hf_ben-xvi_hom_20050424_inizio-pontifcato.html.

[8] Cardenal Joseph Ratzinger, Misa, *Pro Eligendo Romano Pontifice*, Libreria Editrice Vaticana, 18 de abril de 2005.

[9] Chris Gowans, «Moral Relativism», en Edward N. Zalta, ed., *The Stanford Encyclopedia of Philosophy*, verano de 2018 ed., https://plato.stanford.edu/entries/moral-relativism/.

[10] Cardenal Joseph Ratzinger, discurso en la Facultad de Jurisprudencia de la LUMSA, Roma, 10 de noviembre de 1999, http://www.ewtn.com/library/Theology/LAWMETA.HTM.

[11] *Ibíd.*

[12] Gibson, *The Rule of Benedict*, p. 257.

[13] Cartas del Cardenal Ratzinger a Gabriele Kuby, 7 de marzo de 2003, https://www.lifesitenews.com/news/pope-opposes-harry-potter-novels-signed-letters-from-cardinal-ratzinger-now; Gibson, *The Rule of Benedict*, p. 257.

[14] Nick Squires, «Pope Benedict XVI Resigns: A Papacy Marred by Crises and Controversies», *Telegraph* (UK), 11 de febrero de 2013.

[15] «Instruction Concerning the Criteria for the Discernment of Vocations with Regard to Persons with Homosexual Tendencies in View of their Admission to the Seminary and to Holy Orders», 4 de noviembre de 2005 (Congregación para la Educación Católica, Roma), http://www.vatican.va/roman_curia/congregations/ccatheduc /documents /rc_con_ccatheduc_doc_20051104_istruzione_en.html.

[16] Papa Benedicto XVI, Audiencia General.

[17] Conferencia del Santo Padre, Fe, razón y la Universidad: recuerdos y reflexiones, Aula Magna de la Universidad de Regensburg, 12 de septiembre de 2006 (Libreria Editrice Vaticana), http://w2.vatican.va/content/benedict-

xvi/en/speeches/2006/september/documents/hf_ben-xvi_spe_20060912_
university-regensburg.html.

[18] Papa Benedicto XVI, Reunión con los Representantes de la Ciencia, Universidad de Regensburg, 12 de septiembre de 2006 (Libreria Editrice Vaticana).

[19] Paul Badde, *Benedict Up Close: The Inside Story of Eight Dramatic Years*,
trad. Michael J. Miller, Inondale, Alabama: EWTN Publishing, 2017, p. 62.

[20] Declaración Oficial de la Oficina de Prensa de la Santa Sede, 16 de septiembre de 2006.

[21] Vallely, *Pope Francis: Untying the Knots*, pp. 9-10.

[22] Viaje Apostólico de Su Santidad Benedicto XVI a Turquía, Libreria Editrice
Vaticana, 28 de noviembre – 1 de diciembre de 2006.

[23] *Ibíd.*

[24] Discurso de Su Santidad Benedicto XVI en la emisión de una película de la
vida del papa Juan Pablo II, Libreria Editrice Vaticana, 19 de mayo de 2005.

[25] Carta de Su Santidad Benedicto XVI a los obispos con Ocasión de la Publicación de la Carta Apostólica *Motu Proprio Data Summorum Pontificum*, sobre el Uso de la Liturgia Romana anterior a la Reforma de 1970, Libreria Editrice Vaticana, 7 de julio de 2007, http://w2.vatican.va/content/benedict-xvi/
en/letters /2007/documents/hf_ben-xvi_let_20070707_lettera-vescovi.html.

[26] Jason Burke, «Pope's Move on Latin Mass "a Blow to Jews"», *Guardian*
(UK), 8 de julio de 2017.

[27] Richard Williamson entrevistado en 2008 sobre Uppdrag Granskning, *SVT*
(Suecia), 21 de enero de 2009.

[28] Declaración del padre Federico Lombardi, jefe de la Oficina de Prensa del
Vaticano, 24 de enero de 2009, publicado por Philip Willan; «Pope Readmits
Holocaust-Denying Priest to the Church», *Independent* (UK), 25 de enero de 2009, https://www.independent.co.uk/news/world/europe/pope-read-
mits-holocaust-denying-priest-to-the-church-1515339.html.

[29] Olivia Balch, John Hooper y Riazat Butt, «Vatican Crisis over Bishop Who
Denies the Holocaust», *Guardian* (UK), 7 de febrero de 2009, https://www.
theguardian.com/world/2009/feb/07/vatican-pope-holocaust-bishop.

[30] Shira Medding, «Pope Outrages Jews over Holocaust Denier», *CNN*, 26 de
enero de 2009, http://edition.cnn.com/2009/WORLD/europe/01/26/pope.
holocaust.denial/index.html.

[31] Declaración de Angela Merkel, 3 de febrero de 2009, http://www.dw.com/
en/merkel-urges-pope-to-reject-holocaust-denial/a-3998869.

[32] Carta de Su Santidad el papa Benedicto XVI a los obispos de la Iglesia Católica sobre la Remisión de la Excomunión de los cuatro obispos consagrados
por el arzobispo Lefebvre, Libreria Editrice Vaticana, 10 de marzo de 2009.

[33] Embajada de EE.UU. en el Vaticano, *The Holy See: A Failure to Communi-
cate*, cable de WikiLeaks: 09VATICAN28_a, fecha 20 de febrero de, 2009,
16:00, https://wikileaks.org/plusd/cables/09VATICAN28_a.html.

303

[34] *Ibíd.*

[35] Carta pastoral del Santo Padre, el papa Benedicto XVI, a los católicos de Irlanda, Libreria Editrice Vaticana, 19 de marzo de 2010.

[36] John Allen Jr., «Puccini Meets Watergate in "Vatileaks" Scandal», National Catholic Reporter, 27 de febrero de 2012, https://www.ncronline.org/news/vatican/puccini-meets-watergate-vatileaks-scandal.

[37] *Ibíd.*

5. La dimisión de un papa

[1] Papa Benedicto XVI, *Declaratio* , Librería Editrice Vaticana, 10 de febrero de 2013, http://w2.vatican.va/content/benedict-xvi/en/speeches/2013/february/documents/hf_ben-xvi_spe_20130211_declaratio.html.

[2] John Hooper, «Pope Benedict XVI Announces Resignation—As It Happened», *Guardian* (UK), 11 de febrero de 2013, https://www.theguardian.com/world/2013/feb/11/pope-resigns-live-reaction.

[3] John Hooper, «Pope's Resignation—Eyewitness Account», *Guardian* (UK), 11 de febrero de 2013, https://www.theguardian.com /world /2013/feb/11 / pope-resigns-live-reaction.

[4] Philip Pullella, «Pope's Sudden Resignation Sends Shockwaves Through Church», Reuters, 11 de febrero de 2013, https://www.reuters.com/article/us-pope-resigns/popes-sudden-resignation-sends-shockwaves-through-church-idUSBRE91A0BH20130211.

[5] Benedicto XVI, *Light of the World*, p. 29.

[6] *Ibíd.*, p. 3.

[7] Memorándum filtrado publicado por el *New York Times*, 25 de marzo de 2010, https://www.nytimes.com/2010/03/26/world/europe/26church.html.

[8] *Ibíd.*

[9] Entrevista con el Dr. Werner Huth, «What the Pope Knew», Panorama, BBC, 13 de septiembre de 2010.

[10] *New York Times,* 25 de marzo de 2010, https://www.nytimes.com/2010/03/26/world/europe/26church.html.

[11] Nicholas Kulish y Rachel Donadio, «Abuse Scandal in Germany Edges Closer to Pope», *New York Times*, 12 de marzo de 2010, https://www.nytimes.com/2010/03/13/world/europe/13pope.html.

[12] *Ibíd.*

[13] «Vatican Sees Campaign Against the Pope», *New York Times*, 13 de marzo de 2010, https://www.nytimes.com/2010/03/14/world/europe/14pope.html.

[14] Conny Newman, «Was Múnich's Vicar General Forced to Serve as Ratzinger's Scapegoat?», *Der Spiegel* (Alemania), 19 de abril de 2010, http://www.spie-

gel.de/international/germany/catholic-abuse-scandal-was-munich-s-vicar-general-forced-to-serve-as-ratzinger-s-scapegoat-a-689761.html.

[15] Benedicto XVI, *Light of the Earth*, pp. 27-28.

[16] «Instruction on the Manner of Proceeding in Cases of Solicitation», de la Suprema y Sagrada Congregación del Santo Oficio (Oficina de Prensa del Vaticano, 1962), http://image.guardian.co.uk/sys-files/Observer/documents/2003/08/16/Criminales.pdf.

[17] Anthony Barnett, «Vatican Told Bishops to Cover Up Sex Abuse», *Observer* (UK), 16 de agosto de 2003; «Instruction on the Manner of Proceeding in Cases of Solicitation», obtenido por el *Observer*, https://www.theguardian.com/world/2003/aug/17/religion.childprotection.

[18] Paul Collins, *God's New Man*, pp. 93-94.

[19] Las normas del *Motu Proprio*, publicación oficial de la Congregación para la Doctrina de la Fe (Oficina de Prensa del Vaticano, 2010).

[20] Jeffrey Ferro, *Sexual Misconduct and the Clergy*, Nueva York, Facts on File, 2005, p. 107.

[21] Cardenal Joseph Ratzinger, «Letter Explains New Norms for Church Handling of Certain Grave Offenses», Congregación para la Doctrina de la Iglesia, Oficina de Prensa del Vaticano, 18 de mayo de 2001.

[22] Padre Tom Doyle en «Sex Crimes and the Vatican», *Panorama*, BBC, 1 de octubre de 2006.

[23] William Shakespeare, *Enrique IV*, Parte 2, acto III, escena 1.

[24] Jerome Taylor, «Italy Hails "an Outbreak of Modernity in the Church" as Pope Benedict XVI Announces He Will Resign Because of Ill Health», *Independent* (UK), 11 de febrero de 2013, https://www.independent.co.uk / news/world/europe/italy-hails-an-outbreak-of-modernity-in-the-church-as-pope-benedict-xvi-announces-he-will-resign-8489837.html.

[25] Marco Ventura, profesor de derecho y religión en la Universidad de Siena, Italia, citado en «See You Later», *Economist*, 16 de febrero de 2013, https://www.economist.com/news/international/21571864-papal-resignation-ecclesiastical-earthquake-how-church-interprets-it-will.

[26] Saludo de su Santidad Benedicto XVI a los fieles de la diócesis de Albano, Libreria Editrice Vaticana, 28 de febrero de 2013.

6. Cónclave

[1] Rachel Donadio y Elisabetta Povoledo, «Successor to Benedict Will Lead a Church at a Crossroads», *New York Times*, 11 de febrero de 2013, https://www.nytimes.com/2013/02/12/world/europe/with-popes-resignation-focus-shifts-to-a-successor.html.

[2] John L. Allen Jr., «Papabile of the Day: The Men Who Could Be Pope», *Na-*

tional Catholic Reporter, 11 de marzo de 2013, https://www.ncronline.org/blogs/ncr-today/papabili-day-men-who-could-be-pope.

3 Andrea Tornielli citada en *Ibíd.*

4 John L. Allen Jr., «Papabile of the Day: The Men Who Could Be Pope», *National Catholic Reporter*, 25 de febrero de 2013, https://www.ncronline.org/blogs/ncr-today/papabili-day-men-who-could-be-pope-6.

5 Allen, «Papabile of the Day: The Men Who Could Be Pope» *National Catholic Reporter*, 11 de marzo de 2013, https://www.ncronline.org/blogs/ncr-today/papabili-day-men-who-could-be-pope.

6 John L. Allen Jr., «Papabile of the Day: The Men Who Could Be Pope», *National Catholic Reporter*, 2 de marzo de 2013, https://www.ncronline.org/blogs/ncr-today/papabile-day-men-who-could-be-pope-11.

7 John L. Allen Jr., «Papabile of the Day: The Men Who Could Be Pope», *National Catholic Reporter*, 19 de febrero de 2013, https://www.ncronline.org/blogs/ncr-today/papabile-day-men-who-could-be-pope-0.

8 Peter Popham, «Cardinal Peter Turkson: Conservatism's Cape Crusader», *Independent* (UK), 15 de febrero de 2013, https://www.independent.co.uk/news/people/profles/cardinal-peter-turkson-conservatisms-cape-crusader-8497539.html.

9 Lizzy Davies, «Catholic Church Ready for Non-European Pope, says Ghanaian Cardinal», *Guardian* (UK), 13 de febrero de 2013, https://www.theguardian.com/world/2013/feb/13/catholic-church-pope-ghanaian-cardinal.

10 Samuel Burke, «Meet the Man Who Could Be the First Black Pope», *CNN*, 12 de febrero de 2013, http://amanpour.blogs.cnn.com/2013/02/12/meet-the-man-who-could-be-the-frst-black-pope/.

11 John L. Allen Jr., «Papabile of the Day: The Men Who Could Be Pope», *National Catholic Reporter*, 22 de febrero de 2013, https://www.ncronline.org/blogs/ncr-today/papabile-day-men-who-could-be-pope-3.

12 Elisabetta Piqué, *Francis: Life and Revolution: A Biography of Jorge Bergoglio*, Chicago, Loyola Press, 2013, p. 23.

13 Matthew Fisher, «Canada's Marc Ouellet Came Close to Becoming Pope, Media Reports Say», *Global News* (Canadá), 15 de marzo de 2013, https://globalnews.ca/news/409907/canadas-marc-ouellet-came-close-to-becoming-pope-media-reports-say/.

14 Associated Press, «So What Really Happened Inside the Papal Conclave that Selected Pope Francis? Here's a Cardinal's-Eye View», *New York Daily News*, 14 de marzo de 2013, http://www.nydailynews.com/news/world/papal-conclave-article-1.1288950.

15 Antonio Spadaro, S.J., «A Big Heart Open to God: An Interview with Pope Francis», *Jesuit Review*, 30 de septiembre de 2013, https://www.americamagazine.org/faith/2013/09/30/big-heart-open-god-interview-pope-francis.

16 *Associated Press*, «So What Really Happened Inside the Papal Conclave?»

[17] Cindy Wooden, «Pope Francis Explains Why He Chose St. Francis of Assisi's Name», *Catholic News Service*, 17 de marzo de 2013, http://www. catholicnews.com/services/englishnews/2013/pope-francis-explains-why-he-chose-st-francis-of-assisi-s-name.cfm.

[18] Ivereigh, *The Great Reformer*, p. 363.

7. Un secreto sucio

[1] Telegrama del embajador americano en Argentina Robert Hill al secretario de Estado Henry Kissinger, «Ambassador's Conversation with Admiral Massera», 16 de marzo de 1976, Departamento de Estado de EE.UU., Proyecto de Desclasificación de Argentina (1975-1984), 20 de agosto de 2002 (Número de acceso de los Archivos Digitales de Seguridad Nacional NSAEBB185), https://nsarchive2.gwu.edu//NSAEBB/NSAEBB185/19760316%20Ambassadors%20conversation%20with%20admiral%20massera%200000A005.pdf.

[2] Telegrama del embajador Robert Hill, «Videla's Moderate Line Prevails», 30 de marzo de 1976, Proyecto de Desclasificación de Argentina del Departamento de Estado de EE.UU. (1975-1984), 20 de agosto de 2002 (Número de acceso de los Archivos Digitales de Seguridad Nacional NSAEBB185), https://nsarchive2.gwu.edu//NSAEBB/NSAEBB185/19760316%20Ambassadors%20conversation%20with%20admiral%20massera%200000A005. pdf.

[3] Citas extraída del Proyecto de Desclasificación de Argentina del Departamento de Estado de EE.UU. (1975-1984), 20 de agosto de 2002 (Número de Acceso al Archivo Digital de Seguridad Nacional NSAEBB185), https:// nsarchive2.gwu.edu//NSAEBB/NSAEBB185/19760326%20Secretary%20 of%20Stet%20Kissinger%20Chariman%20apgesl%201-39%20-%20full. pdf.

[4] Marguerite Feitlowitz, *A Lexicon of Terror: Argentina and the Legacies of Torture*, Oxford, Oxford University Press, 1998, p. 79.

[5] *Ibíd.*, p. 17.

[6] Daniel Feierstein, «Political Violence in Argentina and Its Genocidal Characteristics», *Journal of Genocide Research* 8, n° 2 (Junio de 2006): 151.

[7] Uki Goñi, «Pope Francis and the Missing Marxist», *Guardian* (UK), 11 de diciembre de 2013, https://www.theguardian.com/world/2013/dec/11/pope-francis-argentina-esther-careaga.

[8] Telegrama confidencial al Departamento de Estado de la embajada de EE.UU. en Buenos Aires, «The Tactic of Disappearance», 26 de septiembre de 1980 (Archivos de Seguridad Nacional, Washington, D.C.), https://assets.documentcloud.org/documents/3010645/Document-08-Department-of-State-The-Tactic-of.pdf.

307

[9] Sam Ferguson, «Pope Francis and the "Dirty War"», *New Republic*, 19 de marzo de 2013, https://newrepublic.com/article/112692/pope-francis-and-argentinas-dirty-war-video-testimony.

[10] Vallely, *Pope Francis: Untying the Knots*, p. 68.

[11] Transcripciones de entrevistas publicadas en «Bergoglio, a Witness in the ESMA Supertrial», *Clarín*, marzo de 2013, https://www.clarin.com/pope-francis/bergoglio-witness-the-esma-supertrial_0_H1Prwg9swQe.html.

[12] Vallely, *Pope Francis: Untying the Knots*, p. 74.

[13] Ivereigh, *The Great Reformer*, p. 158.

[14] Transcripciones de entrevistas publicadas en «Bergoglio, a Witness in the ESMA Supertrial».

[15] Ferguson, «Pope Francis and the "Dirty War"».

[16] *Ibíd.*

[17] *Ibíd.*

[18] Daniel Satur, «Jorge Bergoglio, la dictadura y los desaparecidos», *La Izquierda Diario*, 24 de marzo de 2017, https://www.laizquierdadiario.com/Jorge-Bergoglio-la-dictadura-y-los-desaparecidos.

[19] Ferguson, «Pope Francis and the "Dirty War"».

[20] «Bergoglio, a Witness in the ESMA Supertrial».

[21] Cardenal Jorge Mario Bergoglio, ed., *Iglesia y democracia en la Argentina*, Conferencia Episcopal Argentina, Buenos Aires, 6 de marzo de 2006, p. 652.

[22] Sergio Rubin y Francesca Ambrogetti, *El Jesuita*, Ediciones B, Argentina, 2010, p. 191.

[23] Memorándum completo publicado por Horacio Verbitsky, «Omissions and Intentions», *Página/12* (Argentina), 11 de abril de 2010, https://web.archive.org/web/20130316043549/http://www.pagina12.com.ar/diario/elpais/subnotas/143711-46189-2010-04-11.html.

[24] Rubin y Ambrogetti, *El Jesuita*, p. 188.

[25] Vallely, *Pope Francis: Untying the Knots*, p. 56.

[26] Horacio Verbitsky, «Preguntas sin respuesta», *Página/12* (Argentina), 6 de mayo de 2012, https://www.pagina12.com.ar/diario/elpais/1-193425-2012-05-06.html.

[27] Vallely, *Pope Francis: Untying the Knots*, p. 81.

[28] Horacio Verbitsky, *L'isola del silenzio: Il ruolo della Chiesa nella dittatura Argentina*, Roma, Fandango Libri, 2006, p. 61.

[29] Vallely, *Pope Francis: Untying the Knots*, p. 80.

[30] Estela de la Cuadra, citada en «El silencio de Jorge Bergoglio», *Página/12* (Argentina), 4 de septiembre de 2007, https://www.pagina12.com.ar/diario/elpais/1-90784-2007-09-04.html.

[31] Carta de Jorge Bergoglio a Mario Picchi, 28 de octubre de 1977, publicado por Daniel Satur, «La carta que oculta Bergoglio», *La Izquierda Diario*

(Argentina), 20 de septiembre de 2014, http://carga.laizquierdadiario.com/ La-carta-que-oculta-Bergoglio.

32 Su jefe era el coronel Ramón Camps: Camps fue a dirigir la Policía Federal argentina y más tarde fue condenado por veintiún cargos de asesinato premeditado, veintiún cargos de encarcelamiento ilegal y veintiocho cargos de tortura, en un juicio a los generales militares en 1986. Fue sentenciado a veinticinco años de cárcel pero solo cumplió tres, ya que en 1989, asombrosamente, recibió el perdón presidencial de Carlos Menem.

33 Marcela Valente, «RIGHTSARGENTINA: Priest Faces Judgement Day», *Inter Press Service News Agency*, 9 de julio de 2007, http://www.ipsnews.net/2007/07/rights-argentina-priest-faces-judgement-day/.

34 Testimonio citado en Alexei Barrionuevo, «Argentine Church Faces "Dirty War" Past», New York Times, 17 de septiembre de 2007, https://www.nytimes.com/2007/09/17/world/americas/17church.html.

35 Mark Dowd, «Pope Francis and Argentina's "Disappeared"», *BBC News Magazine*, 11 de abril de 2013, https://www.bbc.co.uk/news/magazine-22064929.

36 Elisabetta Piqué, *Francis: Life and Revolution*, p. 92.

37 Cámara y Pfaffen, *Understanding Pope Francis*, p. 149.

38 Fr. Antonio Spadaro, «Interview with Pope Francis», Libreria Editrice Vaticana, 19 de agosto de 2013.

39 Rubin y Ambrogetti, *El Jesuita*, p. 47.

40 Cámara y Pfaffen, *Understanding Pope Francis*, p. 151.

41 *Ibíd.*, p. 153.

42 Spadaro, «Interview with Pope Francis».

43 Cámara y Pfaffen, *Understanding Pope Francis*, p. 184.

44 Jorge Mario Bergoglio, «Silencio y Palabra» en *Reflexiones en Esperanza*, Buenos Aires, Ediciones Universidad del Salvador, 1992, p. 143.

309

8. HABEMUS PAPAM... ITERUM

1 Elizabetta Piqué, Francisco, vida y revolución, p. 31.

2 Cardenal Timothy Dolan, «Inside the Conclave», *GoodNews* (UK) 225, Mayo/junio 2013, http://www.ccr.org.uk/old/archive/gn1305/part_a.pdf.

3 Vallely, *Pope Francis: Untying the Knots*, p. 164.

4 «First Greeting of the Holy Father Pope Francis», Libreria Editrice Vaticana, 13 de marzo de 2013.

5 *Ibíd.*

6 *Ibíd.*

7 «Secrets of the Vatican», *Frontline*, PBS, 25 de febrero de 2014.

8 *Regula primitiva*, San Francisco de Asís, Encyclopædia Britannica, 1999.

9   San Francisco de Asís, F. L. Cross y E. A. Livingston, eds., *The Oxford Dictionary of the Christian Church*, Oxford, Oxford University Press, 2005, p. 636.

10   «Careerism and Vanity: Sins of the Church», *La Stampa*, 24 de febrero de 2012, https://www.lastampa.it/2012/02/24/vaticaninsider/careerism-and-vanity-sins-of-the-church-pSPgcKLJ0qrfItoDN5x35K/pagina.html.

11   Vallely, *Pope Francis: Untying the Knots*, p. 166.

12   Lizzy Davies, «Pope Francis Eschews Trappings of Papacy on First Day in Office», *Guardian* (UK), 14 de marzo de 2013.

13   Vallely, *Pope Francis: Untying the Knots*, p. 171.

14   Declaración del portavoz del Vaticano padre Federico Lombardi, citado por Peter Walker, Paul Owen, y David Batty, «Liveblog: Pope Francis—First Day After Election», *Guardian* (UK), 14 de marzo de 2013, https://www.theguardian.com/world/2013/mar/14/pope-francis-frst-day.

15   Homilía del Santo Padre, el papa Francisco, Libreria Editrice Vaticana, 14 de marzo de 2013.

16   *Ibíd.*

17   «America's Changing Religious Landscape», *Pew Research Center*, 12 de mayo de 2015, http://www.pewforum.org /2015/05/12 /americas-changing-religious-landscape/.

18   Ahmed Benchemsi, «Invisible Atheists», *New Republic*, 24 de abril de 2015.

19   Vallely, *Pope Francis: Untying the Knots*, p. xi.

9. El papa superstar

1   Visita a Lampedusa – Homilía del Santo Padre Francisco, Libreria Editrice Vaticana, 8 de julio de 2013.

2   *Ibíd.*

3   Philip Pullella, «Exclusive: Pope Criticizes Trump Administration Policy on Migrant Family Separation», *Reuters*, 20 de junio de 2018, https://www.reuters.com/article/us-pope-interview/exclusive-pope-criticizes-trump-administration-policy-on-migrant-family-separation-idUSKBN1JG0YC.

4   Audiencia general del papa Francisco, Libreria Editrice Vaticana, 6 de diciembre de 2017.

5   Jim Yardley, «Pope Francis Suggests Donald Trump Is "Not Christian"», *New York Times*, 16 de febrero de 2016, https://www.nytimes.com/2016/02/19/world/americas/pope-francis-donald-trump-christian.html?hp&action=click&pgtype=Homepage&clickSource=story-heading&module=first-column-region&region=top-news&WT.nav=top-news.

6   Banco Mundial, *Poverty and Shared Prosperity 2016: Taking on Inequality*, Washington, D.C., World Bank, 2016, https://openknowledge.worldbank.org/bitstream/handle

[7] Exhortación Apostólica *Evangelii Gaudium* del Santo Padre Francisco, Libreria Editrice Vaticana, 24 de noviembre de 2013, capítulo 2, p. 53.

[8] *Ibíd.*, capítulo 3, pp. 54 y 56.

[9] *Ibíd.*, capítulo 3, pp. 55-57.

[10] Carlo Fantappiè, «Papacy, Sede Vacante, and "Pope Emeritus": Ambiguities to Be Avoided», Chiesa, *L'Espresso* (Italia), 9 de marzo de 2013, http://chiesa.espresso.repubblica.it/articolo/1350457bdc4.html?eng=y.

[11] Profesor Enrico Maria Radaelli, «Perché Papa Ratzinger-Benedetto XVI Dovrebbe Ritirare le sue Dimissioni: Non è ancora il tempo di un nuovo papa perché sarebbe quello di un antipapa», *Aurea Domus*, Sección 8-9, 18 de febrero de 2013; publicado en inglés por Sandro Magister, «Last-Ditch Appeal: The Pope Should Withdraw His Resignation», Chiesa, *L'Espresso* (Italia), 20 de febrero de 2013, http://chiesa.espresso.repubblica.it/articolo/1350437bdc4.html?eng=y.

[12] Anuario Pontificio 2013, p. 23, en Magister, «Vatican Diary: The Identity Cards of the Last Two Popes». Chiesa, *L'Espresso* (Italia), 23 de mayo de 2013, http://chiesa.espresso.repubblica.it/articolo/1350523bdc4.html?eng=y.

[13] *Ibíd.*, p. 1.

[14] *Ibíd.*

[15] Edward Pentin, «Vatican Reveals Full Text of Benedict XVI's Letter to Msgr. Viganò», *Registro Católico Nacional*, 17 de marzo de 2018, http://www.ncregister.com/blog/edward-pentin/full-text-of-benedict-xvis-letter-to-mons.-vigano.

[16] Nicole Winfeld, «Vatican Doctors Photo of Benedict's Praise for Francis», *Associated Press*, 14 de marzo de 2018, https://apnews.com/amp/01983501d40d47a4aa7a32b6afb70661?__twitter_impression=true.

[17] Pentin, «Vatican Reveals Full Text of Benedict XVI's Letter to Msgr. Viganò».

[18] *Ibíd.*

[19] *Ibíd.*

[20] Sandro Magister, «Two Popes, Two Churches, the "Fake News" of Francis and Benedict's Big No», Settimo Cielo, *L'Espresso* (Italia), 1 de abril de 2018, http://magister.blogautore.espresso.repubblica.it/2018/04/01/two-popes-two-churches-the-fake-news-of-francis-and-benedicts-big-no/.

[21] Celebración del Domingo de Ramos de Pasión del Señor – Homilía de Su Santidad el papa Francisco, Libreria Editrice Vaticana, 25 de marzo de 2018.

[22] Mensaje de Su Santidad el papa Francisco para el Día Mundial de las Comunicaciones, Libreria Editrice Vaticana, 24 de enero de 2018.

[23] Nicole Winfeld, «Reflections on Pope Francis from 35,000 Feet», *Associated Press*, 8 de septiembre de 2015, https://www.businessinsider.com/ap-reflections-on-pope-francis-from-35000-feet-2015-9?IR=T.

[24] Conferencia de prensa del papa Frnacisco durante el vuelo de regreso, Via-

je Apostólico a Río de Janeiro con ocasión del XXVIII día mundial de la Juventud, Libreria Editrice Vaticana, 28 de julio de 2013, http://w2.vatican.va/content/francesco/en/speeches/2013/july/documents/papa-francesco_20130728_gmg-conferenza-stampa.html.

25 Delia Gallagher y Hada Messia, «Pope Francis Tells Gay Man: "God Made You Like That and Loves You Like That"», *CNN*, 21 de mayo de 2018, https://edition.cnn.com/2018/05/21/europe/pope-francis-gay-comments-intl/index.html.

26 Papa Benedicto XVI, *Light of the World*, p. 152.

27 Cardenal Joseph Ratzinger, Carta a los obispos de la Iglesia católica sobre el cuidado pastoral de los sacerdotes, Libreria Editrice Vaticana, 1 de octubre de 1986.

28 Catecismo de la Iglesia católica aprobado y promulgado por Juan Pablo II, parte tercera, sección dos, capítulo dos, artículo 6, 2357 y 2358, Libreria Editrice Vaticana, 15 de agosto de 1997.

29 James Carroll, «Who Am I to Judge? A Radical Pope's First Year», *New Yorker*, 23 de diciembre de 2013, https://www.newyorker.com/magazine/2013/12/23/who-am-i-to-judge.

30 Exhortación apostólica post-sinodal *Amoris Laetitia* del Santo Padre Francisco, capítulo ocho/301, Libreria Editrice Vaticana, 19 de marzo de 2016.

31 Andrea Tornielli, «Pope Francis: An Intimate Portrait», *Sunday Times* (Londres), 16 de abril de 2017, https://www.thetimes.co.uk/article/pope-francis-an-intimate-portrait-0rx6nbs6h.

32 *Correctio Filialis de haeresibus propagates* (Una corrección filial concerniente a la propagación de herejías), 11 de agosto de 2017, http://www.correctioflialis.org/wp-content/uploads/2017/08/Correctio-flialis_English_1.pdf.

33 Tornielli, «Pope Francis: An Intimate Portrait».

34 Susy Hodges, «Pope at Mass: Be Bishops for Your Flock, Not for Your Career», *Vatican News*, 15 de mayo de 2018, https://www.vaticannews.va/en/pope-francis-mass-casa-santa-marta/2018-05/pope-mass-santa-marta-bishops-flock.html.

35 Associated Press y Agence France-Press, «Pope Meets Pope: Francis Tells Benedict "We're Brothers"», *Telegraph* (UK), 23 de marzo de 2013, https://www.telegraph.co.uk/news/worldnews/europe/vaticancityandholysee/9949839/Pope-meets-Pope-Francis-tells-Benedict-Were-brothers.html.

36 Conferencia de Prensa del papa Francisco durante el vuelo de regreso.

37 Edward Pentin, transcripción inglesa de la entrevista del arzobispo Gänswein's en EWTN Alemania, *Registro Católico Nacional*, 5 de julio de 2016, http://www.ncregister.com/blog/edward-pentin/full-english-transcript-of-archbishop-gaensweins-interview-with-ewtn-german.

[38] Agencia de Noticias Católica, «Pope Francis Visits Benedict XVI to Wish Him a Happy Birthday», *Crux Now*, 15 de abril de 2017, https://cruxnow.com/vatican/2017/04/15/pope-francis-visits-benedict-xvi-wish-happy-birthday/.

[39] John L. Allen Jr., «Benedict XVI Shares a 90th Birthday Beer with Family and Friends», *Crux Now*, 17 de abril de 2017, https://cruxnow.com/vatican/2017/04/17/benedict-xvi-shares-90th-birthday-beer-family-friends/.

[40] Carta del papa emérito Benedicto a Massimo Franco, fechada el 5 de febrero de 2018, publicada por el *Corriere della Sera*, reimpresa por la Fundación Vaticana Joseph Ratzinger–Benedicto XVI, 7 de febrero de 2018, http://www.fondazioneratzinger.va/content/fondazioneratzinger/en /news /notizie /la-lettera-di-benedetto-xvi-al-corriere-della-sera.html.

[41] Padre Georg Gänswein entrevistado por Franca Giansoldati, «Padre Georg Gänswein: Benedetto, grande Papa che non è stato ascoltato», *Il Messaggero*, 14 de abril de 2017, https://www.ilmessaggero.it/pay/edicola/benedetto_grande_papa_non_ascoltato-2379824.html.

[42] *Ibíd.*

Epílogo

[1] Discurso de Bergoglio citado en «Carlos Mugica, the Martyr of the Villas Miserias», *La Stampa* (Italia), 11 de mayo de 2014, http://www.lastampa.it/2014/05/11/vaticaninsider/carlos-mugica-the-martyr-of-the-villas-miserias-HjIuvlyHfCKya8ZPNviq4M/pagina.html.

[2] Philip Larkin, «Church Going», *The Less Deceived*, Hessle, UK, Marvell Press, 1955. [*Un engaño menor*, Editorial Comares, Albolote, Granada, 1991].

Índice

Este libro utiliza el tipo Aldus, que toma su nombre
del vanguardista impresor del Renacimiento
italiano, Aldus Manutius. Hermann Zapf
diseñó el tipo Aldus para la imprenta
Stempel en 1954, como una réplica
más ligera y elegante del
popular tipo
Palatino

Los dos papas se acabó de imprimir en
un día de verano de 2019,
en los talleres gráficos
de Liberdúplex, S. L.
Crta. BV 2241, km 7,4
Polígono Torrentfondo
08791 Sant Llorenç d'Hortons
(Barcelona)